La tarde del cristianismo

Tomáš Halík

La tarde del cristianismo

Valor para la transformación

Traducción
de Enrique Molina

herder

Título original: Odpoledne křesťanství
Traducción: Enrique Molina
Diseño de la cubierta: Gabriel Nunes

© 2021, Tomáš Halík
© 2023, Herder Editorial, S. L., Barcelona

ISBN: 978-84-254-4828-7

Imprenta: Sagràfic
Depósito legal: B-1501-2023
Printed in Spain - Impreso en España

herder

Índice

Dedicado al papa Francisco con estima y gratitud

Mirad que realizo algo nuevo; ya está brotando, ¿no lo no-
táis? Abriré un camino en el desierto, corrientes en el yermo.

Is 43,18-19

Dios está en todas partes y es necesario buscarlo y encontrarlo
en todas las cosas. [...] Sí, este buscar y encontrar a Dios en
todas las cosas deja siempre un margen a la incertidumbre.
Debe dejarlo. Si una persona dice que ha encontrado a Dios
con certeza total y ni le roza un margen de incertidumbre,
algo no va bien. Yo tengo esto por una clave importante. Si
uno tiene respuestas a todas las preguntas, estamos ante una
prueba de que Dios no está con él. Quiere decir que es un
falso profeta que usa la religión en bien propio. Los grandes
guías del pueblo de Dios, como Moisés, siempre han dado
espacio a la duda. Tenemos que hacer espacio al Señor, no
a nuestras certezas, hemos de ser humildes. [...] Abraham,
por la fe, partió sin saber a dónde iba. [...] No se nos ha
entregado la vida como un guion en el que ya todo estuviera
escrito, sino que consiste en andar, caminar, hacer, buscar,
ver... Hay que embarcarse en la aventura de la búsqueda
del encuentro y del dejarse buscar y dejarse encontrar por
Dios. [...] Por mi parte, tengo una certeza dogmática: Dios
está en la vida de toda persona.

PAPA FRANCISCO
Del libro de conversaciones con el jesuita
Antonio Spadaro *Mi puerta siempre está abierta*

Prólogo

«No estamos viviendo simplemente una época de cambio, sino un cambio de época», asegura el papa Francisco. Cambia asimismo la forma de la religión y su papel en cada sociedad y en cada cultura. La secularización no ha provocado el final de la religión, sino su transformación. Mientras que algunas formas de religión atraviesan momentos de conmoción, otras tienen tanta vitalidad que han cruzado sus fronteras anteriores. Las instituciones religiosas tradicionales han perdido el monopolio de la religión.

La globalización, que se encontraba en el culmen de su extensión, ha chocado en los últimos años con cierta resistencia: un fuerte discurso populista, el nacionalismo y el fundamentalismo. Nuestro mundo sigue estando más conectado, pero, al mismo tiempo, más dividido. La sociedad cristiana de todo el mundo no está unida —aun así, hay más diferencias dentro de las propias denominaciones que entre ellas—. Las diferencias en la doctrina, en la religión y en las actitudes políticas a menudo tienen raíces ocultas en las capas más profundas de la vida mental y espiritual de las personas. Quienes comparten el mismo banco en la iglesia y rezan el mismo credo pueden tener una idea muy diferente de Dios. Una de las transformaciones en el escenario espiritual de hoy es que ha caído el muro entre los «creyentes» y los «no creyentes»; ruidosas minorías de creyentes dogmáticos y militantes ateos se están quedando en el margen, mientras que crece el número de aquellos en cuyas mentes y corazones penetra la fe (en el sentido de una *gran confianza*) y la incredulidad (en el sentido de un escepticismo que duda).

He terminado este libro durante la pandemia de coronavirus. A mi alrededor muere cada día un gran número de personas enfermas en hospitales repletos, y mucha gente viva y sana se enfrenta a problemas existenciales. También esta experiencia está sacudiendo nuestro mundo. A la ya larga crisis de las certezas religiosas tradicionales se suma ahora la crisis de las tradicionales certezas seculares, incluida la fe en el dominio soberano del hombre sobre la naturaleza y sobre su propio destino. El estado actual de la Iglesia católica recuerda mucho a la situación justo antes de la Reforma. En ese momento, se descubrió un número inusitado de casos de abuso sexual y psicológico que afectó a la credibilidad de la Iglesia y provocó una serie de preguntas relacionadas con el funcionamiento del sistema eclesiástico. Las iglesias vacías y cerradas durante la pandemia de coronavirus las he sentido como una profética señal de advertencia: este puede ser pronto el aspecto de la Iglesia si no se produce un cambio.

Una clara inspiración puede ser la Contrarreforma, que fue fomentada por atrevidos místicos como san Juan de la Cruz, santa Teresa de Ávila, Ignacio de Loyola y muchos otros, que a través de su propia experiencia espiritual original enriquecieron tanto las reflexiones teológicas de la fe como la forma visible y el trabajo de la Iglesia. Los intentos de reforma actuales no pueden quedarse en el cambio de algunas estructuras institucionales y la modificación de algunos párrafos en el catecismo, en las leyes eclesiásticas y en los manuales de moral. Los frutos de la reforma y la futura vitalidad de la Iglesia dependen de la capacidad de entablar de nuevo una relación con la dimensión existencial y espiritualmente profunda de la fe.

Considero la crisis actual como una encrucijada en la que surge la oportunidad de ir hacia una nueva *tarde* del cristianismo. Este cristianismo debilitado puede –también gracias a su dolorosa experiencia– desarrollar el potencial terapéutico de la fe como un médico herido.

Si la Iglesia hace frente a la tentación del egocentrismo y el narcisismo colectivo, al clericalismo, al aislamiento y al provincialismo, podrá contribuir de forma significativa a un nuevo ecumenismo más amplio y profundo. En el nuevo ecumenismo, hay mucho más en juego que la unión de los cristianos; la renovación de la fe puede ser un paso hacia esa «fraternidad universal» que constituye uno de los grandes temas del pontificado del papa Francisco. Esto puede ayudar a la familia humana a no dirigirse a un choque de civilizaciones y ser capaz de crear la *civitas oecumenica:* la cultura de la comunicación, la participación y el respeto a la diversidad.

Dios se manifiesta en la historia, en la fe, en el amor y en la esperanza de la gente, y también de la gente que se encuentra en los márgenes de la Iglesia o detrás de sus fronteras visibles. La búsqueda de Dios «en todas las cosas» y en todas las situaciones históricas libera nuestra vida del monólogo ensimismado y lo transforma en un diálogo abierto. Aquí veo una señal de los tiempos y una luz de esperanza también en los tiempos de dificultad. A esa esperanza es a lo que quiero contribuir con este libro.

1. La fe en movimiento

«Maestro, hemos estado bregando toda la noche y no hemos recogido nada», dijeron los frustrados y cansados pescadores galileos al predicador errante que se encontraba frente a la costa. Una sensación similar es la que tienen ahora muchos cristianos en gran parte del mundo occidental. Iglesias, monasterios y seminarios se están vaciando, decenas de miles de personas están abandonando la Iglesia. Oscuras sombras del pasado reciente minan la credibilidad de la Iglesia. La cristiandad está dividida –hoy en día hay más diferencias dentro de las propias denominaciones que entre ellas–. La fe cristiana ya no dirige hacia el ateísmo combativo una dura persecución que moviliza y estimula a los creyentes, ni siquiera persigue un peligro mucho mayor: la indiferencia. El profeta de Nazaret eligió exactamente un momento de cansancio y frustración para atraer a sus futuros discípulos. Unos pescadores decepcionados tras una noche en blanco no era el público con mejor disposición para conocer sus sermones sobre el Reino que estaba por llegar. Sin embargo, manifestaron lo que es la antesala y la entrada al portal de la fe: valor para confiar. «Remad mar adentro, y echad vuestras redes para la pesca», decía su primer sermón.[1]

1 Lc 5.

Incluso en un momento de cansancio y frustración como ese, es necesario intentarlo una vez más con el cristianismo. Pero intentarlo de nuevo no significa hacerlo de tal manera que repitamos los viejos errores. Significa adentrarse en lo profundo, esperar atentamente, estar preparado para actuar.

* * *

Esta obra es un libro sobre transformar la fe en la vida de las personas y en la historia. Me cuestiono qué cambios están viniendo y cómo será el futuro aspecto del cristianismo que ya puede vislumbrarse en la crisis actual. También hoy, como en todas las épocas en que se producen cambios significativos en la historia, cambia la posición y el papel de la fe en la sociedad, así como su forma de autoexpresión en la cultura. Enfrentados a muchos cambios, siempre es necesario preguntarse de nuevo por la identidad de nuestra fe. ¿En qué reposa y en qué se manifiesta su carácter cristiano?

Este es un libro sobre la fe como una forma de buscar a Dios en medio de un mundo cambiante, sobre la fe viva, el acto de fe, sobre cómo creemos (*fides qua*), más que sobre aquello en lo que creemos (*fides quae*), que es el *objeto* de fe. Y por fe me refiero a una cierta actitud vital, a la orientación, a la forma en la que estamos en el mundo y cómo lo entendemos, más que a meras *creencias religiosas*. Me interesa más lo que se llama *faith* que el concepto *beliefs*.

Con el concepto de fe (con la palabra hebrea *heemin*) nos encontramos ya a través de los profetas judíos de la Era Axial (alrededor del siglo v a. C.);[2] sin embargo, el concepto de fe en

2 El término *Era Axial* fue acuñado por Karl Jaspers. Se refería con ello al periodo que transcurre desde el 800 a. C. hasta el 200 a. C., cuando surgieron de forma independiente una serie de religiones que todavía existen y las más

sí mismo es más antiguo. Dejaré de lado la polémica de si la fe, en el sentido de acto de fe, de relación personal con lo trascendente, es un aporte bíblico original a la historia espiritual de la humanidad, o hasta qué punto esta fe –o su analogía– existía antes de la religión y la espiritualidad bíblica, y, eventualmente, si es posible conectarlas a través de una constante antropológica como componentes fundamentales de la humanidad como tal. Me estoy centrando en la línea de la historia de la fe que hunde sus raíces en el judaísmo y prosigue con el cristianismo. Sin embargo, va más allá de la forma eclesiástica tradicional del cristianismo.[3]

La Biblia hebrea introdujo en la fe a lo largo de su camino histórico dos rasgos esenciales: la experiencia del éxodo, el camino de la esclavitud a la libertad (la fe tiene un carácter de peregrinación) y la personificación de la fe en la práctica de la justicia y la solidaridad; una expresión de fe verdadera según los profetas es «hacerse cargo del huérfano, defender a las viudas».[4] El arquetipo de creyente es Abraham, «padre de los creyentes», de quien se escribe que emprendió un viaje sin saber a dónde iba.[5] La fe, especialmente la fe de los profetas, está en confrontación no solo con la magia, sino también con la fe de los sacerdotes del templo y los ritos sacrificiales. En esta línea de profetas se enmarca Jesús. En el centro de sus prédicas se sitúa una llamada al cambio, a la transformación (metanoia).

* * *

---

antiguas se transforman, se acentúa la trascendencia y la ética. Véase K. Jaspers, *Origen y meta de la historia,* Barcelona, Altaya, 1995.

3   En cierto modo, también está presente en el humanismo secular, en este hijo no deseado del cristianismo tradicional, y probablemente en diversas formas de espiritualidad contemporáneas no tradicionales. En ellas, sin embargo, la fe a veces se mezcla con la gnosis: la orientación espiritual que ha sido su competencia durante siglos.

4   Is 1,17; H 82,3; St 1,27.

5   Véase H 11,8.

Martin Buber diferencia entre dos tipos de fe: la fe señalada con la palabra hebrea *emunah* (la fe como confianza) y la fe expresada por la palabra griega *pistis* («fe en», la «fe y su objeto»). El primer tipo está conectado con el judaísmo y el segundo, con el cristianismo, especialmente con la fe en Cristo manifestada por el apostol Pablo.[6] La definición de estos dos tipos de fe es una analogía concreta de la mencionada diferencia latina *fides qua* y *fides quae*.

Al contrario que Buber, estoy convencido de que la fe en el cristianismo no pierde el carácter de *emunah* de que la fe en Cristo no significa necesariamente su conversión en objeto. Sobre todo, la fe cristiana no es un culto a la persona de Jesús, sino un seguimiento del camino de Cristo. Seguir a Cristo no significa imitar a Jesús como personaje histórico del pasado. (¿Cómo podría haber sido entendido el título original en latín del conocido manual ascético *De Imitatione Christii* de Tomás de Kempis?). Es más un camino tras Jesús y con Jesús, pues él mismo dijo: «Yo soy el camino». Y prometió a sus discípulos que harían cosas aún más grandes que las que él hizo. La fe en Cristo es el camino de la confianza y el coraje, el amor y la fidelidad. Es un movimiento hacia el futuro que Cristo ha abierto y al que nos invita.

Esta comprensión dinámica del cristianismo presupone un cierto tipo de cristología: el concepto de Cristo como el alfa y la omega del desarrollo de la totalidad de la creación.[7]

6 Véase M. Buber, *Zwei Glaubensweisen*, en *Schriften zum Christentum*, Múnich/Heidelberg, Gütersloh, 2011, pp. 202-312, especialmente p. 202.

7 Este concepto de Cristo procede del *Apocalipsis* de Juan, de la teología de los antiguos padres de la Iglesia, de la espiritualidad del Oriente cristiano y de la tradición franciscana de la Edad Media, y más tarde lo revive Teilhard de Chardin en su comprensión de Cristo como el punto omega del desarrollo cósmico y en la espiritualidad del Cristo cósmico, que hoy en día impulsa sobre todo el franciscano estadounidense Richard Rohr. Véanse P. Teilhard de Chardin, *Chuť žít*, Praga, Vyšehrad, 1970, especialmente pp. 72-112 [vers. cast.: «El gusto de vivir», en *La activación de la energía*, Madrid, Taurus, 1967], y R. Rohr, *El cristo universal*, Miami, Juanuno1, 2019.

Pablo llevó a cabo la primera transformación radical del cristianismo temprano: lo llevó de ser una de las sectas judías a situarlo en el mapa de la antigua ecúmene. En ello veo un aporte fundamental del cristianismo a la historia de la fe: el énfasis en la universalidad de su misión. La interpretación del cristianismo que hace Pablo supera la barrera, infranqueable hasta ese momento, entre la religión y la cultura (era indiferente si la persona era judía, griega o de origen pagano), así como la barrera de la estratificación social (no importaba si la persona era libre o esclava, esta última, *herramienta hablante* sin derechos en el mundo romano), y, por último, la barrera claramente definida de los roles de género (si la persona es hombre o mujer).[8]

Para mí, el universalismo de Pablo es una tarea constante para la Iglesia a lo largo de la historia. El cristianismo debe seguir manteniendo esa apertura y expandirla. La forma actual de este universalismo es el ecumenismo, lo opuesto al imperialismo ideológico arrogante. Si el cristianismo quiere superar la crisis que sufre en muchos de sus aspectos actuales y convertirse en una respuesta inspiradora frente a los grandes desafíos que está viviendo la civilización, debe tener el coraje para superar sus límites mentales e institucionales. Para el cristianismo, ha llegado la hora de autosuperarse. A lo largo de este libro, volveremos a esta idea en numerosas ocasiones.

* * *

Si queremos conocer algo sobre la fe del prójimo, dejemos las preguntas del tipo si cree en Dios, cuál es su opinión sobre la existencia de Dios y cuál es su afiliación religiosa. Vamos a centrarnos mejor en qué papel desempeña Dios en su vida, cómo cree, cómo vive la fe (tanto en su mundo interno como en sus

8   Gl 3,28.

relaciones), cómo se ha transformado esta durante su vida y cómo ha transformado su vida —y, si es así, cómo y en qué medida su fe transforma también el mundo en que vive.

Solo la práctica de la fe, que incluye la vida espiritual interna del creyente y su vida en sociedad, puede responder a en qué Dios cree. La fe como *emunah*, como «una gran fe ontológica», no es solo fideísmo emocional ni un vago sentimiento piadoso. No sería adecuado infravalorar el contenido de la fe *(fides quae)* y separarlo del acto de fe. No obstante, el componente existencial de la fe, el acto de fe plasmado en la vida práctica, tiene en varios aspectos preferencia sobre la faceta cognitiva y *de contenido*.

En cierto sentido, el «objeto de fe» está incluido de forma implícita en el acto de fe y en la vida del creyente. Por ello, solo la vida práctica de una persona puede ser la clave que nos permita conocer en lo que realmente cree y sobre qué construye su vida más allá de lo que digan sus palabras.

Esta forma de comprensión nos permite hablar, además, de la *fe de los no creyentes* (aquellos que aseguran que no creen) y de la *no fe de los creyentes* (aquellos que aseguran que creen). Ya en el Nuevo Testamento —en los textos de Mateo y de Santiago— encontramos el concepto de la fe implícita: la fe comprendida también de forma *anónima* en la vida práctica. El ser humano puede mostrar su fe a través de sus obras, leemos en los textos de Santiago.[9]

A veces, uno mismo puede verse sorprendido por la fe, presente secretamente en sus acciones: según el evangelio de Mateo, los que acogieron a los necesitados se encontraron con Dios sin saberlo.[10] El autor antiguo Teófilo de Antioquía escribió: «Si me dices "Muéstrame a tu Dios", te responderé "Muéstrame a tu hombre y te enseñaré a mi Dios"».[11]

9   Véase St 2,18.
10 Véase Mt 25,31-46.
11 Teófilo de Antioquía, *A Autólico* Lib. 1.2.7, Madrid, Ciudad Nueva, 2004.

La forma de humanidad del hombre es la mejor expresión de su fe o de su escepticismo. Sobre la fe de una persona responde más su propia vida que sus pensamientos y sus palabras acerca de Dios. Pero, si vamos a hablar de cómo vive una persona, evitemos reducir la totalidad de su vida al campo de la moral, al de las virtudes y los pecados; a la forma de vida de una persona pertenecen también su riqueza emocional, su fantasía y su creatividad, el sentido de la belleza y el humor, la capacidad de empatía, así como otras cualidades. La respuesta a cómo es una persona y qué tipo de fe inspira y lleva consigo está en su forma de ser humano.

2. La fe como experiencia con el misterio

Tanto la fe como el escepticismo viven en una dimensión del ser mucho más profunda que aquella que puede alcanzarse de forma deliberada a través de la razón. Viven en estructuras preconscientes e inconscientes de la vida espiritual en las que se centra la psicología profunda. La idea de que la fe es algo que podemos entender fácilmente, incluir de forma rápida en categorías firmemente establecidas y medir empíricamente, ha causado muchos malentendidos y errores.

Las encuestas de revistas y los sondeos de la opinión pública no nos dirán mucho acerca de la fe. Para responder a la pregunta de si creen en Dios o no, muchas personas hoy en día sienten la necesidad de agregar un «pero». Yo también respondo: Creo, pero tal vez no en el Dios que tienes en tu mente.

La fe, tal como la entiendo en este libro, no se encuentra solo en la vida de la gente que se considera creyente, sino también, de una forma implícita y anónima, en la búsqueda espiritual de hombres y mujeres más allá de las fronteras visibles de las instituciones y las doctrinas religiosas. También la espiritualidad secular forma parte de la historia de la fe.[1] Sin embargo, con esta amplia

1   El fundador de la piscología profunda, Carl Gustav Jung, cuya obra es una de las fuentes de inspiración para este libro, cinceló sobre la entrada de

visión de la fe no pretendo llevar la noción de fe hacia algo vago y afirmar banalmente que «todos creen en algo» y que también el no creyente es de cierto modo un creyente. Me refiero a la «incredulidad de los creyentes» y a la «fe de los no creyentes», pero con la mención de la fe de los no creyentes no quiero, arrogantemente, conquistar su mundo, faltar al respeto a la comprensión de sí mismos o introducirles algo que les es ajeno. Solo quiero ampliar el contexto del fenómeno de la fe. Pero, para decir qué es la fe y qué no lo es, tenemos que seguir buscando a través de un dedicado estudio de las distintas formas de fe y de escepticismo.

Para el observador, la fe y el escepticismo no existen de forma independiente en una *realidad objetiva*. Son diferentes interpretaciones del mundo que son interpretadas también de diversas formas. Estas interpretaciones dependen principalmente del observador, de su *preentendimiento,* dado por su cultura, su idioma, su experiencia, su punto de vista y sus propósitos (en gran parte, de forma inconsciente).

La situación espiritual presente se puede describir como un declive de la religión, una crisis de fe o de la Iglesia, o como un renacimiento espiritual y religioso, *la vuelta de la religión,* como una transformación de la religión en espiritualidad o en una ideología política identitaria, como una pluralización de la religión o una individualización de la fe, incluso como una oportunidad para una nueva evangelización. Para todas estas interpretaciones podemos encontrar argumentos a favor en estudios empíricos. Estas interpretaciones surgen de forma seria cuando justifican la postura y el comportamiento de aquellos que las aceptan. A nivel

---

su casa la frase *Vocatus atque non vocatus, Deus aderit,* es decir, sea llamado o no, Dios estará presente. La fe tiene formas manifiestas y formas latentes, vive en la gente de forma consciente e inconsciente. Manifiesta y escondida, consciente e inconsciente, explícita e implícita *(anónima)*, el sistema de fe (y de incredulidad) puede tener a veces una relación tirante; por eso podemos hablar de la «fe de los no creyentes» y de «la incredulidad de los «creyentes».

teórico, existe una pluralidad natural, y, desde luego, un conflicto de interpretaciones legítimo. Pero eso no significa que todas tengan el mismo valor. Su valor se muestra al completo cuando se plasma en los actos de los seres humanos. Aquí vale la mención bíblica: por sus frutos los conoceréis.

La fe y el escepticismo no pueden separarse y diferenciarse inequívocamente, sobre todo hoy, en un mundo globalizado en el que numerosas posturas y corrientes espirituales se influyen mutuamente, y en la mente de muchas personas se entremezclan. El diálogo de la fe y el escepticismo no es una cuestión de dos grupos estrictamente separados. Se desarrollan en la mente y en el corazón de cada persona de forma individual.

La transformación actual de la fe requiere revalorizar muchas categorías de la sociología tradicional y de la psicología de la religión. Las categorías «fe y escepticismo» y «creyente y no creyente», tal como las entendieron las generaciones pasadas, ya no son capaces de abordar y de expresar la variedad y el dinamismo de la vida espiritual de nuestro tiempo. El muro impenetrable entre creyentes y no creyentes, fe y escepticismo, ha caído al igual que lo hicieron algunos muros aparentemente inamovibles de la escena política y cultural. Si queremos entender nuestro mundo diverso y rápidamente cambiante, tenemos que dejar de lado muchas categorías estáticas. La vida espiritual de los individuos y de la sociedad es un campo energético dinámico que cambia constantemente.

* * *

Desde el punto de vista teológico, la primera fuente *(sujeto)* de la fe es el propio Dios: hizo al hombre a su imagen y semejanza y depositó en la estructura de nuestra humanidad el anhelo hacia nosotros mismos, hacia la imagen que sigue su modelo. Algunas escuelas teológicas diferencian de forma estricta entre el *natural* deseo humano por lo absoluto y la respuesta *sobrenatural* de Dios como un don otorgado por su gracia. Otras afirman que este anhelo ya actúa en el humano como «gracia», como la energía de Dios, que abre y dispone al humano para el mayor obsequio, para el recibimiento de Dios mismo.

Esta ansia por lo absoluto se despierta en los individuos con una intensidad variable, a diferentes edades y en diferentes circunstancias. Llega a ellos a través de diversos caminos y en diversas formas. Puede manifestarse como un impulso íntimo hacia la búsqueda espiritual, como una búsqueda de sentido que puede ser estimulada por la educación y la cultura. La búsqueda espiritual puede aparecer a veces en formas aparentemente no religiosas como un anhelo por el bien, la justicia y la belleza (que, no obstante, son atributos tradicionales de Dios), o como una búsqueda de amor y de sentido. Otras veces, la fe trabaja silenciosamente en lo más profundo del inconsciente y después brota en momentos denominados como iluminación, despertar o conversión. En el deseo de lo profundo, de un significado más profundo para la vida, nos habla una voz que llama e invita, y cada persona decide prestarle atención o no, la interpreta de diferentes formas o responde a ella a su manera. Esta llamada puede ser, sin embargo, no escuchada por las personas y este cuestionamiento puede ser empujado al inconsciente por uno mismo o por el entorno social. Estoy convencido de que Dios habla a todos, pero a cada uno de diferente forma, según su capacidad de escuchar y entender. Esta capacidad nos es dada, sin embargo, como una semilla que debe ser cuidada y desarrollada por cada uno. A esto puede ayudar, pero no tiene por qué, la cultura en la que se vive. Algunas culturas han considerado el cuidado de la vida espiritual como algo fundamental, otras parecen ser indiferentes a esta dimensión humana.

Según la ciencia cristiana tradicional, Dios llega a través del Verbo, a través de la palabra de los escritos bíblicos y a través del Verbo incorporado a la historia: a través de Cristo y de la

Iglesia, que sirve de intermediaria para hacer llegar el Verbo a las personas. No obstante, la respuesta de Dios puede llegar también de forma silenciosa y desde dentro, incluso anónimamente. En el acto de fe –especialmente en los acontecimientos de fe en la vida de una persona concreta–, se puede separar solo teóricamente la trascendencia de la inmanencia, Dios como aquel *totalmente diferente* pero que trasciende, y el Dios que está más adentro de nosotros que nuestro propio yo, pero que es *nosotros mismos*.

Mediante la libre respuesta humana a la llamada de Dios se consuma el carácter dialógico de la fe. Nuestra respuesta es nuestra fe personal, tanto su lado existencial, el acto de fe *(fides qua, faith)*, como el contenido de nuestra fe personal, su articulación en forma de creencias *(fides quae, belief)*.

Fides qua y *fides quae,* el acto de fe y el contenido de la fe, pertenecen el uno al otro, sin embargo, mientras que el «objeto de fe» puede estar oculto y presente de forma implícita en el acto de fe como una «gran confianza ontológica», no puede ser al revés. Las simples «convicciones religiosas» sin fe, solo como orientación existencial y postura vital no pueden considerarse fe en el sentido bíblico y cristiano de la palabra.

Fides quae, las *creencias,* dan a la fe las palabras en el sentido de *fides qua,* la posibilidad de expresarse de forma verbal e intelectual y comunicarse con los demás. *Fides qua (faith)* sin *fides quae (belief)* es quizá *muda,* pero esa *mudez* no tiene que estar falta de contenido; puede ser un silencio humilde y maravilloso ante lo secreto. Los místicos siempre supieron que el mero vacío es solo la otra cara de la plenitud, puede que incluso su cara más auténtica.

Como escribe Søren Kierkegaard, el acto de fe también puede presentar la forma de un salto a la paradoja.[2] Puede tener

___

2   Este motivo aparece en casi todos los escritos de Kierkegaard sobre la fe. Véanse, p. ej., S. Kierkegaard, *Temor y temblor,* Madrid, Alianza, 2014, y *La enfermedad mortal,* Madrid, Trotta, 2008.

la forma de una entrada mística a la nube del no saber[3] o de la puerta abrahámica a lo desconocido.[4] Esa fe no está objetivada (reificada), sin embargo, no es una fe carente de contenido. En la Biblia y en las tradiciones que nacen de ella encontramos tanto la frase «yo sé a quién he creído»[5] y una declaración de fe muy articulada, como una estricta prohibición de la articulación del nombre de Dios y un silencio místico sobre Dios.

Especialmente las tradiciones místicas saben que Dios es *nada* (no hay nada en el mundo de la existencia, cosas, objetos) y que la palabra *nada* es quizá la forma más directa de expresar su ser. La excepcionalidad de Dios no puede perderse en un mundo de diferentes *algo,* ni la fe del Dios bíblico vive en los ídolos, no puede volverse parte del mundo de las representaciones humanas de la religión, de los deseos y de la fantasía. En el Areópago de Atenas, san Pablo pasó por los altares de todos los dioses y solo en el altar a un dios desconocido reconoció la presencia de su Dios y nuestra fe.[6]

* * *

El acto de fe toma frecuentemente la forma de una relación intencional hacia una contraparte concreta, la persona cree en algo, cree en alguien o en algo: es entonces *fides quae.* El acto de fe está lleno de contenido en mayor o menor medida, está enfocado hacia algo, tiene su objeto. La fuente original, el sujeto de la fe, se convierte en un objeto, en objeto de fe. Pero, si el objeto de fe es un misterio que todo lo sobrepasa, entonces su propio carácter no puede convertirse en objeto en el sentido de *una cosa*

---

3 *La nube del no saber* es un texto místico medieval inglés de autor desconocido (Barcelona, Herder, 2006).
4 Véase H 11,8.
5 2 Ti 1,12.
6 Véase Hch 17,22-23.

entre otras cosas; el misterio no puede ser *perpetuado.* El misterio absoluto también permanece siendo un misterio en su propia autoexpresión: lo que en él es evidente y comprensible dirige hacia la parte que no es evidente ni comprensible.

No podemos introducir el misterio absoluto en el mundo de nuestras representaciones y palabras, en el limitado mundo de nuestra subjetividad y los límites de nuestra época y nuestra cultura. Por eso, mientras que *fides qua,* la entrega existencial de Dios, tiene relación con Dios como tal, nuestra *fides quae,* el intento de articulación y la cosificación de ese misterio, choca con los límites racionales del ser humano y nos da solo una representación de Dios limitada por nuestra lengua y nuestra cultura. Esto puede ser, no obstante, un símbolo del camino hacia Dios, pero no podemos confundirlo con el misterio de lo absoluto en sí mismo.[7] Este misterio se nos da de una forma que basta plenamente para nuestra salvación (si abrimos nuestra vida a él), pero sigue siendo un misterio, por lo que deja un espacio para nuestra búsqueda y nuestra maduración dentro de la fe.

Comprender a Dios como persona no significa aceptar las primitivas representaciones antropomórficas de Dios o comportarse hacia él con una familiaridad banal, dejar de percibirlo como un misterio. Si el cristianismo otorga un carácter *personal* al misterio absoluto, destaca sobre todo por el hecho de que nuestra relación con él es dialógica: no hay un acto de reconocimiento y entendimiento solo por nuestra parte, sino también un encuentro con el que Dios nos acoge. Este recibimiento mutuo entre el humano y Dios no es un acto que sucede una sola vez, es una historia, un proceso que se va desarrollando.

7   La teología tomista tradicional enseña que Dios respeta los límites del conocimiento humano sobre Dios pero que, no obstante, entre el concepto humano y la esencia divina de Dios existe una relación de similitud, de analogía. El IV Concilio de Letrán propone, sin embargo, que la disimilitud supera infinitamente en esta relación a la similitud.

El espíritu de Dios está llevando a la Iglesia de forma cada vez más profunda a la plenitud de la verdad, y es necesario dejarse guiar por ello. Este movimiento, sin embargo, no puede confundirse con un avance tal como lo entiende la escatología y la ideología secular; no es un camino de un único sentido y no termina en ningún estado ideal de la historia de la humanidad, sino en la plenitud del tiempo en los brazos de Dios. San Agustín, al mirar a un niño jugando con almejas junto al mar, entendió que toda nuestra teología, nuestros catecismos y libros sobre dogmas son solo esa pequeña almeja comparada con la plenitud del misterio de Dios. Disfrutemos agradecidos las herramientas de conocimiento que nos han sido dadas, pero no dejemos de maravillarnos con el tamaño y la profundidad de lo que está infinitamente más allá de ellos.

* * *

La comprensión existencial de la fe que postulo en este libro tiene probablemente una gran cercanía con lo que en el léxico religioso y teológico llamamos espiritualidad, si no entendemos esta solo como vida interior o como lado subjetivo de la fe. La espiritualidad es el *estilo de vida de la fe;* ocupa prácticamente todo el espacio del *fides qua.* Es la savia del árbol de la fe, alimenta y renueva sus dos dimensiones: tanto la vida espiritual, la experiencia religiosa interna, el estilo de vivir y reflexionar sobre la fe, como la práctica externa de la fe, las manifestaciones externas de los creyentes en la sociedad, las celebraciones sociales y la incorporación de la fe a la cultura. Esta última dimensión de la fe la considero clave, especialmente en los tiempos que vienen; es por ello por lo que le dedicaré un capítulo aparte.

Otro concepto inseparable de esta forma de entender la fe es la tradición: una corriente viva de transmisión creativa y de testimonios. La tradición es un flujo de continua recontextualización y reinterpretación. Estudiar la tradición significa encontrar conti-

2. La fe como experiencia con el misterio

nuidad en la discontinuidad, buscar una identidad en la pluralidad de fenómenos que aparecen en el proceso de desarrollo. En este proceso de entrega, la fe aparece como un fenómeno dinámico y cambiante que no se puede acotar estrictamente.

Cuando estudiamos la historia de la fe a lo largo de nuestra historia hasta la actualidad, nos encontramos con muchos fenómenos sorprendentes que cuestionan las definiciones existentes y superan nuestras limitadas ideas y nuestros conceptos teóricos. Al igual que la biología evolutiva demostró que no es posible tener una comprensión estática de la naturaleza, los estudios de antropología cultural cuestionan el concepto inocente y ahistórico de naturaleza inmutable, ya que la existencia humana es una parte dinámica del proceso histórico. Las preguntas sobre Dios y la *esencia del hombre* necesitan constantemente respuestas creíbles, que tengan sentido y sean comprensibles en el contexto de una cultura y una situación histórica concretas. En este caso, más que la metafísica clásica, necesitaríamos la hermenéutica y la fenomenología de la fe.

La fe, tal como me refiero a ella en este libro, es algo más esencial que el simple *acuerdo de la razón con los artículos de fe presentados por las autoridades eclesiásticas*. La metanoia exigida por el Evangelio –la conversión, la aceptación de la fe– no es solo un cambio en la visión del mundo, sino también un giro existencial del que emana un cambio de perspectiva a la hora de ver y percibir; significa despertar y embarcarse en el viaje de una nueva vida. Tal despertar puede suceder al principio del camino de la fe o aparecer de forma recurrente e inaugurar una nueva etapa de este camino.

* * *

Una experiencia similar parece que tuvieron los apóstoles en el monte Tabor.[8] Los discípulos de Jesús ya habían seguido a

8   Véase Mt 17, 1-8.

su maestro: creyeron en él cuando les dijo dónde tirar la red, cuando oyeron su sermón, cuando vieron su señal, cuando dejaron sus hogares y partieron con él. Sin embargo, con esa visión en la montaña dieron un paso más en el camino de la fe. Allí experimentaron algo que la teología posterior introdujo en sus artículos dogmáticos sobre la naturaleza de Jesús y su lugar en la historia de la salvación (junto a Moisés y Elías). Vieron algo que aún no podían captar con palabras, ya que su visión fue oscurecida por una nube. No se convirtieron en una élite sabia e iluminada (gnósticos). Tuvieron que posponer el deseo de vivir esa experiencia de cercanía y claridad muy por encima del valle de la vida cotidiana («hacer tres chozas en la montaña»). Después de esta experiencia cumbre,[9] les esperaba el camino hacia abajo y después de un tiempo la oscuridad de Getsemaní. «La luz del monte Tabor» no perturba el carácter del misterio, no lo convierte en un problema resuelto, no priva al creyente de la tarea de continuar en el camino de la búsqueda de Dios, «buscando en todas las cosas».

La fe, tal como la entiendo, tiene un carácter de peregrinaje y un destino escatológico. Aun reconociendo el derecho de la autoridad eclesiástica a hacer ciertas expresiones de fe y considerarlas auténticas y vinculantes, no significa que podamos cerrar la boca de Dios y dejar de percibir el soplo continuo del Espíritu. Ninguna experiencia religiosa individual, ningún entendimiento individual ni expresión de fe en medio de la historia puede agotar la plenitud del misterio de Dios. Y la palabra misterio no es una señal de *stop* para nuestra búsqueda de Dios a través del pensamiento, la oración y la meditación, sino

---

9 El concepto *peak experience* (experiencia cumbre) para describir una experiencia mística transformadora se usa en la psicología existencial, especialmente Abraham H. Maslow. Véase A. H. Maslow, *Religiones, valores y experiencias cumbre*, Barcelona, La Llave, 2013.

más bien un impulso hacia la confianza en estos caminos de profundidad inagotable.

* * *

Dios mismo sigue siendo un misterio impenetrable y su actuación en lo más profundo del corazón humano (en el inconsciente) sigue oculta. La vida interior de Dios es un misterio, incomprensible e imposible de captar para nuestros sentidos, nuestro entendimiento y nuestra fantasía, inexpresable para nuestros conceptos. Y quizá sucede no porque Dios sea algo extraño y lejano, sino precisamente por lo cerca que lo tenemos: Dios está más cerca de nosotros que nuestro propio corazón, decía san Agustín. Es justo por esa cercanía por lo que no tenemos más perspectiva, no podemos convertirlo en un objeto delante de nosotros *(Gegen-stand)* y cada intento de cosificarlo hace de Dios un ídolo. No vemos a Dios, al igual que no vemos nuestro propio rostro, solo vemos su imagen reflejada en el espejo. De igual modo, como enseña san Pablo apóstol, a Dios solo lo vemos como en un espejo, en indicios, en acertijos.[10] Dios es *non-aliud* (el «no-otro»), como dice Mikuláš Kusánský.[11]

La pregunta «¿dónde reside el propio Dios?» es imposible de responder del mismo modo que la pregunta «¿dónde reside nuestro yo?». Ni Dios ni el yo humano pueden ser localizados y fijados, cosificados. Los místicos afirman que el Yo Divino y nuestro yo humano están esencialmente interconectados. Por eso, el encuentro con Dios y la transformación existencial de nuestro yo —el hallazgo de Dios como el Yo de nuestro yo— son dos experiencias interconectadas. En la fe, en este encuentro

---

10   1 Co 13,12.
11   Véase J. Sokol, «De non-aliud», en P. Floss, *Mikuláš Kusánský: život a dílo* [Mikuláš Kusánský: vida y obra], Praga, Vyšehrad, 1977, pp. 281-285.

existencial con un misterio que todo lo sobrepasa, aparece el auténtico carácter del ser humano: su apertura. La antropología teológica, basada en las experiencias místicas, ve en esta apertura la esencia misma de la existencia humana: *homo est capax Dei* (el hombre es capaz de aceptar a Dios).

La teología cristiana señala a la persona de Jesucristo como un punto clave en el encuentro mutuo entre la apertura humana y la divina. No obstante, Jesús, tal como leemos en los textos más antiguos del Nuevo Testamento, no dejó esta dignidad divina para él solo;[12] a través de él, con él y en él, toda la humanidad es invitada y atraída al misterio navideño de la encarnación, la unión de Dios con lo humano. Ese cumplimiento del sentido de nuestra humanidad no sucede solo allí donde la gente dice «Señor, Señor», sino en cualquier lugar donde las personas viven cumpliendo la voluntad de Dios.[13]

Repito: si queremos buscar una medida de la autenticidad de la fe, no la busquemos en las palabras que expresan los humanos, sino en cómo la fe ha penetrado en ellos y ha cambiado su existencia, su corazón. Busquémosla en la forma en que se entienden a sí mismos, su relación con el mundo, la naturaleza y la gente, su relación con la vida y con la muerte. El hombre no expresa su fe en el Creador por lo que piensa sobre la creación del mundo, sino por cómo se comporta con la naturaleza. Su manera de expresar la fe en el Padre es aceptando a los demás como hermanos y hermanas, y teniendo fe en la vida eterna al aceptar su propia finitud.

Cuando los representantes oficiales de la Iglesia juzgaron la fe en otros (a los que quemaron, y hasta hace no mucho todavía persiguieron y amonestaron) a partir de sus palabras o de sus escritos sobre la fe, omitieron trágicamente que será Dios quien juzgue la fe del hombre —¡también la de estos inquisidores!— según su comportamiento y sus relaciones, según lo expresado

12 Véase Flp 2,6-11.
13 Véase Mt 7,21.

en su vida práctica, la autenticidad o la perversión de su fe, su fe real o su incredulidad. Podemos y debemos compartir nuestras diversas experiencias de fe en un diálogo fraternal, podemos ayudarnos mutuamente, inspirarnos, completarnos, corregirnos y profundizar en nuestras respuestas sobre la fe. Pero sobre la puerta de la sala donde suceda dicho encuentro deberían estar inscritas las palabras de Jesús: ¡No juzguéis! (Durante mi amistosa visita a los compañeros que trabajan en el palacio vaticano de la Congregación para la Doctrina de la Fe, antigua sede de la Santa Inquisición, no encontré esta inscripción por ningún lado).

La fe y la incredulidad se encuentran en cada persona, por eso, su autenticidad en la vida de individuos concretos solo puede ser juzgada por Dios. Pero hay algo que podemos proclamar con seguridad: el fanatismo militante es la máscara preferida de la incredulidad existencial.

* * *

No comparto la visión de un Dios que está fuera de la realidad del mundo, separado estrictamente de la naturaleza y la historia y que interviene desde fuera como un *deus ex machina*. Yo creo en un Dios que es la profundidad de toda la realidad, de todo lo creado, todo lo abarca y, al mismo tiempo, todo lo sobrepasa infinitamente; creo en el Dios del que san Pablo dice que «en él vivimos, nos movemos y existimos».[14] El Dios en el que creo está presente en nuestro mundo principalmente a través de la oración y el trabajo de la gente (recordemos el *ora et labora* benedictino), a través de la respuesta de la gente al impulso de Dios (dicho de forma más tradicional: a la acción de la gracia): una vida de fe, esperanza y amor. Desde un punto de vista teológico, la fe, la esperanza y el amor no son

14   Hch 17,28.

solo actitudes de la vida humana, sino un punto de encuentro y una conexión fundamental (pericóresis) entre lo divino y lo humano, la gracia y la libertad, el cielo y la tierra. En ellos, Dios es accesible a nuestras exploraciones. La teología de la que soy partidario es una de autorrevelación de la fenomenología divina en los actos de fe acompañados de amor y esperanza.

3. Leer los signos de los tiempos

Dedicaré este capítulo en gran medida a unas preguntas meto-
dológicas, entre otras, a la relación de la fe con la historia y la
cultura. Al enfoque teológico de este libro lo denomino cairología.
Con esta palabra me refiero a una hermenéutica teológica de la
experiencia de la fe en la historia, especialmente en tiempos de
crisis, donde cambian los paradigmas sociales y culturales.[1]

Considero las crisis como un tiempo de oportunidades, un
tiempo oportuno para algo (kairós). Hay dos palabras griegas
que tienen relación con dos concepciones diferentes del tiempo.
Chronos se refiere al tiempo cuantitativamente, una sucesión de
horas, días y años, un tiempo medible gracias a nuestros relojes
y calendarios. Por otro lado, la palabra *kairós* habla del tiempo
cualitativamente. Kairós es un tiempo de oportunidades, un
momento para algo, un tiempo ya maduro, un tiempo que nos
visita; es la llegada (advenimiento) de un momento único e irre-
petible cuyo sentido es necesario comprender para cumplir su
llamamiento. Es el momento de tomar decisiones, un momento

---

1 He descubierto que este concepto lo usó ya en los años ochenta del
pasado siglo el teólogo pastoral vienés Paul Zulehner (véase P. M. Zulehner,
Pastoraltheologie, vol. 1, *Fundamentalpastoral,* Dusseldorf, Patmos, 1989).

decisivo que no debemos dejar pasar ni desperdiciar. Es «tiempo de nacer, tiempo de morir; tiempo de plantar, tiempo de arrancar; tiempo de matar, tiempo de sanar; tiempo de destruir, tiempo de construir; tiempo de llorar, tiempo de reír», como dice el libro del Eclesiastés.[2] Jesús inicia su aparición pública diciendo: ¡Se ha cumplido el tiempo! Reprochándole a los presentes que, aunque pueden predecir el tiempo que hará el día siguiente, no entienden ni quieren entender los signos de este tiempo.[3]

Percibir y reconocer las señales del tiempo *(ta sémeia tón kairón)* en la Biblia y en la tradición cristiana era una tarea de los profetas. Los profetas bíblicos no era adivinos, ni futurólogos ni videntes; eran sobre todo intérpretes de los hechos presentes como pedagogos de lo divino. La cairología asume esta tarea de los profetas que Jesús legó a la Iglesia. Y lo hace con ayuda de los métodos que proporciona a la teología la filosofía contemporánea, principalmente la fenomenología y la hermenéutica.

Estoy convencido de que la teología, que se mueve en el marco de la metafísica tradicional, no es capaz de cumplir esta tarea. La cairología se diferencia de manera fundamental de la ontoteología, de la metafísica del «conocimiento de Dios», que confunde al Dios bíblico de la historia con el primer motor inmóvil de la tradición griega. Prefiero ignorar las especulaciones sobre la existencia, la esencia y las características de Dios o las evidencias sobre su existencia. Si un tratado llamado «Dios y su vida» no tratase sobre la vida de Dios en nosotros, en nuestras vidas y en nuestra historia, no lo consideraría de fiar.

En el cristianismo no podemos separar el servicio religioso del servicio del hombre ni el conocimiento de Dios del conocimiento del mundo y del hombre. Si la teología pretende ser tomada en serio como parte de un servicio a la gente, debe ser contextual,

2   Ec 3,1-8.
3   Véase Lc 12,54-56.

reflejar la experiencia de la fe, su presencia en la vida de las personas y en la sociedad. Tiene que pensar en la fe en el contexto de los cambios históricos y culturales, así como mantener un diálogo con las ciencias que se ocupan del hombre, la cultura, la sociedad y la historia.

Se podría designar a la cairología más bien como una socioteología (una intersección entre la sociología y la teología) que como una teología *pura*. La experiencia con la interdisciplinariedad y la colaboración académica entre teólogos, filósofos y sociólogos de la religión en investigaciones internacionales me han convencido de que el trabajo intelectual de la teología actual debe ir acompañado tanto de un acercamiento contemplativo a la realidad, como de un diálogo honesto con la filosofía y las ciencias sociales contemporáneas. No se pueden comprender los fenómenos cambiantes y complejos de la religión si la perspectiva teórica y la teología permanecen separadas y con un carácter unilateral. La sociología y la teología deben superar sus prejuicios mutuos y aprender el idioma del otro para ampliar su perspectiva y su experiencia. El punto ciego entre ambas disciplinas ha dado lugar a una serie de teorías superficiales e ideológicamente distorsionadas.[4]

Es necesario continuar con los esfuerzos para conectar las perspectivas de la teología y las ciencias sociales. La cairología aún necesita extraer estímulos e inspiración de disciplinas relacionadas como la teología política, la teología de la liberación, la doctrina social católica y la teología social protestante. La teología es un servicio de fe, pero la fe cristiana, sin embargo, está incorporada a

---

4 Considero como uno de los pioneros de esta socioteología a P. L. Berger, cuyas obras más importantes sobre las transformaciones contemporáneas de la religión son ensayos en los que los análisis sociológicos se entrelazan con reflexiones teológicas. Véanse *Rumor de ángeles,* Barcelona, Herder, 1975; *The Heretical Imperative. Contemporary Possibilities of Religious Affirmation,* Nueva York, Doubleday, 1979; *Una gloria lejana,* Barcelona, Herder, 1994.

la cultura y a la sociedad; y, si queremos entenderla y beneficiarla, necesitamos percibirla en su contexto y estudiar este contexto.

* * *

Simpatizo con la interpretación de la teología de Michel de Certeau, quien afirmaba que la experiencia humana –y, por lo tanto, la experiencia histórica– es el lugar de la revelación de Dios.[5] Al análisis de sociólogos, historiadores, politólogos, antropólogos culturales y psicólogos sociales, la cairología agrega un diagnóstico espiritual de una época concreta. Se pregunta de qué forma están presente la fe, la esperanza y el amor en el ambiente cultural y moral de esa época. Es necesario darse cuenta de que la *virtud divina* ya no está monopolizada por la Iglesia cristiana tradicional. Al fin y al cabo, es la propia Iglesia la que enseña y ha enseñado que Dios entrega sus dones de forma libre e ilimitada. La fe, la esperanza y el amor viven más allá de las fronteras institucionales, aunque en contextos no eclesiásticos cambia a menudo y recibe nuevos nombres. ¿Debe la Iglesia entender como algo positivo esta expansión y esta emancipación de su tesoro más interno, o debería preocuparse ante esta pérdida de control? La posible transformación del *valor cristiano* en la cultura secular podría inspirar a la teología hacia una nueva eclesiología, hacia una autocompresión de la Iglesia más amplia y profunda.

El concepto teológico de la Iglesia debe ser más amplio que la descripción sociológica de los hechos ya consumados en la historia. Desde el punto de vista teológico, la Iglesia es más que una simple institución social o un grupo de fieles; es un sacramento,

---

5   M. de Certeau, «L'expérience religieuse, *connaisance vécue* dans l'Église», en L. Giard *et al.*, *Le voyage mystique, Michel de Certeau*, París, Cerf, 1988, pp. 27-51 (ed. original en *Pax. Bulletin du Séminaire Universitaire* 1/4 (1956), pp. 1-17.

un símbolo y un signo eficaz *(signum efficiens)* de la unidad de la humanidad en Cristo. Debería señalar efectivamente lo que todavía no está aquí y lo que ni siquiera podemos esperar. La Iglesia entiende la culminación prometida en la historia y, al mismo tiempo, el cumplimiento del sentido de su existencia como meta escatológica (es decir, en un horizonte más allá de la historia). La visión de una *Iglesia sin fronteras* (una Iglesia católica y universal) es en la medida de la historia utópica, en el sentido de que no tiene su lugar *(topos)* dentro de la historia. Sin embargo, esta utopía puede ser importante y eficaz si se convierte en una inspiración y en un motivo de reunión de los cristianos, quienes dentro de este proceso histórico se dirigirán hacia ese punto omega.

No obstante, esta visión debe ir acompañada de una advertencia: no puede convertirse en una ideología que manifieste la forma de la Iglesia y su reconocimiento (un estado y una forma de teología concretos) como algo perfecto con lo que evitar el desarrollo y las reformas. En la historia se han dado muchos intentos desafortunados de *ideologizar la utopía,* intentos quiliásticos de construir el cielo en la tierra, ya sea mediante formas heréticas del cristianismo o mediante ideologías seculares como el comunismo, que fue en este sentido también una herejía cristiana. Igual de desafortunados fueron los intentos del cristianismo triunfalista de proclamar como definitivas la forma y la teología de la Iglesia. En libros anteriores he advertido de que olvidar la diferencia escatológica entre la iglesia militante terrenal *(ecclesia militans)* y la iglesia victoriosa celestial *(ecclesia triumphans)* lleva hasta el triunfalismo y hasta una religión militante.[6] Más tarde, en este libro, propondré una alternativa para la realización progresiva de una *catolicidad cristiana,* es decir, un camino para expandir y ahondar en su apertura ecuménica.

---

6 Véase T. Halík, *Stromu zbývá naděje* [Hay esperanza para un árbol], Praga, Lidové Noviny, 2009, p. 200. Volveré a esta idea en el capítulo 14.

* * *

Considero la cairología como parte de la *public theology* (teología pública). Esto la obliga a expresarse en un lenguaje comprensible más allá de las fronteras de la teología académica y del ambiente eclesiástico. Para la teología pública, el espacio público es tanto su objeto de estudio como el destinatario de su discurso. En muchos casos, los teólogos públicos forman parte de actividades sociales, iniciativas ciudadanas y movimientos de resistencia.[7] Su labor social está motivada por la fe, algo que reflejan teológicamente. Los teólogos públicos intentan pronunciarse de una forma competente, comprensible y verosímil sobre los hechos de la vida pública, de la sociedad y de la cultura. Inspirados por los profetas bíblicos, buscan en los cambios del mundo la autoexpresión de Dios en la historia.

El énfasis en la historia y la historicidad es esencial para la teología contemporánea. La antigua teología consideraba dos fuentes como la revelación de Dios, la Biblia y la naturaleza (la Creación): si quieres encontrar a Dios, lee sobre él en la Biblia o en el libro de la naturaleza. Mientras que, para la mitología prebíblica y las religiones paganas, es la teofanía el lugar de revelación de lo sagrado, la naturaleza y sus ciclos, el eterno retorno. Para la Biblia, las teofanías son en gran medida parte de la historia. Pero ¿es la historia un *tercer libro* junto a la Biblia y la naturaleza?

El Dios bíblico es el Creador del mundo y el Señor de la historia. La naturaleza (la Creación) y la historia no pueden separarse, la naturaleza es un proceso en continuo desarrollo y la historia de la humanidad es una parte específica de este proceso.

---

7   Recordemos a Dietrich Bonhoeffer y a Alfred Delp, que se opusieron al nazismo, a Martin Luther King, a los obispos Desmond Tutu y Óscar Romero, al teólogo del movimiento polaco Solidaridad Józef Tischner o a los disidentes checos de la época comunista Josef Zvěřina y Jakub S. Trojan.

La creación, que sigue siendo la *prédica* de Dios, es el mundo, en la comprensión bíblica la historia del mundo, el mundo que se desarrolla y se transforma. La creación es un proceso continuo, y la sociedad humana y la cultura son elementos integrales de ella. Ya un poema bíblico sobre la creación al comienzo del libro del Génesis la describe como una historia, algo que sucede a lo largo del tiempo, aunque el lenguaje mítico-poético de la Biblia lo atribuye a una concepción específica del tiempo, con lo que justifica el establecimiento de un día santo de descanso. A Darwin le debemos la idea creativa –inspirada en Hegel– de hacer de la biología historia, y proyectar la historia hacia la biología. Gracias a la teoría de la evolución, entendemos la naturaleza como un proceso de desarrollo dramático que desemboca en la historia de la humanidad. Teilhard de Chardin y la teología del proceso ofrecieron una interpretación teológica de la teoría de la evolución, mostraron su valor inspirador para la teología cristiana y la espiritualidad.

De igual modo que no podemos separar la naturaleza y la historia, no se puede separar la Biblia de la historia. La historia no es algo paralelo a la Biblia. La Biblia, además de ser una explicación de la historia, es fruto de la propia historia. Es testigo de la historia y de sus creadores. Las narraciones bíblicas viven en la historia a través de la memoria cultural, y ofrecen la clave para entender la historia y a los que la crearon. Estas narraciones también crean la *historia personal* de los individuos creyentes. Por su parte, la fe es la apertura a través de la que estos relatos entran en la vida humana y la transforman.

El Concilio de Trento determinó que eran dos las fuentes de revelación de Dios: las Escrituras y la tradición. Sin embargo, la Biblia es parte de la tradición y a ella pertenece no solo la historia de su origen, sino también, en cierto sentido, la continuación de la historia de sus interpretaciones y su vida en la Iglesia y en la cultura. Solo en este contexto consideramos la Biblia la Palabra de Dios.

45

El Dios bíblico se revela principalmente en hechos extraordinarios de la historia, y en las narraciones que explican e interpretan estos hechos. *JHVH*, el Dios de Israel, tiene lugar en la historia y se hace escuchar en los acontecimientos en los que dirige su palabra hacia su pueblo, así como en las narraciones que articulan su palabra y la transmiten. La historia no se convierte en historia de la humanidad hasta que se transmite en estos relatos que convierten los hechos en experiencia, y que de la experiencia dada por la tradición hacen la cultura. La historia sin contar es muda. El Dios de la Biblia no está *detrás de la historia,* como si detrás del escenario manejase a los humanos como marionetas. El Creador está presente en la obra creada, en la naturaleza y en la historia, se introduce y se encarna en el cuerpo de la historia de diferentes maneras, está presente también en la historia de la humanidad y en su cultura. El cristianismo considera como aspecto cumbre la presencia de Dios en la historia –no solo en la historia de la humanidad, sino también en todo el proceso de creación– de la Encarnación, es decir, en la historia y en la persona de Jesús de Nazaret, «porque en él habita la plenitud de la divinidad corporalmente»,[8] que es el sí y el amén de Dios hacia el hombre y el mundo, que ha completado la obra de la redención, y la liberación y la sanación de la raza humana y la historia de la humanidad. Las Escrituras señalan a Jesucristo como «autor y consumador de la fe».[9] La fe entendida como el «sí» libre de la humanidad hacia el Creador y sus actos es una expresión de asociación entre Dios y el hombre, una relación contractual; por eso, en ella podemos observar la culminación de la libertad y la dignidad humanas. Ello permite una relación de diálogo consciente y aceptada con Dios, que es el todo y la profundidad de toda realidad. Dios como un todo que todo lo abarca y que es el contexto que da sentido a la naturaleza

8 Col 2,9.
9 H 12,2.

y a la historia: a través de la fe, el hombre descubre este contexto y en él comprende nuevamente el sentido de su existencia.

* * *

La teología de los últimos siglos se ha basado principalmente en artículos de fe definidos. Hoy en día, la teología ofrece otras fuentes más ricas: la experiencia viva de la fe, la espiritualidad, el misticismo. Desarrolla una interpretación teológica del arte, que es una manifestación importante de la vida espiritual. Hemos dicho que una parte esencial de la historia humana es la cultura, es decir, la búsqueda humana de sentido y el intento de comprenderse a sí mismo y a la historia.[10] Solo la cultura hace de la historia la historia de la humanidad y de la sociedad una sociedad realmente humana. Por eso, el lugar donde principalmente es necesario buscar la señal del tiempo es la cultura. Si la cultura es un medio a través de cual encontrar sentido, incluyendo el sentido último *(ultimate concern)*,[11] entonces podemos considerar el *locus theologicus* objeto legítimo de la investigación teológica.

Los humanos son cocreadores de la historia y del medio ambiente no solo cuando cumplen el mandato de Dios de transformar la Tierra, sino también a través de su forma de ser en la naturaleza y en la historia; a ello pertenece de forma esencial también su vida espiritual. Con su búsqueda de sentido y la comprensión de su ser (es decir, su cultura) se trascienden a ellos

10   Tomo el concepto de cultura de la encíclica de Juan Pablo II *Centesimus annus:* «Al hombre se le comprende de manera más exhaustiva si es visto en la esfera de la cultura a través de la lengua, la historia y las actitudes que asume ante los acontecimientos fundamentales de la existencia, como son nacer, amar, trabajar, morir. El punto central de toda cultura lo ocupa la actitud que el hombre asume ante el misterio más grande: el misterio de Dios». Veáse *Centesimus annus,* 24.

11   El concepto «sentido último» *(ultimate concern)* lo usó especialmente Paul Tillich.

mismos, descubren y cumplen las posibilidades que se abren ante ellos. Con su creatividad, el humano cumple la tarea que le fue mandada por el Creador y ofrece una expresión concreta de su semejanza con Dios.

El arte y su interpretación pueden ser para la teología profunda[12] igual de centrales e inspiradores como la interpretación de los sueños para la psicología profunda. Porque también en el arte nos encontramos con grandes sueños, y en ellos y a través de ellos, con anhelos significativos (a veces inconscientes y no reconocidos) y aspiraciones, no solo de individuos concretos, sino de generaciones enteras. Estos grandes sueños –recordemos el relato de Nietzsche de un loco que anuncia el asesinato de Dios, o la narración de Freud del mito de Edipo– actúan como *movens* latentes de la cultura, eran imágenes poderosas que expresaban las fuerzas que movían el pensamiento y las acciones de las personas. ¿Podemos omitirlos si, por ejemplo, queremos entender las raíces del ateísmo moderno? ¿Podemos ignorar el testimonio de la Biblia (y de otras religiones) de que es a través de los sueños que Dios se dirige a la humanidad? Hay una afinidad interior entre el amor, la fe y la creación artística: podemos encontrar en ellos la *passio* (pasión), la energía que

12   La expresión «teología profunda» la acuñó principalmente el filósofo de la religión judío Abraham Heschel. Se refería a una especie de terreno común preteológico de la religión. Comparó la teología y la teología profunda de una manera que recuerda nuestra distinción entre el acto de fe *(fides qua)* y el contenido u objeto de la fe *(fides quae)*: «La teología es como una estatua, la teología profunda es como la música. La teología está en los libros; la teología profunda, en los corazones. La primera es una doctrina; la otra, un acontecimiento. La teología nos divide; la teología profunda nos une». Véase A. Heschel, *Insecurity of Freedom. Essays on Human Existence,* Nueva York, Farrar, Straus & Giroux, 1972, pp. 118-119. Mi uso de este concepto es diferente y significa, por un lado, la consideración de la dimensión inconsciente de la religiosidad individual (también en diálogo constante con la obra de C. G. Jung); por otro lado, la proximidad a la comprensión de Tillich de Dios como la profundidad de la realidad.

da vida al mundo. El Romanticismo intuyó acertadamente que el eros, presente en las pasiones religiosas, amorosas y artísticas, tiene un carácter sagrado, es un misterio *tremendum et fascinans.* En las obras artísticas, como en el amor y en la fe, la persona da y al mismo tiempo recibe. Tanto dar como entender lo que se nos da es una forma de trascendencia y apertura de uno mismo.

La cultura, y especialmente el arte –a diferencia del superficial *kitsch* de consumo, incluido el religioso–, es expresión de la búsqueda humana de sentido mientras en este anhelo, en esta apertura y esta inquietud del corazón *(inquietas cordis),* esté presente Dios, y esto sucede ya aquí en la tierra, antes de que esta inquietud despertada por Dios (según san Agustín) alcance su objetivo escatológico final. Creo que Dios, que se manifestó completamente en la kénosis (autodestrucción) de Jesús, es tan humilde que se encuentra de forma anónima en las expresiones humanas de apertura, deseo y esperanza, también allí donde no es reconocido ni nombrado –es decir, en la cultura secular cuando es humanamente auténtica.

También en la relación entre Dios y la cultura humana podemos parafrasear al Maestro Eckhart: el ojo con el que miramos a Dios y el ojo con el que Dios nos mira es el mismo ojo. Con un pensamiento similar nos encontramos en los iconos de la Iglesia ortodoxa y en la práctica de la meditación con ayuda de estos iconos. Cuando *escribimos iconos* o cuando meditamos frente a iconos, miramos a Dios a través de su creación y a través de su fruto, la imagen, y podemos sentir que Dios nos mira. A partir de esta vivencia –cuando nos paramos frente a la imagen y tenemos la impresión de que nos está mirando–, Mikuláš Kusánský fundó su teología de la oración: en la oración y el pensamiento experimentamos la mirada bondadosa de Dios, que se dirige a todas las criaturas y, especialmente, al hombre que pregunta y piensa. A la luz de la mirada de Dios, el hombre se entrega a Él y se convierte más en sí mismo; Dios le dice: «Sé lo que es propio de ti, y yo seré lo que es propio de ti». Se cumple de esta forma el secreto del acogimiento de Dios de la existencia humana, y el acogimiento humano de la existencia de Dios, «indivisible e invariablemente».

Los humanos son cocreadores de la historia y de su medio ambiente, de la naturaleza, no solo a través de su actividad, su poder, multiplicados por las fascinantes posibilidades de la tecnología,[13] sino también con su actitud contemplativa hacia la vida, su apertura hacia el misterio absoluto. De la misma forma es el lector, el espectador y el oyente el coautor de las obras artísticas: literarias, plásticas y musicales. Una obra de arte no es solo producto de su creador, es un punto de encuentro al que pertenece inseparablemente junto al autor el espectador. Las obras artísticas viven y toman su forma definitiva al ser percibidas por aquellos que son alcanzados con ellas, y que de esta forma se convierten en sus cocreadores y consumadores. Al igual que el proceso de la Creación continúa y toma su forma final a través de la historia de la humanidad, en la libertad de las vidas humanas, la obra artística vive, sucede y se completa en quienes las experimentan; el arte exige el arte de la comunicación, es al mismo tiempo una interpretación que llama a la interpretación.

Como decíamos, una actitud contemplativa hacia la vida consigue que la vida humana pase de ser un monólogo para convertirse en un diálogo. En ello hay más que la simple expresión humana, la transformación de la naturaleza con tecnología, la poderosa manipulación de la sociedad y un acercamiento técnico al mundo y a la historia. Se trata de un silencio, una escucha, un intento de comprender, perseverancia en la búsqueda de una respuesta auténtica. Cuando una actitud técnico-manipulativa hacia el mundo no es moderada con una contemplativa, el mundo humano se encuentra en peligro.

13 Esta expresión para conectar la ciencia y la tecnología en la Modernidad tardía la utilizó Jan Patočka. Véase J. Patočka, *Ensayos heréticos sobre la filosofía de la historia,* Madrid, Encuentro, 2016.

La fe, la esperanza y el amor se incorporan al mundo a través de la cultura, son los espacios donde tiene lugar la pericóresis, la unión fundamental entre lo divino y lo humano. A través de ellos, Dios está presente en la cultura humana. Sin embargo, la interpretación teológica de la cultura, incluido el arte contemporáneo, no debería olvidarse de que Dios puede ser en nuestro mundo —si se me permite tomar prestado el término de la teología de la cruz de Lutero— también su contrario, su antítesis. Una perspicaz interpretación teológica tiene en cuenta tanto el drama absurdo como algunos artefactos de arte contemporáneo aparentemente blasfemos, que provocan especialmente a cristianos fundamentalistas y puritanos. En algunos momentos, es la sensación de la ausencia de Dios, la incomprensibilidad del mundo y el trágico destino del hombre lo que se convierte en motivo para esperar a Dios y sentir ese anhelo sediento de Dios.

El propio Dios despierta este anhelo y ya está de cierta manera presente en él, no llega a nosotros como una respuesta, sino como un interrogante. Llega en nuestro anhelo de entender, que trasciende las respuestas parciales y continuamente se abre con nuevas preguntas, estimula una nueva búsqueda: imprime en nuestra existencia un carácter de peregrinaje. El único podía decir: «Yo soy la verdad». Dijo al mismo tiempo que es el camino y la vida. La verdad que deja de ser el camino está muerta. A través de la fe, el hombre peregrina eternamente hacia Dios, y en él el camino y el destino no están separados.

* * *

Si queremos buscar el sentido de los hechos históricos (los signos de los tiempos), podemos buscarlo en la dimensión profunda de la cultura, especialmente en los sueños proféticos del arte, donde estos acontecimientos se anuncian o van desapareciendo. Los sueños tienen su propio lenguaje y su lógica interna, por lo que exigen un acercamiento hermenéutico adecuado; no nos acercaremos al mundo de este lenguaje sagrado con los métodos clásicos de la teología metafísica. Lo que aprendemos al aproximarnos contemplativamente a una imagen y a un koan en el mundo del arte podemos usarlo cuando pensamos en paradojas cotidianas y en acertijos; puede ayudarnos a hacer un diagnóstico espiritual de estos tiempos. La teología estética y la teología de la cultura, especialmente la teología del arte (incluido un enfoque meditativo de la literatura y del cine contemporáneos), son una parte importante de la teología occidental moderna.

Cuando he reflexionado en numerosas ocasiones sobre el mencionado capítulo del loco en *La gaya ciencia* de Nietzsche (la escena en la que se pronuncian las famosas palabras sobre la muerte de Dios),[14] me he acordado de las referencias de Jung sobre que en las tribus arcaicas se diferenciaba entre los sueños pequeños (privados) y los sueños grandes (que tienen significado para toda la tribu). La narración de Nietzsche sobre el asesinato colectivo de Dios, empujado al olvido, ¡fue indudablemente un gran mensaje con forma de sueño para toda nuestra tribu! Nietzsche sabía bien que en su época todavía podría no ser entendido, pero los acontecimientos de los siglos XX y XXI nos permiten entenderlo y reinterpretarlo. El arte es un cofre de sueños proféticos ilimitados, con un contenido religioso a veces manifiesto y en otras ocasiones latente, que invita a una interpretación teológica. Así considero, por ejemplo, *El gran inquisidor,* que aparece en *Los hermanos Karamázov* de Dostoievski, *El proceso* de Kafka y la visión de un estado totalitario en la novela *1984* de Orwell, entre otras obras literarias, cinematográficas y plásticas que pueden convertirse en objeto de análisis teológico.

Northrop Frye, uno de los teóricos literarios más destacados del siglo XX (y quien llegó a ejercer como clérigo), escribió que se produjo un cambio significativo en la conciencia humana

---

14   F. Nietzsche, *La gaya ciencia,* Palma de Mallorca, José J. de Olañeta, 2003.

cuando se originó el drama a partir de los ritos dionisiacos: «La mitología ha sufrido una transformación hacia lo que hoy en día llamamos literatura».[15]

Quizá un acercamiento contemplativo a los símbolos de la literatura y el arte, y una hermenéutica teológica de las obras de arte podrían aportar un cambio en nuestra relación con la religión, es decir, abrir un nuevo enfoque para los niños del mundo secularizado (postsecular) para que puedan entender la experiencia religiosa.

* * *

¿Cómo despertar la fuerza terapéutica de la fe y hacer de una Iglesia debilitada e internamente dividida un hospital de campaña y una luz para las naciones? ¿Cómo contrarrestar los intentos de hacer de la Iglesia un gueto, un búnker cerrado con llave, un mausoleo de las seguridades del pasado o el jardín privado para consumidores de drogas calmantes? ¿Puede del cristianismo, desacreditado por los fundamentalistas y rechazado generalmente por la izquierda liberal, surgir la inspiración para crear una cultura política que sea capaz de transformar el caos de una multitud de voces en un clima moral de respeto mutuo, comunicación y valores compartidos?

Querría que la cairología no se quedase solo en un análisis y un diagnóstico superficiales. Como alguien que pasa la mayoría del tiempo con un trabajo pedagógico y pastoral con estudiantes universitarios, me gustaría aportar respuesta a una pregunta ya mencionada: qué tipo de fe (nunca de religión) podría ayudar a las generaciones venideras a enfrentar los desafíos que trae la

15   Véase N. Frye, *Dvojí vidění* [La doble visión], Praga, Malvern, 2014, p. 53 [*The Double Vision. Language and Meaning in Religion,* Toronto, University of Totronto Press, 1991].

naciente nueva era, y por qué tipo de transformaciones tienen que pasar la Iglesia, la teología y la espiritualidad para aceptar esta crisis como una oportunidad, y pueda servir de apoyo a la gente en una época que en este libro denomino «la tarde del cristianismo».

4. Mil años como un día

He titulado a este libro *La tarde del cristianismo*. Fue una metáfora del padre de la piscología analítica, C. G. Jung, lo que me llevó a utilizar la palabra *tarde,* con ella describía la dinámica de la vida humana individual. Esta metáfora intento aplicarla a la historia del cristianismo.

Jung comparaba el desarrollo de la vida humana con el transcurso del día. Según Jung, la mañana de la vida corresponde a la juventud y a la adultez temprana; cuando la persona desarrolla los rasgos fundamentales de su personalidad, construye los muros exteriores y los pilares de la casa de su vida, amuebla su hogar, encuentra su sitio en la sociedad, elige su enfoque profesional, comienza su carrera profesional, inicia su matrimonio y forma unas bases familiares. En esta etapa, uno construye su imagen, la que quiere que los demás tengan de él, la máscara («persona» en la terminología de Jung),[1] que constituye su «rostro exterior», le otorga al individuo una identidad y al mismo tiempo lo protege de ser herido por los otros en la región interior de su yo. Dice

---

1   El término *persona (prósopon)* procede del teatro antiguo: era el actor que hacía varios papeles y se cambiaba de máscara para diferenciar la identidad de los personajes.

Jung que quien quiera iniciar el camino de la maduración espiritual debería, en primer lugar, echar raíces en este mundo o, por el contrario, estará de forma irresponsable en riesgo de fracasar.

Después llega la crisis del mediodía. El mediodía es un tiempo de cansancio, de somnolencia, el hombre deja de disfrutar de aquello que hasta ahora lo llenaba. Los antiguos ermitaños ya sabían de los trucos astutos del «demonio del mediodía», de la «flecha que vuela durante el día».[2] Advirtieron sobre un vicio llamado acedia. Esta palabra significa más que pereza, como habitualmente se traduce. Es más bien una pérdida de energía y ganas de vivir, un adormecimiento espiritual, apatía –quizá hoy en día echaríamos mano de conceptos como depresión o síndrome del quemado *(burn-out syndrome)*–. Esta crisis puede afectar a nuestra salud, a las relaciones familiares y de pareja, a nuestra fe y a la vida espiritual.

Esta crisis –como toda crisis, según Jung– es una oportunidad. En ella, pide la palabra esa parte de nuestro ser que no hemos desarrollado lo suficiente, que hemos descuidado o que incluso conscientemente o no hemos empujado hacia el inconsciente. En esta situación, se manifiesta una parte no reconocida de nuestro yo, nuestra sombra, nuestras deudas. Después de todo, en la tradición cristiana, entre los pecados (deudas) no se encuentran solo malas acciones, malas palabras y pensamientos perversos, sino también la omisión del bien, ese tesoro que nos ha sido confiado.

Solo cuando alguien aprueba el examen de la crisis del mediodía –por ejemplo, cuando es capaz de aceptar e integrar lo que no quería saber ni reconocer de sí mismo–, está preparado para iniciar el camino de la tarde de la vida. No obstante, el hombre puede malgastar esta nueva etapa de su vida si la llena solo con actividades de la fase de la mañana, se dedica a construir su carrera profesional y su seguridad material, quita el polvo a su imagen y la mejora frente a los otros, persigue honores, aplausos,

2 H 91,5.

y ponerse más medallas en el pecho. Puede llegar a inflar tanto su personalidad que acaba sofocando su vida interior. También los éxitos traen sus impedimentos y la carrera profesional y las posesiones pueden convertirse en trampas.

La tarde de la vida –la madurez y la vejez– trae una tarea más importante que *la vida del mediodía:* el camino espiritual, el descenso a las profundidades. La tarde de la vida es un kairós, un momento adecuado para el desarrollo de la vida espiritual, la oportunidad de culminar el proceso de maduración de toda la vida. Esta etapa de la vida puede traer valiosos frutos: perspectiva, sabiduría, tranquilidad y tolerancia, la capacidad de controlar las emociones y superar el egocentrismo. Este es el principal obstáculo en el camino que va desde el ego, el centro de nuestra vida consciente, hasta el centro más profundo, el yo interior (*das Selbst*). Este giro desde el «pequeño yo» hasta uno más propio y fundamental (podemos llamarlo Dios o «Cristo en nosotros») cumple el sentido de la vida, lleva a la madurez y a la plenitud. Para Jung, la plenitud no significa perfección, sino integridad (en algunos idiomas, la raíz de *completo* y *sagrado* comparten raíz: *whole* y *holy, heil* y *hielig).* Por el contrario, el incumplimiento de las tareas de esta etapa vital, el *mal envejecimiento,* trae rigidez, desajustes emocionales, ansiedad, desconfianza, atención por las cosas insignificantes, autocompasión, hipocondría y un carácter que aterroriza a su entorno. Según Jung, probablemente, todas las afecciones psicológicas en la segunda mitad de la vida –y me he encontrado con algunas de ellas en mi experiencia clínica–, tienen relación con la ausencia de una dimensión espiritual o religiosa en la vida, en el sentido más amplio de la palabra.

Pero creo que hay una parte en la que es necesario revisar esta metáfora inspiradora. Jung situó esta crisis y este giro de la tarde de la vida alrededor de los 35 años. Sin embargo, la esperanza de vida se ha prolongado en las últimas décadas y lo sigue haciendo. El culto a la juventud que trajo la revolución cultural de finales de los años sesenta del siglo XX afecta y absorbe también en esa etapa, prácticamente durante toda la vida productiva, ralentiza y cubre el proceso de envejecimiento, el cual, según Jung, debería ser la madurez durante la tarde de la vida. Pero, por otro lado, se está alargando la fase de la vejez, lo que trae muchos problemas y preguntas. ¿Debería la vejez ser un modelo de juventud o la gente de hoy y de mañana debería usar este excepcional don para desarrollar más profundamente la cultura de la vida y la madurez espiritual?

* * *

Como dicen las Escrituras, «para el Señor un día es como mil años y mil años como un día».[3] Después de muchos años, me hago la pregunta (y aparece en mis últimas conferencias, artículos y libros) de si es posible, y en qué medida, aplicar la metáfora del día que Jung utilizó para los procesos dinámicos de la vida individual en la historia del cristianismo. Para entender el cambio del paradigma en la historia del cristianismo —y, por lo tanto, para comprender el sentido y los desafíos de nuestro tiempo—, propongo la siguiente metáfora.

Considero que la historia del cristianismo, desde sus comienzos hasta el umbral de la Edad Moderna, es su mañana, un largo periodo en el que la Iglesia construyó principalmente su estructura institucional y doctrinal. Después llegó la crisis del mediodía —con su epicentro en Europa Central y Occidental—, que sacudió esta estructura. Todavía está presente con diferente intensidad en una serie de países desde el final de la Edad Media hasta la Modernidad, el Renacimiento y la Reforma, desde el cisma del cristianismo occidental y las consecuentes guerras, que cuestionaron la credibilidad de las distintas Iglesias. Y siguió con

3. 2 P 3,8.

la Ilustración, un tiempo de crítica a la religión y del surgimiento
del ateísmo, pasando por una fase de lento crecimiento del ateísmo
hasta llegar al apateísmo, la indiferencia hacia la religión.

Estoy convencido de que ahora estamos en el umbral de la
tarde del cristianismo; después de un largo periodo de crisis, salen
a la luz algunos rasgos nuevos, probablemente más profundos y
maduros que en la forma histórica del cristianismo. La forma de
la tarde del cristianismo –como todas sus formas anteriores– no
trae consigo una lógica impersonal e irreversible del desarrollo
histórico. Llega como una posibilidad, como un kairós –una
oportunidad que en un momento concreto se abre, y que solo
se puede cumplir cuando el humano la entiende y libremente
la acepte–. Mucho depende de si en ese momento de la historia
hay suficientes de aquellas «vírgenes prudentes» de la parábola de
Jesús, que estén atentas y preparadas para el kairós: el momento
de actuar.

También en la historia del cristianismo acecha la posibilidad
de un *mal envejecimiento*. Desperdiciar el tiempo de reforma o
incluso intentar volver al periodo anterior a la crisis del mediodía puede conllevar dirigirse a una forma estéril y aberrante
del cristianismo. Igual de peligrosos son los intentos de resolver
los problemas de la crisis actual con una reforma precipitada y
superficial de las instituciones eclesiásticas, sin cambios profundos
en la teología y la espiritualidad; esto podría traer solo caos y
resultados infructuosos.

En este libro expongo una visión concreta de la tarde del cristianismo, aunque quiero resaltar que hasta qué punto esta visión
se cumplirá solo lo sabe el Señor de la historia, que continúa
dando forma a la historia en diálogo con nuestras acciones y
nuestro entendimiento. Visto desde la óptica de la teología de la
historia, la historia no es solo el producto de los actos conscientes
e intencionados de los seres humanos, de la situación económica
y los conflictos sociales, no está dirigida por un destino ineludible

o la dialéctica de las leyes, pero tampoco por un ser divino que lo controla como una marioneta. Se trata de un drama de salvación, un juego misterioso entre Dios y la libertad humana. En la medida en que los actos libres humanos que forman la historia son una manifestación de la autotrascendencia humana (autotrascendencia en el amor y en la creación), abren un espacio para lo que el hombre siente como un don que precede, acompaña y completa la propia actuación libre. Dicho de una forma tradicional y teológica, se trata de una relación de libertad y gracia en la historia.

* * *

Considero la metáfora de la crisis del mediodía como una parte interna y duradera de la progresiva desaparición de la *Christianitas,* un tipo concreto de encarnación de la fe cristiana en la cultura occidental y en la civilización. Sobre dicho periodo se han escrito miles de estudios históricos y sociológicos que intentan explicarlo con numerosas teorías diferentes. Podemos datar esta etapa de varias maneras, podemos justificarla, evaluarla y llamarla de diferentes formas: tiempo de secularización, «desencantamiento», desacralización, «deseclesiastización» o descristianización, un periodo de «desmitologización del cristianismo», de «extinción de la época constantina» o de la «muerte de Dios».

La teoría clásica de la secularización consideraba a esta el último estadio de la historia del cristianismo y de la religión en su totalidad. Algunos herederos de la Ilustración la consideraban como un paso victorioso de la luz del entendimiento sobre la oscuridad y la niebla de la superstición cristiana; algunos cristianos, ensimismados en el pasado, se lamentaban por ello y la demonizaban. La perspectiva de que la secularización puede ser el kairós del cristianismo, un nuevo desafío con nuevas oportunidades positivas para renovar y profundizar la fe, ha sido durante mucho tiempo algo esporádico.

En las últimas décadas, la teoría de la secularización ha sido puesta en duda. Algunos sociólogos, filósofos e historiadores de la cultura la consideran un error científico, un mito ideológico, producto del *wishful thinking* de ciertos pensadores y círculos sociopolíticos.[4] Se observa que, aunque la teoría de la secularización pertenecía principalmente a círculos anticlericales (por ejemplo, Émile Durkheim), en muchos permaneció cautiva de un estrecho concepto clerical de la fe y la religión; a pesar de tratar sobre diferentes religiones, proyectaron en la teoría la forma de religión que veían ante sus ojos, esa que perdía vitalidad y atractivo, principalmente la Iglesia católica a finales del siglo XIX y principios del XX. Generalizaron cierta forma de fe y religión y la asumieron como una crisis de la religión en general. Su atención escapó durante mucho tiempo de la realidad: la secularización no trajo la desaparición de la religión, sino su transformación.

* * *

Cuando hace mucho tiempo –sí, fue en el pasado milenio– celebré mi cuadragésimo cumpleaños, respondí al brindis y a las felicitaciones desconcertadamente: «¿De verdad hay algo que celebrar? ¡La juventud se ha ido!». Uno de mis amigos, el filósofo Zdeněk Neubauer, dijo acaloradamente: «¡La juventud no es solo una fase temporal de la vida, la juventud es una dimensión de nuestra personalidad!».

Depende de cómo sobrellevemos esa juventud. Podemos traicionar y olvidar a ese joven que un día fuimos, reprimirlo en nuestro interior; podemos neciamente intentar mantener esa juventud, aparentarla forzosamente, defendernos de la adultez

---

4   Se puede considerar al sociólogo estadounidense Peter L. Berger como el más conocido *revisionista,* primero defensor, y más tarde vigoroso crítico de la teología de la secularización.

y la vejez. Pero también podemos integrarla, introducirla orgánicamente en las siguientes fases de la vida, volver a veces a ella, como un compositor regresa a ciertos motivos y los hace sonar en nuevas variantes. De cierto modo, lo que hemos vivido permanece y se queda en nosotros, no obstante, puede afectarnos de diferentes maneras. Depende de si hemos cumplido las tareas de esa etapa, tanto en la vida individual como de la nación y la cultura. El tiempo en el que se desarrolla la historia de nuestra vida y nuestra historia en general no va en una sola dirección, nuestro espacio vital es multidimensional; también el pasado olvidado y desplazado puede manifestarse como aparentemente muerto y solo terminado de forma temporal. El psicoanálisis nos ha enseñado que aquello que ocultamos violentamente vuelve con gusto en otras formas.

Lo mismo sucede con la posmodernidad y la postsecularización. También las épocas culturales son más bien dimensiones de la vida de la sociedad que tramos de tiempo simples que se suceden y en cierto momento finalizan inequívocamente. La relación entre moderno y posmoderno, secular y postsecular, es más complicada que un simple cambio de periodo. Del mismo modo, la metáfora de los días (historia de la mañana, del mediodía y de la tarde) es necesario tratarla con cuidado: si para nosotros es mediodía y primavera, en otra parte del mundo puede ser de día o de noche y vivirse un desagradable invierno. En nuestra sociedad global y conectada viven juntos, y a veces se encuentran, modos de vida premodernos, modernos, hipermodernos y posmodernos. El prefijo *post* en estos casos no significa solamente un progreso en el tiempo o un salto cualitativo. Defender una interpretación de la evolución en la que lo posmoderno y la postsecularización sean automáticamente estadios superiores del desarrollo revelaría que todavía estamos atrapados en la cultura de la Modernidad, ya que el mito de la evolución como un avance constante en una sola dirección fue uno de los rasgos característicos del pensamiento moderno.

Reconocer el desarrollo como un principio de todo lo vivo no significa aceptar de forma acrítica la ideología del progreso. Si queremos escapar del cautiverio de la Modernidad, tenemos que deshacernos del ingenuo punto de vista de la historia como un irrefrenable movimiento en una sola dirección que se dirige hacia un mañana mejor, dominado por ciertas leyes de la historia. Tras la idea de progreso, gobernado por leyes externas, la ideología secular escondía un modelo teológico, concretamente deístico, no confesado; especialmente para los ideólogos comunistas, el progreso era un Dios escondido, manipulando la historia externamente, y ellos mismos eran sus profetas y herramientas. Una de las muchas cosas que Nietzsche reconoció de forma clarividente fue su concepción de que muchos ideales modernos son solo sombras de un dios muerto.[5]

* * *

La era de los *post* nos plantea muchas preguntas. ¿Cuál es la relación entre posmoderno y moderno? ¿Será el periodo posmoderno realmente transmoderno, sobrepasando y superando a lo moderno, o será más bien supermoderno, solo una continuación intensiva de ciertas tendencias modernas bajo nuevas condiciones? ¿No se manifiestan de forma analógica en la era poscomunista muchas consecuencias insuperables de la era comunista, rasgos de comportamiento de la gente en tiempos del totalitarismo solamente que disfrazados con un traje nuevo? Al igual que en el caso de la posmodernidad y el poscomunismo, en la postsecularización el prefijo *post* no significa simplemente liberarse del periodo anterior. Más bien al contrario: el hecho de que para este nuevo capítulo de la historia no se haya encontrado un nombre propio indica que, de cierto modo, vivimos todavía

---

5 Véase F. Nietzsche, *La gaya ciencia, op. cit.*

con ciertos pensamientos a remolque de nuestro pasado. La Ilustración encontró rápido un orgulloso nombre para su cultura. Después, etiquetaron al pasado con nombres menos favorables: el Gótico fue nombrado haciendo referencia a los bárbaros godos; la Edad Media, con su propio nombre, ya era señalada como un periodo no muy interesante y oscuro entre la Antigüedad y el tiempo de la Ilustración; según la interpretación de Hegel de la Edad Media, deberíamos haber llevado las botas de siete leguas para saltarnos rápido esa época. Quizá el hecho de que no seamos capaces de encontrar un nombre completamente nuevo para nuestra época demuestra que es solo un periodo de paso, un intermedio. Solo en este sentido podemos considerar nuestra época como una *Nueva Edad Media*.

¿Cuándo podrá lo postsecular desencadenarse lo suficiente de lo secular? ¿Cuándo encontrará y denominará sus temas propios? Quizá la última etapa nos encargó una tarea que todavía no hemos sido capaces de cumplir. ¿Hemos respondido a las preguntas que trajo la experiencia de la secularización? ¿Hemos reflexionado minuciosamente sobre este fenómeno de nuestra historia cultural? Ninguna religión se ha enfrentado tanto al fuego depurativo de la crítica como el cristianismo. ¿Hemos extraído de ese tesoro lo que era necesario para una mayor madurez y una mayor adultez de la fe cristiana? ¿Nos hemos inspirado en los textos de la Biblia hebrea —como la historia de la pelea nocturna de Jacob y todo el libro de Job—, que nos dicen que Dios ama a aquellos que luchan con él?

El mundo de la religión es un mundo de paradojas. Si queremos entender este mundo, tenemos que alejarnos de la adhesión dogmática al principio de que «A» no puede ser al mismo tiempo «no A». Más bien, nos ayudará la frase con la que mi profesor Josef Zvěřina describía cuál es el principio básico del cristianismo: *aut-aut* (no solo, sino también).

¿Es nuestro tiempo secular o postsecular, moderno o posmoderno? ¿Vivimos una crisis de la religión o su revitalización?

Las dos opciones son ciertas. Para uno de los aspectos, no podemos ignorar el otro; para la justa apreciación del otro, no debemos subestimar la importancia del primero. La secularización y la Modernidad han marcado para siempre la historia de la fe y han inscrito en ella ciertas características, no obstante, no era lo que sus defensores radicales pensaban: la etapa final y la culminación del desarrollo histórico. La secularización no fue el fin de la religión, no fue –como se imaginaban los ideólogos del secularismo– la victoria de la luz de la razón sobre la oscuridad de la religión. Fue más bien una transformación de la religión y un paso hacia la madurez de la fe. Uno de los objetivos de este libro es animar a aprovechar al máximo esta oportunidad.

5. ¿Un cristianismo religioso o arreligioso?

Este libro trata sobre la transformación del cristianismo, pero también sobre la transformación de la religión y la relación entre fe y religión. Diferencia tres etapas en la historia del cristianismo: la primera, la mañana, premoderna; la segunda, la crisis del mediodía, el tiempo de la secularización; la tercera, la entrante tarde del cristianismo, cuya forma ya manifiesta en nuestro tiempo la decadencia posmoderna del mundo moderno.

Sin embargo, a lo largo de la historia va cambiando también la religión —tanto el uso de esta palabra, como su manifestación sociocultural y el rol que con esta palabra se expresa—. Especialmente, distingo entre dos conceptos de religión. Uno es el de religión como *religio,* una fuerza integradora en la sociedad y en el Estado, una *lengua* común. El término *religio,* de la que deriva la palabra *religión* en la mayoría de las lenguas occidentales, se usó por primera vez en la antigua Roma en la época de las guerras púnicas. En este sentido, en el antiguo Imperio romano la religión tenía un significado eminentemente político, se refería a un sistema concreto de símbolos y rituales que expresaban la identidad de la sociedad; estaba cerca de eso que los sociólogos actuales llaman religión civil *(civil religion).* La *religio* era, según Cicerón, «la adoración correcta de los dioses adecuados» (es decir, de los reconocidos por el Estado); lo contrario era la *superstitio* (superstición), la religión de los otros.[1] Como sabemos, el cristianismo empezó a desempeñar el papel de *religio* en el siglo IV.

Por otro lado, tenemos la religión tal como surgió y se entiende generalmente tras la Ilustración: la religión como un sector de la sociedad y una cultura entre otras, como una *cosmovisión,* conectados sobre todo con el *otro mundo* y en la esfera terrenal representada por instituciones religiosas (eclesiásticas) especializadas.

Sin embargo, no podemos olvidarnos de la forma arcaica de la religión como relación con lo sagrado, experimentada especialmente en la naturaleza. Esta forma *pagana* de religiosidad se intentó suprimir primero con la consideración bíblica de la fe en un Dios que trasciende el mundo. Después, la integró hasta cierto punto y la *bautizó* como cristianismo popular, principalmente en la Edad Media. Más tarde, la modernización y la secularización de la sociedad occidental intentaron erradicarla (incluida la religiosidad del cristianismo popular), aunque fue resucitada por el Romanticismo. Hoy en día, vuelve el motivo de la naturaleza sagrada de diversas formas, desde el concepto de lo sagrado de Heidegger hasta varias formas de espiritualidad y ecologismo del tipo *New Age.*[2] El intento de *bautizar* esta sensibilidad actual hacia la naturaleza se puede ver en la encíclica del papa Francisco *Laudato si',* la cual —ya en su propio nombre— se refiere a la tradición de la espiritualidad franciscana de la creación.

* * *

1 Véase E. Sharpe, *Understanding Religion,* Londres, Bloomsbury Publishing, 1997.

2 La etiqueta *New Age* procede del simbolismo astrológico popularizado por C. G. Jung: «la nueva Era de Acuario» ha sustituido a la era del cristianismo, la Era de Piscis.

Tengo la hipótesis de la que la fe cristiana ha llegado a esta forma actual de religión, y que los intentos de suprimirla y devolverla a formas anteriores son contraproducentes. También para el lenguaje vivo de la historia y el flujo de la tradición (de la transmisión creativa) vale la frase de que «nadie puede bañarse dos veces en el mismo río».

El cristianismo como *religio,* encarnado en la forma cultural y política de la *Christianitas* («la civilización cristiana»), es definitivamente el pasado y su imitación nostálgica solo lleva a una caricatura tradicionalista. La secularización creó, más tarde, otra forma de religión al estilo de la Edad Moderna: el cristianismo como una cosmovisión, como una confesión, y el cristianismo también se fue acomodando progresivamente a esta forma de religión. Pero la Edad Moderna terminó, y con ella se quedó también en el pasado este tipo de cristianismo que se identificaba con la religión en ese sentido moderno de la palabra.

Los ateos críticos con la religión –como Nietzsche, Freud y Marx– dirigieron su crítica principalmente a ese tipo de religión de la que la fe necesita liberarse; por eso, el ateísmo crítico (a veces dogmático) puede ser más bien un ayudante de la fe que no un enemigo. Los predecesores de la transformación frente a la que se encuentra el cristianismo actual fueron figuras proféticas que salieron de las filas de los cristianos, por ejemplo, Pascal con su crítica a los «filósofos religiosos», Kierkegaard y su crítica al cristianismo burgués y Teilhard de Chardin y Jung con su crítica a un cristianismo «que ha perdido su fuerza fértil». Ni la forma medieval ni la forma moderna (de la Edad Moderna) de la religión pueden ser la morada sociocultural permanente de la fe cristiana.

El cristianismo de la Modernidad tardía se encontró falto de hogar culturalmente hablando, lo que es uno de los motivos de su crisis actual. La fe cristiana busca un nuevo rostro en esta época de cambio de paradigmas en la civilización, busca un nuevo hogar, nuevos medios de expresión, nuevas funciones culturales y sociales y nuevos aliados. ¿Se introducirá en alguna forma existente o de nueva creación de la religión, o surgirá, como anunciaron muchos teólogos, una fe no religiosa? Quizá el dinamismo y la variedad del posmodernismo que aterroriza a muchos cristianos sea la fase de incubación del cristianismo del futuro.

* * *

Si al finalizar este libro pretendemos reflexionar sobre los posibles escenarios futuros, intentemos recordar ahora de forma breve las etapas importantes del desarrollo histórico del cristianismo en lo que se refiere a la transformación de la relación entre fe y religión. Al principio de su historia, el cristianismo no era una religión en el sentido de la antigua *religio*. Era más bien *el camino para seguir a Cristo,* una secta judía de tipo mesiánico. Sin embargo, seguían con las ideas *universalistas* que trajeron los profetas al judaísmo. Para ellos, el Señor no era solo el dios *local* de un pueblo, del pueblo elegido, sino un creador, Señor del cielo y de la tierra y gobernante de todos los pueblos. En los sermones de Jesús se puede seguir este desarrollo: al principio, se sitúa como alguien enviado principalmente a las «ovejas perdidas de la casa de Israel», pero, después, ordena a sus apóstoles que recorran todo el mundo y hagan discípulos a todos los pueblos; afirma: «toda potestad me es dada en el cielo y en la tierra».[3]

El apóstol san Pablo representa la *primera reforma:* saca al joven cristianismo de las fronteras del judaísmo de entonces. Radicaliza la disputa de Jesús con los rígidos intérpretes de la Ley mosaica. A los convertidos desde el paganismo los alivia de tener que convertirse primero en judíos (aceptar la circuncisión y una serie de normas y rituales de la Ley mosaica) y en el centro de todo coloca la fe, que se manifiesta en la práctica como amor al

3   Mt 15,24 y 28,17-20.

prójimo.[4] De esta forma abre un nuevo camino hacia la sociedad cristiana para los *paganos piadosos* (simpatizantes helénicos del judaísmo, entre quienes se encontraban los que se adhirieron al monoteísmo filosófico), y al mismo tiempo, permite a estas comunidades ahora liberadas de las normas judías entrar con más facilidad en el amplio mundo de la cultura antigua. La fe, según el concepto de san Pablo, trasciende todas las fronteras: ahora «todos vosotros sois uno en Cristo Jesús».[5]

Pablo, a través de su emancipación de la misión de Pedro, Santiago y otros de los primeros discípulos de Jesús, con su énfasis en la fe como una *nueva existencia* y con su énfasis en la libertad de los cristianos, salvó al joven cristianismo de acabar pareciéndose a un sistema legal. La estructura de la religión como sistema legal desempeñaba un papel importante en el judaísmo y lo haría más tarde en el islam. No obstante, la tentación del legalismo ha aparecido en numerosas ocasiones en la historia de la Iglesia; grandes figuras de la Reforma –desde Lutero hasta Bonhoeffer– apelan siempre a la libertad paulina de la ley.

Los pilares de la comunidad apostólica de Jerusalén, Santiago, Pedro y Juan, supieron hacerse a un lado frente a la figura del reformador radical Pablo, con lo que previnieron un cisma por la división de competencias y por el reconocimiento mutuo: los apóstoles de Jerusalén seguirían predicando entre judíos y judeocristianos, sin embargo, Pablo recibe la confianza y la libertad para realizar su misión en el amplio mundo de los gentiles.[6] Recordemos que eso a lo que hoy llamamos cristianismo surgió en gran medida de la atrevida misión reformista de Pablo, mientras que otras corrientes judeocristianas fueron desapareciendo. Podemos discutir si eso se produjo debido a eventos externos de la histo-

4 Véase 1 Co 13,8-10.
5 Gl 3,28.
6 Véase Gl 2,6-10.

ria, o si más bien se debió a diferencias entre el *conservadurismo* de la comunidad de Jerusalén y la dinámica mental de la visión misionera que tenía Pablo.

San Pablo trae al mundo su propia versión del cristianismo y del universalismo cristiano, caracterizado por la filosofía helenística y la política romana, y esto en un momento de crisis de credibilidad para la mitología griega y la religión política romana. Sin embargo, la idea de una *nueva Israel* sin fronteras acaba chocando con el tiempo con los límites de estas antiguas culturas; en lugar de una Israel sin fronteras, la Iglesia se convierte en la *segunda Israel* y en la tercera *religión,* tras el judaísmo y el paganismo helénico. También tiene que diferenciarse claramente de las corrientes gnósticas, de las por aquel entonces escuelas de sabiduría y devoción *(pietas)* y de otros muchos cultos religiosos. Los representantes de la religión estatal romana comprenden que el cristianismo, que estaba creciendo de forma asombrosa, era un fenómeno políticamente peligroso. Por ello, lo persiguen, con lo que consolidan su apariencia de contracultura, de disidencia político-religiosa. De esta forma, hacen del cristianismo también una alternativa al mundo religioso del momento.

Los cristianos que rechazaban formar parte de los ritos paganos romanos por motivos religiosos (los consideraban idolatría) eran perseguidos como desleales y, por lo tanto, como ciudadanos peligrosos, como *ateos* que privaban al Imperio de la protección de los dioses *(pax deorum)*.

El conflicto entre la *religio* romana y la joven fe cristiana se extiende durante siglos, intercambiándose periodos de sangrienta persecución con otros de relativa tranquilidad. Sin embargo, el testimonio de la devoción heroica de los mártires cristianos, la solidaridad mutua de las comunidades cristianas, el posterior intento de los primeros teólogos de introducir la fe en los conceptos de pensamiento de la filosofía helenística y, al final, el cálculo político de los emperadores llevaron al cristianismo en el Imperio a otra posición, hacia el cambio constantiniano. El cristianismo, al principio tolerado y más tarde privilegiado, asumió el rol político-cultural de la *religio*. Sin embargo, también logró la transformación, no solo de su *objeto* y de su contenido ideológico, sino que también enriqueció sustancialmente su forma. La *religio* en su forma cristiana conecta una serie de ámbitos previamente separados: el ritual, el filosófico, el espiritual y el político.

La Roma pagana también conocía lo que hoy en día muchos conectan con el concepto de religión, es decir, la devoción y una filosofía de vida concreta, una cosmovisión, no obstante, no lo conectaban con la *religio*. La devoción, la espiritualidad y la piedad eran más bien asuntos del misterio; la *búsqueda del sentido de la vida* y las cuestiones sobre el origen y la naturaleza del mundo eran competencia de la filosofía, especialmente de la interpretación filosófica de los mitos. Estos fenómenos vivían uno al lado del otro, pero separados; la conexión de las creencias religiosas, la práctica moral, la espiritualidad y la reflexión filosófica, los rituales privados y públicos en un todo, representado y dirigido por una institución, llega con el cristianismo.

El filósofo romano Marco Terencio Varrón distinguía, en el siglo II a. C., tres tipos de teología: la *theologia naturalis* (teología filosófica), la *theologia civilis* (el aspecto político-legal de la adoración a los dioses) y la *theologia mythica* (las narrativas y los símbolos religiosos tradicionales). Tertuliano, un teólogo cristiano, autor influyente en la terminología teológica latina y que vivió entre los siglos II y III, integró todos estos aspectos en el concepto *religio*.[7] Ahora, para diferenciarse de la *religio* pagana romana (y del judaísmo, que mucho antes que el cristianismo obtuvo en el Imperio romano el estatuto legal de *religio)*, los apologetas cristianos pasan a denominar su fe como *religio vera,* la religión verdadera.

7 Véase D. Červenková, *Jak se křesťanství stalo náboženstvím* [¿Cómo el cristianismo se convirtió en religión?], Praga, Karolinum, 2012, p. 25.

Con la legalización del cristianismo por parte del emperador Constantino y la proclamación como religión estatal por parte de Justiniano, el camino del seguimiento de Cristo se convierte en una religión en el sentido de la *religio* política romana, en una *lengua común* y en el principal pilar cultural de una civilización poderosa.

De este modo, la fe se convierte en el caparazón protector (pero también limitante) de la religión, que recuerda al rol de persona en el concepto de Jung de la personalidad humana: una máscara que permite la comunicación externa mientras protege la intimidad y la integridad interior. Sin embargo, si esta máscara se hipertrofia y se endurece, sofoca la vida, y esto se aplica no solo al individuo, sino también al sistema espiritual y social.

Al incorporarse la fe cristiana cada vez más a la filosofía, va tomando la forma de una teología metafísica cristiana con diferente énfasis en su versión romana y su versión griega (o, si queremos, al dejar que la fe impregne la filosofía, se va uniendo el espíritu hebraico con el espíritu del pensamiento helenístico). La fe empieza a ser comprendida más como una ideología, una doctrina. Los oyentes de Jesús reaccionaron a su sermón con asombro: «¿Qué es esto? Una enseñanza nueva expuesta con autoridad».[8] Surge la pregunta de si la conexión de la fe con el poder político y la integración de la fe en forma de *doctrina* no traerán progresivamente el debilitamiento del poder divino que tanto cautivó a los primeros discípulos de Jesús.

Ya en la Antigüedad, el cristianismo cumplía un papel espiritual: el cultivo sistemático de una dimensión profunda de la fe. Eso ocurre especialmente gracias a los Padres del Desierto con su versión alternativa radical del cristianismo, al principio disidente contra la mayoría del *cristianismo del Imperio,* que rápidamente se instaló en el poder y en los privilegios. Este grupo de hombres y mujeres, que partieron hacia los desiertos de Palestina, Siria y

8   Mc 1,21-28.

Egipto, formaron comunidades de un *cristianismo alternativo* que más tarde fueron integradas e institucionalizadas en forma de comunidades monásticas. Obtienen su forma legal junto a otras estructuras eclesiásticas, sin embargo, es precisamente desde el ambiente monástico de donde emergen durante siglos los impulsos para reformar la Iglesia.

El cristianismo como unión de la *religio* política, el pensamiento filosófico de la *fides* y escuela de devoción *(pietas)* es inmensamente fructífero cultural y políticamente, durante siglos construye y fortalece uno de los imperios más poderosos del mundo. Es capaz de integrar numerosos impulsos nuevos de diversas culturas y filosofías, sobrevivir a la caída de Roma y más tarde al Gran Cisma entre Roma y Bizancio, defenderse de las incursiones exteriores y expandirse progresivamente a zonas recién descubiertas del mundo. La fe cristiana (especialmente en forma de doctrina y liturgia) se convirtió en la lengua común de gran parte del mundo.[9]

No obstante, es necesario tomar con reservas la visión romántica de la Edad Media como una edad de oro para la fe. Investigaciones históricas más minuciosas muestran que la cristianización y la evangelización afectaron principalmente a ciertos estratos de la sociedad. Influyó especialmente en aquellos (en general, en los monasterios y más tarde en las universidades) que dieron forma activamente a la cultura que constituye hoy nuestra visión de ese periodo.

En los estratos populares penetraron lentamente la espiritualidad y el *ethos* cristianos; durante mucho tiempo estuvieron entrelazados fuertemente con la religiosidad precristiana arcaica. Paradójicamente, los estratos populares se vieron más influidos por la fe cristiana al comienzo de la Edad Moderna, cuando la

---

9   Sobre todo en el primer milenio, existió en el cristianismo una significativa pluralidad en la liturgia, la espiritualidad y las resoluciones teológicas; a partir de la ruptura con el cristianismo bizantino, la Iglesia latina se *romanizó* en gran medida.

Iglesia perdió el poder político del que gozaba hasta el momento. En aquel momento, los obispos –que hasta entonces eran sobre todo señores feudales que sabían administrar grandes propiedades– comenzaron a ser elegidos con más frecuencia de entre las capas más educadas de las urbes, y estos fueron quienes se encargaron en mayor medida de la educación de los sacerdotes y del pueblo.[10]

Dentro de la *Christianitas,* sin embargo, surge una diferenciación significativa tras el oscuro siglo X (sobre todo, tras la gran crisis del papado): un grupo reformista, procedente especialmente de la abadía de Cluny, origina un conflicto entre los monjes y el clero secular; intentan reformar, elevar y disciplinar a los sacerdotes buscando que se asemejen a los monjes, con énfasis en la disciplina, la obediencia, las horas canónicas, el celibato y la educación. Los protagonistas de la reforma cluniacense alcanzan la cumbre de la jerarquía eclesiástica y desencadenan con la disputa por la investidura (el derecho a nombrar obispos) la «revolución papal». Esto rompe el monopolio del poder imperial y crea una dualidad entre el poder secular y el eclesiástico, el emperador y el papa, lo que influirá de forma fundamental en la cultura política de Occidente. Un producto secundario de esta disputa es el surgimiento de una cultura secular, una esfera *profana* que poco a poco se emancipa del poder y del control de la esfera eclesiástica.

En el Renacimiento (entre otras cosas, por la influencia de los emigrantes de Imperio bizantino a la corte florentina de los Medici tras la caída de Constantinopla), esta nueva cultura recibe un poderoso impulso con el interés de los eruditos por estudiar griego. Este interés estimula, por un lado, el estudio del Nuevo Testamento original y fomenta las traducciones de las Escrituras

10 Véase Ch. Taylor, *Catholic Modernity?*, Charles Taylor's Marianist Award Lecture, Oxford, Oxford University Press, 1999.

a las lenguas nacionales, lo que refuerza la confianza en sí mismas de las naciones y prepara el terreno para la reforma de la Iglesia. Por otro lado, revive y populariza el estudio de la cultura antigua y con ello contribuye al nacimiento del humanismo renacentista. El giro del latín al griego y, especialmente, a las lenguas nacionales, subvierten el imperio cultural medieval (y abonan el terreno para el nacimiento de los Estados nacionales) y la hegemonía de la teología escolástica en el campo intelectual.

La *Christianitas* de la Edad Media sufre una herida fatal en forma de una gran división del cristianismo occidental, especialmente cuando el conflicto pasa de la esfera teológica a la esfera política, lo que provoca las destructivas guerras del siglo XVII. No menos fatal fue el siguiente cisma: la ruptura de la teología tradicional con el emancipador mundo de las ciencias naturales. El poder y el prestigio de la religión cristiana son debilitados por esos dos cismas, causados por apegarse a un sistema teológico anquilosado, incapaz de interpretar creativa y críticamente y de integrar los impulsos teológicos reformistas, así como los nuevos conocimientos científicos.

Los intelectuales cristianos críticos −cuyo modelo es Erasmo de Rotterdam−, disgustados por estos dos campos de batalla eclesiásticos, intentan crear un *tercer camino para el cristianismo*. Al ser ambos campos rechazados, se alejan más del cristianismo eclesiástico tradicional. Al final, esta corriente lleva hasta la Ilustración, que tiene diversas formas. Algunos ilustrados se esfuerzan en humanizar el cristianismo, otros sustituyen al Dios de la Biblia por el *dios de los filósofos* y el cristianismo por el deísmo, y otros sustituyen la fe religiosa por el culto a la razón humana.

La entrada de la tercera rama del cristianismo en la Ilustración y en la cultura de la Modernidad secular cumple un escenario, que tiene sus raíces en el propio carácter del cristianismo: según Marcel Gauchet, el cristianismo es «la religión de la salida de la religión», se traslada desde la infraestructura política de la sociedad

77

hasta una superestructura, a la cultura.[11] Tras la Ilustración, este proceso se consuma: la cultura ya no es una parte de la religión, sino que la religión es una parte de la cultura.

La institución eclesiástica va perdiendo poco a poco su poder político, la fuerza y la vitalidad del cristianismo residen ahora sobre todo en la influencia moral e intelectual de la fe en la mentalidad cultural de la sociedad. Sin embargo, la mentalidad cultural de la sociedad de la Modernidad se transforma y el cristianismo, como lo presentan especialmente las Iglesias en los siglos xviii y xix, pierde progresivamente su influencia intelectual.

* * *

El proceso de modernización es un proceso de fragmentación, de emancipación de elementos individuales que antes formaban parte de un todo. Se produce la desintegración de la *Christianitas,* de la «civilización cristiana», crecen los estados y las culturas nacionales. El latín pierde su posición privilegiada; las traducciones de la Biblia, apoyadas sobre todo por los reformadores, ayudan a desarrollar los idiomas nacionales. Las jóvenes ciencias naturales, seguras de sí mismas, rechazan el dominio de la teología. El conocimiento racional sistemático, al que contribuyó de gran manera la escolástica medieval, es ahora complementado con los métodos experimentales y se vuelve contra la teología escolástica.

Llega el periodo de la secularización: la religión cristiana deja de desempeñar en la Edad Moderna el papel de religión como *religio.*[12]

---

11   M. Gauchet, *Le désenchantement du monde. Une histoire politique de la religion,* París, Gallimard, 1985.

12   Distingo entre secularización (proceso sociocultural), secularismo (interpretación ideológica de la secularización) y la era secular (un determinado periodo histórico). Más información, al principio del capítulo 7.

La secularización no señala que sea el fin de la religión ni de la fe cristiana. Quiere decir que hay un cambio en la relación entre religión y fe: es el final del largo *matrimonio* entre la fe cristiana y la religión en el sentido de *religio*.

La religión en dicho sentido, como fuerza integradora de la sociedad, no desaparece, pero este ya no es el papel de la fe cristiana. Otros fenómenos se convierten en la *lengua común* de las sociedades modernas. No obstante, la fe cristiana, tras su ruptura con la religión como *religio,* no se vuelve arreligiosa, sino que progresivamente se enmarca en otro tipo de religión: esa que construyó la cultura secular de la Edad Moderna.

* * *

El rol de la *religio,* la religión como *lengua común* y como base fundamental compartida por la civilización europea, lo empiezan a adoptar las ciencias naturales, la cultura secular, principalmente el arte (recordemos el culto religioso a los artistas y a los genios, desde el Renacimiento, pasando por el Romanticismo y hasta el culto posmoderno a las estrellas de la cultura pop), también los nacionalismos desempeñarán este papel y más tarde la *religión política,* como en el caso del comunismo, el fascismo y el nazismo.

Hoy en día, podríamos señalar como *religio* a la economía capitalista, unificadora del mercado global. Numerosos sociólogos y filósofos de la cultura estudian el rol pseudorreligioso del capitalismo,[13] que sustituye al monoteísmo por el *money-teísmo,* el culto capitalista al dinero.

Algunas *religiones seculares* tienen su propia mística, ofrecen una relación *extática* concreta con diversos entendimientos de la tras-

13   Sobre el rol pseudorreligioso del capitalismo, véase, por ejemplo, T. Ruster, *El Dios falsificado. Una nueva teología desde la ruptura entre cristianismo y religión,* Salamanca, Sígueme, 2011.

cendencia. Si prestamos atención al floreciente comercio con drogas químicas, psíquicas y espirituales, medios para la exaltación y para la calma, estamos tentados a cambiar el sentido de una famosa cita de Karl Marx: el opio es hoy la religión del pueblo.

Sin embargo, aunque muchos de estos fenómenos han adquirido aspectos psicológicos y sociales de la *religio,* no se señalan y no se entienden como religión. El concepto de religión, tal como se creó y se fijó durante el proceso de secularización, tiene ahora un significado y un contenido totalmente diferentes.

* * *

La palabra *religión* se refiere desde la Ilustración a un sector más de la sociedad. La religión, tal como se entendía en la Edad Moderna, ya no es un todo que todo lo abarca, una lengua que todos entienden, que lo cohesiona casi todo; ya no es *religio.* En la comprensión de la Edad Moderna, se convierte en solo un juego de palabras más, si tomo prestado el concepto de Ludwig Wittgenstein. La parte de la sociedad que acepta las normas de este juego se va reduciendo progresivamente.

La religión es ahora comprendida como una *cosmovisión,* en el sentido de una más entre otras. Junto a la religión existen hoy muchos otros campos de la vida social que quieren regirse por sus propias normas. La religión dejó de ser omnipresente y, por lo tanto, ya no es *invisible* como el aire que respiramos. Dejó de ser algo que damos por hecho, es posible distanciarse de ello de forma crítica: desde la Ilustración, la religión se convierte en objeto de estudio y crítica. La teología medieval era entendida como la «ciencia de Dios»; desde la Ilustración (recordemos a Schleiermacher), se convirtió en una hermenéutica de la fe, pasa a ser más bien la *ciencia de la religión.*

* * *

En el umbral de la Edad Moderna, el cristianismo estaba debilitado, entre otras cosas, porque se descompuso en *denominaciones/ confesiones* sostenidas por distintas Iglesias; más tarde quedó desacreditado a causa de las guerras entre estas denominaciones. Tras la Reforma, existe en el marco de Occidente un cristianismo *en plural:* hay varias *religiones cristianas.* La corriente reformista del cristianismo deja poco a poco de entenderse como una innovación en el marco de una sola Iglesia y empieza a separarse claramente de la *antigua* Iglesia mental, teológica y organizativamente. Junto al catolicismo se encuentra el protestantismo, y el propio campo evangélico comienza a diferenciarse. A diferencia de la *religio* como un todo, la *confessio* es una parte, es un juego de palabras entre otros, aunque, por lo general, no se está dispuesto a admitirlo.

Después llega otro paso: el propio cristianismo recibe el estatus de una religión entre otras. Los descubridores y los colonizadores que salen del continente europeo empiezan a conocer los rituales locales, las costumbres y las narrativas con los ojos de su experiencia con el cristianismo contemporáneo como una analogía del cristianismo, como una religión: son para ellos *otras religiones.* También el islam, con el que tuvo confrontaciones el cristianismo durante siglos, dejó de ser progresivamente entendido como una herejía cristiana (demonios distorsionados del cristianismo) y empezó a ser percibido como *otra religión.*

* * *

Durante la Edad Moderna, el cristianismo se encarna en el concepto de religión de la era secular moderna: también muchos cristianos lo perciben como una cosmovisión, tratando principalmente con el *otro mundo,* y en este mundo en particular, con la moralidad. Como demuestra el sociólogo Ulrich Beck, tras las primeras disputas entre la racionalidad de las ciencias naturales y la religión cristiana, se reconoció que no era posible dominar y abarcar todas las dimensiones de la vida individual y social, y la racionalidad permitió a la «religión» convertirse en experta en lo «consagrado» y lo «espiritual», para adornar estética y retóricamente ciertas celebraciones privadas, familiares y excepcionalmente sociales.[14] Este concepto de cristianismo perdura hasta hoy en la conciencia general, no solo del público secular, sino también de muchos cristianos: el cristianismo es entendido como una religión (una entre otras), como un «sistema de fe y práctica que unifica a todos sus seguidores en una comunidad moral llamada Iglesia».[15] El cristianismo de la Edad Moderna es más pobre que su forma medieval. Muchos roles sociales y culturales que cumplía la religión cristiana premoderna y sobre los que tenía el monopolio son asumidos por instituciones seculares. El cristianismo se introdujo más en la cultura moderna, pero el elemento dominante de esta cultura era más bien el humanismo secular, este hijo *no deseado* del cristianismo que se alejaba cada vez más del cristianismo eclesiástico. El cristianismo en su forma eclesiástica (especialmente católica), se convirtió de facto en parte del mundo moderno, sin embargo, no consiguió reconciliarse con la Modernidad (y su filosofía definitoria, el humanismo ilustrado), incluso se enfrentó a él en algunas guerras culturales ya perdidas de antemano.

Precisamente la influencia de las guerras culturales en la ideología de la Modernidad tardía trajo otra deformación al cristianismo de la Edad Moderna: la fe se ideologizó marcadamente. La forma de la Iglesia y de la teología católicas en la época del catolicismo contracultural de la «era pía» (desde el incio del pontificado de Pío IX hasta el final del de Pío XII, es decir, entre

---

14   U. Beck, *El Dios personal,* Barcelona, Paidós, 2009.
15   É. Durkheim, *Elementární formy náboženského života. Systém totemismu v Austrálii,* Praga, Oikoymenh, 2002, p. 56 [vers. cast.: *Las formas elementales de la vida religiosa,* Madrid, Alianza, 2014].

mediados del siglo XIX y mediados del XX), que se define contra el protestantismo, el liberalismo y el socialismo, se convierte en *catolicismo;* en otras palabras, se ideologiza.

El Concilio Vaticano II, en la segunda mitad del siglo XX, no fue solo un intento de llegar a un acuerdo de caballeros entre la Iglesia católica y la Modernidad, sino también un intento de pasar del catolicismo a la catolicidad, de buscar el cristianismo ecuménico y la fe desideologizada, de una Iglesia desclericalizada. Este concilio reformista quería liberar a la Iglesia de la nostalgia por la *Christianitas* premoderna y marcó el camino para pasar de la estrecha forma confesional moderna a una apertura ecuménica.

Sin embargo, el esfuerzo de alinear a la Iglesia con la Modernidad llegó tarde, paradójicamente, en un momento en el que esta ya estaba saliendo de escena. El intento de una Iglesia ecuménica en tres sentidos –la unidad entre los cristianos, el diálogo con otras religiones y el acercamiento al humanismo secular, a los «no creyentes»– se quedó, a través de todos sus significativos pasos, a medio camino: seguir con este camino sigue siendo una tarea para la tarde del cristianismo. A estas ideas regresaremos más adelante en este libro.

* * *

Hemos comprobado que la forma moderna del cristianismo no fue la primera encarnación sociocultural de la fe cristiana en la historia, ni será la última. El periodo secular creó en sus inicios esta forma de religión, pero en el propio final de la era secular moderna (entre los años sesenta y setenta del siglo XX) la plausibilidad de este tipo de religión se estremece y se derrumba.

Creo que este proceso alcanzará su cénit precisamente en nuestro tiempo, donde entran en juego dos fenómenos que, sin embargo, son más un síntoma que una causa o una esencia. El primero es la revelación de abusos sexuales, psicológicos y espirituales en la Iglesia, y el segundo, la experiencia del cierre de iglesias y la interrupción de las misas durante la pandemia de coronavirus. El primero marca la crisis del sacerdocio como estado, invita a una superación del clericalismo y a un nuevo rol de los sacerdotes y la relación entre sacerdotes y laicos en la Iglesia. Por su parte, el segundo fue un toque de atención para los cristianos, para que no confíen solo en el servicio clerical, para que busquen nuevas formas de experimentar la celebración del misterio de la fe fuera de la liturgia tradicional y los lugares sagrados.

Hemos dicho que la fe cristiana se separa claramente de otra forma histórica de religión. ¿Encontrará o creará una nueva forma de religión, o ha llegado el momento de un cristianismo arreligioso? ¿Era su forma religiosa solo una etapa de su desarrollo histórico?

* * *

La idea de que la fe cristiana puede y debe vivir fuera de la religión, que es incluso *antirreligiosa,* fue expresada claramente por la llamada teología dialéctica en Alemania. Esta se alineó contra los intentos liberales de conciliar la fe con la cultura burguesa y contra el coqueteo y el colaboracionismo de los nacionalistas de Deutsche Christen con el nazismo. Karl Barth intentó sacar al cristianismo de la encallada teología liberal del siglo XIX con el mismo patetismo y el mismo radicalismo con los que Martín Lutero quiso liberarla de las telarañas de la escolástica medieval, de la acumulación de méritos morales y confianza en las actividades mediadoras de la jerarquía eclesiástica. Para Barth, la religión es un intento blasfemo de llegar a Dios con nuestras propias fuerzas y manipular a Dios con medios humanos: la especulación teológica, el esfuerzo moral y todo con lo que queremos anticipar y de facto reemplazar el inmerecido regalo de la gracia de Dios. Barth entiende la fe como la inclinación totalmente libre de Dios hacia el ser humano a través del Verbo, a través de la entrega de Dios en las palabra de la Biblia y, especialmente, en el Verbo encarnado, en Jesucristo crucificado.

Para Dietrich Bonhoeffer, la religión está conectada principalmente con la imagen de un Dios fuerte y poderoso, lo que, en su opinión, envuelve y falsea el auténtico rostro de Dios, el Dios de la Biblia. Este rostro se muestra, por el contrario, en la «impotencia de Dios»: la aceptación de Jesús de su crucifixión. Una persona adulta debe prescindir de Dios como hipótesis científica y de un Dios que intenta esquivar la luz del conocimiento racional en los agujeros del «misterio». Un cristiano adulto debe aceptar un mundo sin explicaciones religiosas, metafísicas y cuasicientíficas, y vivir en él «como si no hubiera Dios» *(etsi Deus non daretur)*; debe dejar de lado los «preconceptos religiosos», al igual que san Pablo se negó a circuncidarse como prerrequisito y condición del cristianismo. Es posible vivir con honestidad, responsabilidad y madurez ante Dios y con Dios sin la idea patriarcal de Dios.

En cierto sentido, Bonhoeffer recoge el guante que los críticos de la religión como Feuerbach, Marx, Nietzsche y Freud habían lanzado al cristianismo tradicional. La teología de Bonhoeffer de un cristianismo arreligioso no surgió en un despacho de universidad; su candencia se intensifica al haber sido concebida y escrita en cartas dentro de un calabozo nazi antes de su ejecución.[16] La crítica de Bonhoeffer al cristianismo burgués, que traicionó la radicalidad del Evangelio y que se volvió conformista con el poder establecido, recuerda a Kierkegaard. En su rechazo a la imagen de Dios, Bonhoeffer se acerca a lo que el místico medieval Maestro Eckhart expresó en su oración: «Ruego a Dios que me libre de Dios».[17]

16   Tras su muerte, estas cartas fueron publicadas en forma de libro bajo el título *Widerstand und Ergebung. Briefe und Aufzeichnungen aus der Haft,* Múnich, Gütersloher [vers. cast.: *Resistencia y sumisión,* Barcelona, Ariel, 1969].

17   Motivos muy similares a los de Eckhart revivirán más tarde en la teología existencial de Paul Tillich, en su fe en un «Dios por encima del Dios del teísmo». Véase P. Tillich, *El coraje de ser,* Madrid, Avarigani, 2018.

El *cristianismo arreligioso* de Bonhoeffer tenía, sin embargo, unos rasgos sociales y políticos marcados. Bonhoeffer reconoció una única trascendencia cristiana auténtica: la autotrascendencia humana en el amor sacrificial. Su entendimiento de la fe afirmó su compromiso político y su sacrificio. Podemos considerar heredera de este aspecto político del concepto de cristianismo de Bonhoeffer a la teología de la liberación latinoamericana.

* * *

Los esfuerzos para liberar a la fe cristiana de la *religión* en forma de *ontoteología* metafísica y de la mentalidad de la Iglesia, que habitaba en la sociedad burguesa del modernismo tardío, fue un intento legítimo de revitalizar la radicalidad del mensaje del Evangelio bajo diversos sedimentos ideológicos y sociales.

Sin embargo, es necesario tener en mente que los intentos de los reformadores de presentar un *cristianismo original* solían ser proyecciones de sus propios ideales en la historia. Hay que reconocer que son interpretaciones del Evangelio condicionadas históricamente que pueden ser muy útiles, pero que no deben ser entendidas como una reconstrucción de un cristianismo puro y *desnudo*.

Por eso, también soy consciente de que el *cristianismo arreligioso* es solo una abstracción. En la realidad histórica de la fe siempre nos encontramos en el marco de una cultura concreta, en un sistema cultural. Ya los primeros pasos del joven cristianismo se dieron en el ambiente de una religión concreta, en los conceptos y las imágenes del judaísmo rabínico. Después, llegaron diferentes tipos de religión y el proceso de secularización de la sociedad moderna. Al igual que en la vida personal no podemos salir de una situación sin entrar en otra, también la fe está siempre *situada* y tarde o temprano encuentra una forma cultural y social, alguna forma de *religión*. Puede ser, sin embargo, otro tipo de religión y con otro sentido del que se entendía como religión en el pasado.

Hoy, en la época postsecular –como todavía vemos–, se nos ofrece dos tipos de religión que son fruto y consecuencia de la transformación de la religión en el proceso de secularización: la religión como defensa de la identidad grupal (nacional o étnica, por ejemplo) y la religión como espiritualidad separada de la Iglesia y de la tradición. Mientras que la primera de estas formas debe fortalecer la cohesión del grupo y se acerca a la ideología política, la segunda ofrece más bien una integración concreta de la personalidad y se acerca al rol de la psicoterapia. La fe cristiana debería mantener una perspectiva crítica frente a ambas, el cristianismo del futuro no debería convertirse ni en una ideología política identitaria ni en una espiritualidad vaga que se confunda con el esoterismo.

Tres cristianos que vivieron especialmente la intensa noche oscura colectiva del siglo XX –Teilhard de Chardin en el frente durante la Primera Guerra Mundial, Bonhoeffer en una prisión nazi y mis maestros de fe, teólogos checos, en una prisión comunista–[18] legaron a nuestro tiempo una visión y una intuición a partir de estas experiencias de fe que es necesario seguir reflejando teológicamente para que puedan servir de inspiración en la historia de la tarde del cristianismo.

Las formas de religión que ha habido hasta ahora –la religión premoderna como *religio,* la religión moderna como una cosmovisión o como ideología– apenas pueden ser el espacio vital de la fe; son demasiado estrechas, asfixiarían la fe. Es necesario llevar la fe a un nuevo espacio, como cuando san Pablo sacó al cristianismo de las fronteras del judaísmo.

El sustantivo *religio* se conecta normalmente con el verbo *religare,* unir de nuevo. La religión en el sentido de *religio* es integrada por la sociedad; aquello que la sociedad integra se convierte

18   Sobre estos últimos, tengo en mente especialmente a Antonín Mandl (1917-1972), Josef Zvěřina (1913-1990) y Oto Mádr (1917-2011).

en su religión. Sin embargo, podemos conectar la palabra *religio* también con el verbo *relegere,* que significa leer de nuevo. Esto puede dar un nuevo sentido al concepto de religión.

Pienso que el cristianismo del mañana será sobre todo una nueva hermenéutica de la sociedad, una nueva lectura, una interpretación nueva y más amplia como ambas fuentes de la revelación de Dios: las Escrituras y la Tradición, especialmente las señales de Dios sobre los signos de los tiempos.

6. Oscuridad a mediodía

En este capítulo, hablaré sobre la crisis del mediodía en la historia del cristianismo. He tomado prestado el título de la novela de Arthur Koestler *Oscuridad a mediodía,*[1] que fue una de las primeras obras literarias en advertir al mundo del régimen criminal de Stalin en Rusia. Este título también hace alusión al relato evangélico de cómo el cielo se cubrió de oscuridad al mediodía durante la crucifixión de Jesús. Para mí, estas palabras se asocian a varios motivos importantes: Jesús en la cruz, la noche oscura personal y en los caminos históricos de la fe y la crisis del mediodía de Jung al comparar la vida de las personas con el día.

Antes de intentar comprender la crisis del mediodía, es necesario hacerse la pregunta de si es pertinente hoy en día hablar de crisis de la fe, crisis de la Iglesia y crisis del cristianismo. *Crisis* es una de las palabras más frecuentes de nuestro tiempo; no es una sorpresa que a muchos ya les aburra. ¿Ha habido acaso algún periodo sin crisis? ¿Es nuestra época realmente excepcional con sus crisis? ¿No es este sentimiento de exclusividad solo una ilusión que se apodera de cada generación? ¿No es incluso una expresión de egoísmo narcisista, una enfermedad típica de esta época que, cuando

---

1   A. Koestler, *Oscuridad a mediodía,* Buenos Aires, Ágora, 1956.

no podemos hablar de nuestros éxitos en superlativo, intentamos al menos exagerar nuestras crisis? ¿No restamos importancia y minusvaloramos las crisis del pasado solo porque no tienen relación con nosotros?

Reconozcamos que no somos capaces de responder a estas preguntas. Estas son preguntas para el Señor de la historia, nosotros no estamos en una *posición divina,* no podemos salir de nuestro tiempo y juzgarlo *objetivamente* desde fuera. Después de todo, no se trata de comparar *objetivamente* la crisis actual con otras que no hemos vivido. Desde el punto de vista escatológico de la teología cristiana, cada momento es a su manera una *crisis* (un momento de juicio y decisión), a diferencia del punto de vista apocalíptico, que siempre percibe la crisis actual como la definitiva.

* * *

Según las estadísticas, el número de cristianos sigue creciendo, nunca han vivido en el planeta tantos cristianos como ahora, los cristianos siguen siendo el mayor *grupo de opinión* de la humanidad. No obstante, el número de cristianos crece sobre todo por las altas tasas de nacimiento en los países no occidentales. Por el mismo motivo, crece también el número de musulmanes, y en este caso, a un ritmo mayor.

Enfoquémonos ahora en la mayor de las Iglesias cristianas, la Iglesia católica. Si estudiamos la historia del papado, nos encontramos con numerosos escándalos espantosos. Hoy sucede lo contrario: en los últimos 50 años se suceden en el trono de san Pedro personas respetables. A pesar de que la Iglesia se enfrenta ahora a numerosos escándalos, se puede decir que la autoridad moral del papado nunca en la historia ha sido universalmente tan alta como ahora. Sin embargo, entre las paradojas de nuestro tiempo se encuentra el hecho de que el papa Francisco –un pastor convincente, una autoridad global innegable, respetado y amado también lejos de las fronteras de la Iglesia– recibe numerosos ataques desde dentro de la Iglesia y tiene tantos disidentes manifiestos como ningún otro papa de la historia moderna. Fueron estos católicos precisamente, que siempre manifestaron lealtad incondicional a la autoridad papal, los que ahora confrontan con agresividad y odio a un papa que no responde a sus gustos y no comparte sus opiniones.

La crisis de la *religión organizada* afecta especialmente a la principal corriente de la Iglesia. En muchos países occidentales las iglesias se vacían, se cierran y se venden, al igual que monasterios y seminarios, y crece el número de personas que formalmente dejan la Iglesia o dejan de acudir regularmente a misa. En la época de las iglesias vacías y cerradas, durante la pandemia de coronavirus en la primavera de 2020, me hice la pregunta de si no era esto un aviso profético de cómo serían estas iglesias dentro de unas décadas.[2]

La idea de que la caída de las grandes Iglesias afecta solo a una parte de Europa y que es resultado de la liberalización de la teología cristiana y el debilitamiento de la disciplina eclesiástica, mientras que en otros continentes la Iglesia crece, es un autoengaño de ciertos círculos religiosos. Estados Unidos ya no es la cumbre del cristianismo que la alianza de cristianos conservadores y evangélicos contrapone a una Europa secularizada. La crítica de los conservadores occidentales a la cultura secular puso a Occidente como ejemplo primero en los países poscomunistas *(ex Oriente lux, ex Occidente luxus)* y, tras el derrumbe de esta ilusión, el presunto florecimiento del cristianismo en los llamados países en desarrollo. Algunos prometen revivir la tradición cristiana en Occidente a través de los inmigrantes cristianos, especialmente los procedentes de África. Sin embargo, los sobrios teólogos

2 Véase T. Halík, *Čas prázdných kostelů* [La señal de las iglesias vacías], Praga, Lidové Noviny, 2020.

africanos nos advierten contra la idealización del cristianismo africano y la fascinación por el número de bautizados; señalan que el crecimiento en el número de católicos en África se debe más al crecimiento de la población que al éxito de la evangelización. El teólogo africano Alain Clément Amiézi escribió: «Estamos produciendo bautizados, no cristianos».[3] Reconoce que las iglesias africanas mantienen a la población en una religión infantil en lugar de ofrecerles una catequesis profunda, y que se contentan con un sincretismo en el que la identificación con la cultura africana eclipsa significativamente la identidad cristiana.

Con el imparable proceso de globalización se puede esperar que el mismo desarrollo que se llevó a cabo con la secularización en Europa ocurra con cierto retraso en otros continentes, incluidos muchos de los llamados países en desarrollo. Allí, la secularización comienza con sus élites, gente joven educada en Occidente que usa internet. La fuerte imagen simplificada de la vida occidental y su estilo transmitida en películas y medios electrónicos transforma la opinión en los países pobres y provoca en ellos anhelo y envidia de Occidente, imitación y rechazo al mismo tiempo, miedo y resistencia. Lo mismo sucede en algunos países musulmanes, allí me he encontrado con esta relación ambivalente hacia Occidente: con una fuerza de atracción hacia lo prohibido, y al mismo tiempo intentando suprimir esa tentación demonizándola y con agresividad. Los fanáticos religiosos quieren destruir aquello de la cultura extranjera que los atrae y los aterra. La Iglesia católica ha perdido muchos miembros en los tradicionalmente *países más católicos* de Europa y América Latina. Durante mis viajes a América Latina, escuché repetidamente la opinión

---

3 Père Alain Clément Amiézi: «En Afrique, on produit des baptisés et non des chrétiens, on leur donne les sacrements, sans évangéliser», disponible en https://africa.la-croix.com/pere-alain-clement-amiezi%E2%80%89-en-afrique-on-produit-des-baptises-et-non-des-chretiens-on-leur-donne-les-sacrements-sans-evangeliser/ [6-10-2021].

de que la Iglesia confió en la inercia de la tradición y descuidó ofrecer educación y una formación espiritual sólida a los fieles, por lo que se produjo un éxodo masivo de católicos hacia sectas pentecostales, la conversión a su simple teología fundamentalista y a su religiosidad emocional muy superficial. A la secularización de Irlanda contribuyó el descubrimiento de numerosos casos de abuso sexual por parte del clero y las instituciones eclesiásticas. El rápido colapso que se está produciendo en el fuerte catolicismo de Polonia vino provocado por la desafortunada alianza de los políticos nacionalistas con una mayoría del clero conservador: en dos años, consiguieron dañar más al cristianismo que durante décadas el gobierno comunista usando todos los recursos posibles.

Allí donde la acción de la Iglesia se reduce a ofrecer el sacramento y la religiosidad no se transforma en fe personal, el cristianismo se convierte solo en una *religión cultural* que, al cambiar el paradigma sociocultural, se marchita y desaparece rápidamente.

* * *

La Iglesia católica, en el marco de toda la civilización occidental, experimenta una fuerte crisis del clero. Los ampliamente discutidos escándalos de abusos sexuales son solo un aspecto de esta crisis mucho más amplia y profunda del clero. ¿En qué reside la identidad del sacerdote, su papel en la sociedad y en la Iglesia? La respuesta hasta ahora ha estado en los estremecimientos provocados por la transformación social y especialmente por la mencionada crisis.

Difícilmente vamos a encontrar una respuesta clara y verosímil a la pregunta de cómo debería ser el sacerdote del futuro, y no solo entre la opinión pública de la sociedad secular, que, en su mayoría, considera a los sacerdotes una reliquia del pasado; con perplejidad, tampoco la encontraremos entre los creyentes y entre muchos sacerdotes. Detrás de las frases piadosas, se esconde a menudo incertidumbre. El papel patriarcal tradicional del sacerdote –una imagen ideal en la que todavía se enfoca la educación en muchos seminarios– no corresponde evidentemente con la realidad y las condiciones del presente.

Los interesados en la vocación espiritual están disminuyendo drásticamente y la red de administraciones parroquiales, tal como se formó hace varios siglos, se está disipando en muchos países de forma irreparable. Los intentos de rescate desde la jerarquía eclesiástica –*importación* de sacerdotes desde Polonia, África y Asia, la unificación de parroquias– no son una solución real y no detienen el empeoramiento de esta crisis; se trata más bien de *tumbonas deslizándose de un lado a otro en el Titanic*. La satisfacción provocada porque desde algunos seminarios y monasterios se manifiestan tradicionalistas entusiastas suele desvanecerse pronto; el tradicionalismo tiende a ser o una *enfermedad infantil* temporal de conversos inmaduros o la máscara de desequilibrios mentales de personas que traen a la estructura de la Iglesia problemas graves. Que los actos de liturgia que ha mantenido la Iglesia durante décadas no estén atrayendo nuevas vocaciones sacerdotales quizá es un mensaje de Dios, que espera que, en vez de golpear obstinadamente la puerta que ha cerrado, busquemos otras puertas y otras soluciones.

Creo que ni los pasos que tarde o temprano se tendrán que dar, y de los que el Vaticano todavía duda, por lo que parece que se darán tarde, podrían resolver esta crisis. Por ejemplo, la ordenación de hombres casados y, como mínimo, la ordenación diaconal de mujeres. La situación no va a cambiar si la Iglesia no acepta un modelo completamente nuevo de atención pastoral, diferente del modelo de parroquias territoriales, y no ofrece una nueva comprensión de la misión del sacerdote en la Iglesia y en la sociedad, si no crea las condiciones para un nuevo estilo de formación de sacerdotes y no crea un espacio más amplio para la participación de los laicos, hombres y mujeres, en la vida y en las actividades de la Iglesia.

También muchos estímulos que vienen desde la práctica –como la actividad de los sacerdotes obreros, o nuestra experiencia con la Iglesia clandestina durante el régimen comunista checoslovaco, la conexión del servicio sacerdotal con la vocación civil– merecen ser evaluados de nuevo. Puede que el modelo de sinodalidad y descentralización de la Iglesia promovido por el papa Francisco ayude a estos cambios, porque las soluciones concretas deben responder a las condiciones sociales y culturales de cada país.

No obstante, no olvidemos que una renovación real de la Iglesia no nacerá en los despachos de los obispos ni en las reuniones y las conferencias de los expertos, sino que necesita poderosos impulsos espirituales, meticulosos pensamientos teológicos y valor para experimentar.

* * *

La crisis más dolorosa de los últimos años es la herida que representantes de la Iglesia han causado a personas indefensas, especialmente a niños y jóvenes; estas heridas son difíciles de curar también para la credibilidad de la Iglesia en el mundo de hoy. Los casos, ocultos y trivializados durante largo tiempo, de acoso sexual y psicológico, de abuso de poder y autoridad por parte de miembros del clero han sido el golpe final que ha llevado a decenas de miles de católicos a abandonar la Iglesia.

La Iglesia ha hablado de pocos temas con tanta frecuencia en los últimos siglos como de la sexualidad; en pocas áreas tan centradas en el pecado y el infierno han impuesto a los fieles tantas cargas pesadas, y se han negado a escuchar con comprensión y misericordia los problemas causados por los esfuerzos de cumplir las normas de la Iglesia en relación con la vida sexual. Por supuesto, por eso después de denunciar la hipocresía moral de tantos predicadores, el público se lanzó contra la Iglesia a través de los medios de comunicación con más fuerza que contra otras instituciones donde también se han dado abusos. Ahora la Iglesia, con su tendencia de hacer del sexto mandamiento el primero, está pagando el precio. Después de las vergonzosas confesiones de los fieles, ahora los confesores y los jueces tienen que confesar ante el tribunal público y, a veces, ante los tribunales civiles.

El fenómeno del abuso desempeña hoy un papel similar al del escándalo de la venta de indulgencias en la Edad Media, que sirvió para acelerar la Reforma. En esto, que al principio parecía ser un fenómeno marginal –como pasó con la venta de indulgencias–, sí se manifiestan con claridad problemas más profundos, la enfermedad del sistema: las relaciones entre la Iglesia y el poder, entre el clero y los laicos. En los casos de abusos sexuales ha desempeñado su papel también la relación de la Iglesia católica con la sexualidad, especialmente para los miembros del clero, quienes a menudo no están preparados psicológicamente para llevar la carga de una vida de celibato y sin un trasfondo familiar. Creo que tarde o temprano el celibato volverá al lugar de donde vino: a las comunidades monasteriales, que hasta cierto punto pueden compensar la falta de una familia con una *familia espiritual,* y quizá también sublimar espiritualmente la necesidad de intimidad sexual mejor que con la educación normal de los seminarios.

Un fenómeno sorprendente es la incapacidad de muchos miembros del clero para trabajar con su propia *sombra* (un componente de la personalidad relegado al subconsciente) y hacer frente a la presión de sus superiores y de su entorno para mantener un perfil rígido: un rol externo, impuesto y esperado, un estilo de vida y de comportamiento. A veces, para mantener esta imagen requerida, algunas personas con autoridad religiosa distorsionan su humanidad, empujan sus *debilidades* hacia el subconsciente. Sin embargo, no dejan de existir y de actuar; al contrario, están fuera de un control razonable. Esto ha llevado no solo a la hipocresía, sino a veces a una doble personalidad, a una *doble vida,* a una especie de Jekyll y Hyde. Muchos de estos fenómenos se describen en extensos estudios psicoanalíticos (por ejemplo, recordemos el libro *Clérigos,* de Drewermann, provocador en su momento) o los reportajes periodísticos (como el libro de Martel *Sodoma: poder y escándalo en el Vaticano).*[4] Es bueno recordar lo que dijo Jesús sobre las raíces de este mal durante sus críticas a los fariseos, a los que comparó con «sepulcros blanqueados», hermosos por fuera, pero llenos de podredumbre por dentro.[5] También Pascal señaló que el deseo de «ser un ángel» a menudo conduce a fines demoníacos.

En relación con este fenómeno, han aparecido diferencias dentro de la Iglesia: mientras que el emérito papa Benedicto culpó de los abusos sexuales a la presunta liberación moral del clero como consecuencia de la revolución sexual de los años sesenta del pasado siglo, el papa Francisco diagnosticó de forma valiente causas más profundas de este fenómeno: el clericalismo, el triunfalismo, el manejo del poder y de la autoridad en la Iglesia. Parece que los casos de abuso estaban extendidos en la Iglesia antes de los años sesenta. Parece que, especialmente desde la época en la que la Iglesia fue privada del poder secular, algunos miembros del clero compensaron esta pérdida abusando de su poder y de su autoridad, especialmente en relación con los más indefensos, con los niños y con las mujeres, que aún hoy no tienen una posición de pleno derecho en la Iglesia católica.

Tras esta ola de escándalos, la Iglesia se encuentra en una situación moral y psicológicamente similar a la de Alemania cuando se descubrieron las atrocidades de los campos de concentración. Esta afirmación no pretende comparar el Holocausto con el abuso sexual, me refiero a algo diferente: igual que la mayoría de los alemanes no cometieron esos crímenes e incluso no tenían conocimiento de ellos, la mayoría de los católicos, incluida la

---

4   E. Drewermanm, *Clérigos. Psicograma de un ideal,* Madrid, Trotta, 2005; F. Martel, *Sodoma. Poder y escándalo en el Vaticano,* Barcelona, Roca, 2019.

5   Mt 23,27.

mayoría de los sacerdotes que nunca abusaron de niños, no conocían estos casos –o al menos, no su extensión–. Pensadores como Karl Jaspers plantearon la pregunta de hasta qué punto la nación alemana es responsable de las acciones que llevaron a cabo en su nombre algunos de sus miembros, y diferenciaron entre varios niveles de complicidad.[6] Ahora es el momento de hacerse esta pregunta sobre la responsabilidad de la Iglesia y algunos de sus representantes por haber abusado de su *poder sagrado* y de su autoridad. Quizá el hecho de que sea en Alemania –especialmente dentro del llamado Camino Sinodal– donde la Iglesia plantea con tanta urgencia estos temas guarda relación con la sensibilidad moral de la memoria histórica alemana.

El abuso sexual y psicológico en la Iglesia es un abuso de poder que elude el control y la crítica al hacer referencia a su incuestionable origen sagrado. La pseudomística romántica del sacerdocio, con énfasis en el «poder sagrado del sacerdote», creó –en radical contraste con el espíritu del Evangelio y su comprensión del servicio– un aura mágica alrededor de la persona del sacerdote (persona en el sentido de la psicología profunda de Jung), que en ocasiones atrajo a candidatos moral y psicológicamente problemáticos.[7]

Jesús no era un sacerdote, sino un *laico*. En las tensiones entre la religión sacerdotal y ritual y los profetas, los críticos se pusieron del lado de los profetas. Sus palabras proféticas sobre la desaparición del templo y la religión del templo de los sacerdotes le costaron la vida. Jesús no hizo de su círculo de doce

6 Véase K. Jaspers, *El problema de la culpa. Sobre la responsabilidad política de Alemania,* Barcelona, Paidós, 1998.

7 Los seminarios tradicionalistas son actualmente atractivos para ciertos candidatos que no tienen la capacidad y el valor de servir en la Iglesia en la sociedad contemporánea, y ven estos lugares como un refugio. Por desgracia, la Iglesia católica no ha llevado a cabo todavía la necesaria reforma en el sistema de formación de sacerdotes.

amigos un círculo de sacerdotes en el sentido de la religión del templo de Israel. Jesús no estableció una *jerarquía,* un *gobierno santo* al estilo de la clase dominante en medio del pueblo de Dios. Él empoderó a sus discípulos para ser un contraste provocador frente al mundo del poder y frente a la manipulación religiosa y política. Al partir el pan en la víspera de su muerte, les encomendó a sus discípulos la tarea de imitar su kénosis: la entrega de uno mismo, el automartirio, el sacrificio.

En el Nuevo Testamento –Epístolas a los hebreos– se llama a Cristo sumo sacerdote no en un sentido sociológico e histórico, sino en un sentido más profundo, místico y simbólico. La frase *sacerdos alter Christus* (el sacerdote es otro Cristo) ha sido pronunciada por varios papas, se encuentra en diferentes documentos papales y se repite en muchas misas de primicias. Sin embargo, es una frase peligrosa: conlleva el riesgo de un gran malentendido. No hay ningún segundo Cristo. Solo hay un único Cristo, solo un mediador entre Dios y la gente. Cristo es el único mediador, representante de Dios para la gente y representante del pueblo frente a Dios. Jesús no es un *segundo Dios* y el sacerdote no es su sustituto.[8]

Todos los cristianos participan a través del bautismo en el rol sacerdotal de Cristo: revelar al mundo el amor abnegado de Dios. La Iglesia católica diferencia entre el sacerdocio común a todos los bautizados y el sacerdocio de los que han sido ordenados por la Iglesia, pero reconoce que todo cristiano está llamado a representar a Cristo. La vida de todos los cristianos tiene, en cierto sentido, un carácter eucarístico.

---

8   Dorothee Sölle diferenciaba entre «representante» y «sustituto». El representante toma temporalmente la responsabilidad del sustituido, pero nunca deja de señalar hacia él. El sustituto intenta que el sustituido sea prescindible (D. Sölle, *Christ the Representative. An Essay in Theology After the «Death of God»,* Londres, SCM Press, 1967).

La existencia cristiana tiene un carácter icónico: es un arte que a través del testimonio de la fe hace visible lo invisible. Aunque es necesario distinguir entre el icono y el ídolo;[9] el sacerdote no puede ser adorado como un ídolo. La lucha contra el clericalismo es un tipo de iconoclasia sana. Los que son nombrados sacerdotes por la Iglesia llevan el sello indeleble del servicio sacerdotal (dicho sacerdocio común se basa en el sello indeleble del bautismo) y tienen el deber de cumplir la tarea de Jesús de ser los últimos y servidores de todos.[10] Esa es su forma de seguir a Cristo. Este es un elemento significativo de la *sucesión apostólica*.

* * *

No obstante, los fenómenos de crisis más llamativos y discutidos en los medios no suelen ser los más graves, sino aspectos superficiales. La crisis del cristianismo contemporáneo no reside solo en la estructura eclesiástica, sino en la fe. La afirmación de que «la fe se debilita» me parece muy precipitada. Lo que se debilita no es solo el ya mencionado poder de la Iglesia para controlar e imponer disciplina en la vida de la fe, sino, por ejemplo, el vínculo entre la expresión verbal de la fe y su experiencia. La crisis de la forma actual de la Iglesia no se basa solo en la reducción de fieles en la misa, sino en el distanciamiento entre aquello que la iglesia proclama y cómo lo proclama y las ideas y las opiniones de los creyentes. Como advierte Charles Taylor, los cristianos repiten en la liturgia después de mil años las mismas palabras (por ejem-

---

9 Véase J.-L. Marion, *El ídolo y la distancia*, Salamanca, Sígueme, 1999.

10 Las palabras con las que en muchas lenguas europeas se denomina a los sacerdotes *(priest, Priester, prête...)* proceden del griego *presbýteros* (el más anciano), lo que recuerda el origen de este ministerio en el Nuevo Testamento (muy diferente al sacerdocio y a los sacrificios del judaísmo y de las religiones paganas).

plo, cuando recitan el credo), sin embargo, las entienden de otra manera;[11] y algunos ni siquiera las entienden.

Muchas de estas fórmulas surgieron como una imagen del mundo de entonces, muy lejano del nuestro. La Iglesia y su teología tienen una misión hermenéutica: se les ha encargado la tarea de reinterpretar el mensaje para que su sentido no se distorsione en el contexto de los cambios culturales y sociales. Si los predicadores utilizan textos bíblicos, dogmáticos y litúrgicos sin intentar construir un puente entre el mundo de estos textos y el mundo de sus oyentes, si su conocimiento de ambos mundos es solo superficial, con lo que demuestran una falta de interés hacia su responsabilidad y el amor por su misión, son entonces solo un «metal que resuena».[12]

Cuando leí sobre los casos en los que la Congregación para la Doctrina de la Fe reprendió o castigó a teólogos cuando alguna formulación sutil en sus libros era demasiado diferente al lenguaje tradicional de los documentos eclesiásticos, me pregunté si las autoridades del Vaticano son conscientes de la diferencia dramática que existe entre la postura y las opiniones de gran parte de los *creyentes activos* y lo que se recita en la misa, lo que se aprende en la catequesis y lo que se escucha en los sermones.[13]

* * *

11 Véase Ch. Taylor, *La era secular,* Barcelona, Gedisa, 2014.

12 1 Co 13,1.

13 Beck señala: «[...] en una encuesta nacional sobre creencias religiosas de católicos y protestantes en Suiza, solo el 2 por ciento de los encuestados estaba de acuerdo con la afirmación "Hay que respetar todas las religiones, pero solo la mía es verdadera". [...] Según una encuesta realizada en 1998 en Francia, el 6 por ciento de los encuestados y solo el 4 por ciento de los participantes de entre 18 y 29 años consideraron que su religión era la única verdadera» (véase U. Beck, *Vlastní Bůh,* Praga, Karolinum, 2018, pp. 93-94) [vers. cast.: *El Dios personal. La individualización de la religión y el «espítitu» del cosmopolitismo,* Barcelona, Paidós, 2009]).

Uno de mis grandes maestros de la fe (y también de valentía civil), el teólogo Josef Zvěřina, que pasó 13 años en la prisión y en campos de trabajo por su fidelidad a Cristo y a la Iglesia, resumió su relación con la Iglesia durante la era comunista: «La Iglesia: mi amor y mi cruz». En aquel entonces, como un joven convertido entusiasta, no comprendí por qué la Iglesia –a la que consideraba defensora de la libertad espiritual frente a un régimen totalitario ateo– podía ser experimentada como una cruz, como una carga dolorosa. Ahora lo entiendo.

Cuando en la reciente pandemia de Covid-19 no pude trabajar, leer ni dormir durante un tiempo, en las largas noches de insomnio me afligieron dolorosamente los pensamientos sobre el estado actual de la Iglesia. Vinieron a mi cabeza los casos de abusos que había escuchado en entrevistas con las víctimas, un sentimiento de decepción por la postura de mi obispo, disgusto hacia los cristianos que apoyan a Donald Trump y a otros populistas peligrosos y demagogos nacionalistas con la excusa de una retórica cristiana («defender los valores del cristianismo»).

Se apoderó de mí la tristeza por los ataques de odio de estos cristianos al papa Francisco. Al pensar en la Iglesia, vinieron a mí las palabras del profeta Isaías:

La cabeza está herida,
el corazón extenuado,
de la planta del pie a la cabeza
no queda parte ilesa:
heridas y contusiones, llagas abiertas,
no limpiadas ni vendadas
ni aliviadas con aceite.[14]

14 Is 1,5-6.

Después de que aparecieran pruebas de que algunos miembros del
Colegio Cardenalicio habían cometido actos de corrupción y de
abuso sexual, y que incluso el venerado fundador de una orden religiosa conservadora, amigo del canonizado Juan Pablo II, también
había sido un depredador sexual sin escrúpulos, era imposible no
recordar la Roma del Renacimiento, cuya visita estremeció a Martín
Lutero y fortaleció su idea de que había que romper radicalmente
con esa forma de Iglesia. ¿Es posible impedir que esta nueva reforma,
que se muestra cada vez más necesaria ante el estado actual de la
Iglesia, se lleve a cabo sin un cisma?

En esas noches de insomnio, traté de superar mis dilemas
internos, lo que san Ignacio de Loyola llama «tiempo de con-
solación», una repetición constante del verso «*Credo in Spiritum
Sanctum, sanctam ecclesiam catholicam, sanctorum communionem...*»
(«Creo en el Espíritu Santo, la Santa Iglesia Católica, la Comunión de los Santos...»).

¿Qué significa que creo en la Iglesia? El propio Credo manifiesta la diferencia entre la fe en Dios *(Credo in Deum, in Iesum
Christum, in Spiritum Sanctum)* y la relación con la Iglesia *(credo
ecclesiam)*: nuestra fe no se relaciona de la misma forma con la
Iglesia que con Dios. La fe en la Iglesia no se sitúa al mismo nivel
que la fe en Dios, y ni siquiera es algo que esté junto a nuestra
propia fe en Dios. Nuestra relación con la Iglesia es parte de nuestra fe en el Espíritu Santo, basado en la confianza con la que Jesús
prometió a sus discípulos un Ayudante y Consolador, un Espíritu
de la verdad que permanecerá con ellos; la Iglesia es la Iglesia de
Cristo en cuanto trabaja en ella el Espíritu de Cristo. «Si alguien
no posee el Espíritu de Cristo no es de Cristo».[15] La declaración
de Jesús según el Evangelio de Mateo, por la cual Jesús funda
su Iglesia sobre la piedra de Pedro, es decir, sobre la confesión
del mesianismo de Jesús, debe ser completada con la escena de

15 Ro 8,9.

la tormenta del Espíritu el día de la fiesta de Pentecostés, en la que la tradición ve el nacimiento de la Iglesia. La Iglesia se funda sobre una piedra, pero no se debe petrificar. El Espíritu como principio de su vida, como su *circulación sanguínea,* que conecta los diferentes órganos del cuerpo, es el garante de su integridad y de su constante renovación.

* * *

Apenas sin poder trabajar, escribí en una de esas noches de insomnio un duro texto titulado «Pseudorreligión F».[16] A muchos de estos fenómenos que me estaban hiriendo —desde el odio y la violencia defendidos religiosamente hasta los defensores de una religión rígida legalista, ese *catolicismo sin cristianismo*— los señalé como una pseudorreligión que, dentro de su diversidad, comparte varios rasgos comunes. Se trata de fundamentalismo (con un uso selectivo y deliberado de fragmentos de los textos sagrados), fanatismo (incapacidad y falta de voluntad para el diálogo y la crítica de sus propios puntos de vista) y fariseísmo, aferrarse a la letra de la Biblia, que recuerda la actitud de aquellos fariseos con los que Jesús tuvo una disputa constante. Me preocupaban especialmente los esfuerzos de los políticos populistas en Polonia, Hungría, Eslovaquia y Eslovenia, y también en parte en la República Checa, para abusar de la retórica religiosa como una herramienta populista, a menudo xenófoba, nacionalista y de extrema derecha, y la colaboración de algunos líderes religiosos con estos círculos.

¿No se esconde aquí bajo el disfraz de religión algo que no tiene nada que ver con la fe tal como la entiendo? ¿No se trata de una instrumentalización y una caricaturización de la religión, un

16 T. Halík, «Pseudonáboženství F» [Pseudorreligión F], *Christnet* (12-11-2020), disponible en https://www.christnet.eu/clanky/6471/pseudonabozenstvi_f_priklad_nabozenske_patologie.url [24-8-2021].

abuso de la retórica religiosa para provocar fuertes emociones, para *hacer salir al genio* del abismo del inconsciente? Allí donde la gente experimenta algo fuerte de verdad, algo *tremendum et fascinans*,[17] la lengua secular no es capaz de expresar la fuerza y la intensidad de esta experiencia y la gente (también los *no creyentes)* recurre de manera espontánea a los conceptos y los atributos religiosos. Me refiero a la belleza de Dios, pero también a la parte demoníaca; sus enemigos ya no son oponentes, sino el «Gran Satán». Las personas seculares, que habitualmente subestiman la fuerza de la religión, no son conscientes de la fuerza irracional e inconsciente que liberan estos conceptos, no pueden manejarla, no pueden domarla. Como apunta Richard Kearney, con el «Gran Satán» ya no se puede negociar: los conflictos políticos se convierten en una lucha apocalíptica.

Allí donde falta fe viva, se abre un lugar para el populismo secular cínico, que usa la *agenda religiosa* (por ejemplo, la promesa de criminalizar el aborto) para atraer a votantes cristianos, así como fanáticos que utilizan los conceptos religiosos como arma en la guerra cultural. No puedo evitarlo: no puedo caminar bajo la misma bandera que aquellos en los que reconozco, tras su retórica cristiana, la «Pseudorreligión F». Cuando veo a esos cristianos que quizá nunca entendieron la buena nueva de Jesús e hicieron del cristianismo una religión militante, pierdo la esperanza de que en un futuro previsible se pueda unir a todos los que se identifican con Jesús. También yo siento un respeto sagrado por la vida de los no nacidos, pero no puedo participar en las marchas de aquellos que se han aferrado obsesivamente a este tema, y que hacen del cristianismo una cruzada militante con la misión de criminali-

---

17   Con las palabras *mysterium tremendum et fascinans,* el fenomenólogo de la religión Rudolf Otto caracterizó a lo sagrado, lo que consideraba como una dimensión esencial de la religión (véase R. Otto, *Lo sagrado,* Buenos Aires, Claridad, 2008).

zar el aborto y prohibir la anticoncepción. Han convertido este objetivo en el principal, y a veces único, criterio para evaluar el *cristianismo* de los políticos y su toma de decisiones en las elecciones; así acaban convertidos en presa barata de demagogos astutos. Los abismos –no entre Iglesias, sino dentro de ellas– son en este momento demasiado profundos. La división entre cristianos es uno de los rasgos más dolorosos de la crisis del mediodía.

* * *

Es posible percibir la crisis del mediodía en la historia de la fe como una época de ateísmo y «muerte de Dios». La expresión «muerte de Dios» la conectamos frecuentemente con Nietzsche. Sin embargo, ya antes de Nietzsche, Hegel propuso otra versión en *Fenomenología del espíritu,* en esta «biografía de Dios» inspirada en las tres fases de la historia de Joaquín de Fiore. Para Hegel, la «muerte de Dios» es una conexión clave para el momento histórico entre la «Edad del Hijo» y la «Edad del Espíritu Santo». Hegel atribuye una importancia clave a este momento de la historia del Espíritu: la experiencia de un eclipse radical en la presencia de Dios, como una actualización del sacrificio de Cristo en la cruz (historia del Viernes Santo). En el sacrificio voluntario de Jesús por amor está la muerte, que es principalmente una negación de la vida y de la libertad, negada por la libertad y el amor, y de esta forma la muerte se convierte en una negación de la negación, una muerte de la muerte. El ateísmo que expresa la vivencia de este momento de la historia del Espíritu es para Hegel, por lo tanto, solo un fenómeno transitorio de la historia.

Me he centrado durante años en el ateísmo, y a él le dedicaré un capítulo aparte de este libro. He denominado ateísmo existencial, ateísmo del dolor y de la protesta contra el dolor, el mal y el sufrimiento en el mundo a la presencia mística en la cruz, en el grito de abandono de Jesús por parte de Dios.[18] Creo que la fe madura debe tomarse en serio y ser capaz de abrazar e integrar esta experiencia de la oscuridad del mediodía, que pertenece tanto a la historia del Evangelio como al camino espiritual del creyente. El *ateísmo de protesta* rechaza legítimamente la ingenua imagen de Dios como garante de la felicidad y la armonía en el mundo, del mismo modo que la intrincada teodicea intenta banalizar el misterio del mal *(mysterium iniquitatis)*[19] con fórmulas religiosas aparentemente piadosas.

La crisis del mediodía la han intentado comprender teológicamente pensadores del «cristianismo no religioso» (principalmente, Dietrich Bonhoeffer), de la «teología de la muerte de Dios» (sobre todo, Thomas Altizer), del «ateísmo cristiano» (como Don Cupitt) o de la filosofía posmoderna (como Gianni Vattimo). Todos constataron la incapacidad de la teología metafísica clásica para entender las radicales consecuencias de los cambios históricos y culturales, y la necesidad de tomar en serio la crisis actual sobre el concepto de Dios, este mediodía oscuro y valle sombrío de la muerte del Dios metafísico de los filósofos. Así lo proclamaba el Loco de Nietzsche, que provocó a los ateos y a los cristianos superficiales de su época,

Incluso ni el teísmo premoderno ni el ateísmo moderno pueden expresar adecuadamente la experiencia espiritual de nuestros tiempos y ser una respuesta suficiente a sus retos y sus preguntas, lo que da nuevos impulsos a la filosofía posmoderna y a la teología. Esto ofrece nuevos horizontes y un nuevo lenguaje especialmente a los pensadores continentales y estadounidenses de la filosofía hermenéutica y fenomenológica de la religión, sobre todo en relación

18   Véase T. Halík, *Paciencia con Dios. Cerca de los lejanos,* Barcelona, Herder, 2014.
19   El misterio de la iniquidad (2 Ts 2,7).

con el llamado giro teológico de la fenomenología francesa.[20] Veo aquí una fuente de inspiración para la renovación de la teología, que considero un paso necesario en la reforma del cristianismo.

Richard Kearney y su escuela del anateísmo, a la que soy muy cercano, muestra que el pensamiento de la fe después de la ruptura con el teísmo tradicional (el concepto de Dios como una entidad suprema entre otras) puede sacar provecho de todo lo que era valioso y aplicable en la crítica moderna de la religión, sin ser aceptada como la única alternativa para el ateísmo. Anateísmo significa *volver a creer* de nuevo y con más profundidad, una vez que la fe ha pasado por el fuego purificador de la crítica filosófica. El anateísmo está tan alejado del teísmo metafísico tradicional como el ateísmo. Según Kearney, Dios se acerca al hombre como una posibilidad, como una opción;[21] la persona está en una situación de libre elección entre la fe y la incredulidad. Sin embargo, esta elección no es solo un cálculo racional como la apuesta de Pascal, sino una elección existencial. Dios a menudo llega como un extraño y pone al hombre ante la decisión de si lo acepta con hospitalidad o como un enemigo.

Me parece que el concepto de anateísmo trae una respuesta concreta a la cuestión de qué forma de pensar la fe nos llevará a través del umbral de la tarde del cristianismo, tras haber pasado la fe por la crisis del mediodía, por una noche oscura, y estar buscando una nueva forma de expresión. Tras varias décadas ejerciendo la actividad pastoral, he encontrado un creciente número de personas que, en una edad madura, descubren la fe que un día les fue robada; confiesan: «Hoy vuelvo a creer en aquello en lo

---

20 Tengo en mente autores como Paul Ricœur, Jean-Luc Marion, Jean-Luc Nancy, Michel Henry, William Desmond, John D. Caputo, Merold Westphal y, el más cercano a mí de todos, Richard Kearney, quien trabaja en Estados Unidos desde hace muchos años.

21 Véase R. Kearney, *The God Who May Be. A Hermeneutics of Religion*, Bloomington, Indiana University Press, 2001.

que un día creí, pero creo de otra manera». Precisamente ese «de otra manera» merece nuestra atención; ese «de otra manera» me hizo plantearme el contenido de este libro.

* * *

Ya he dicho que las expresiones «crisis del mediodía» y «oscuridad a mediodía» me recuerdan a la noche oscura en el camino personal e histórico de la fe. Con frecuencia, conectamos con la noche oscura la obra del mismo nombre del místico barroco español Juan de la Cruz.[22] San Juan escribe en primer lugar sobre «la noche oscura de los sentidos». Al comienzo del viaje místico, el alma está tan cautivada por el amor a Dios que, en el apresuramiento de este deseo apasionado, parecido al de un amante hacia el ser amado en una noche de verano, todo lo *terrenal* que podría retrasar y distraer el amor en este viaje está inmerso en la oscuridad: la única luz es el propio deseo. Pero, en estos inicios, Dios guía al hombre y sigue adelante. El alma, acostumbrada a los sentimientos de consuelo, conocimiento y experiencias adquiridos a través de la contemplación, está amenazada por el *gourmetismo espiritual.* Por eso, Dios la lleva a un estado de *aridez contemplativa:* no es capaz de contemplar. El alma se encuentra *en la oscuridad,* experimenta esa aridez, pero al mismo tiempo siente el deseo constante de permanecer en soledad y en silencio con Dios.

Sin embargo, después llega la amarga y dolorosa «noche del alma», la noche de la fe, cuando Dios se pierde en la oscuridad del silencio y el alma sufre su ausencia. En esta fase del camino espiritual, la fe no tiene ningún apoyo externo, y en el interior de la persona, en lugar del reconfortante río del consuelo en la oración, reinan la aridez y la soledad del desierto. Se estremecen incluso las seguridades más fundamentales del peregrinaje espiritual. Teresa de Ávila llegó a pensar que toda su vida espiritual

22   San Juan de la Cruz, *Noche oscura del alma.*

era obra del Diablo. Juan de la Cruz sintió que era rechazado por Dios para siempre; Teresa de Lisieux tuvo la sensación de que Dios no existía y se solidarizó con los ateos de su tiempo. Para Juan de la Cruz, no obstante, esta parte del camino era una importante transformación de la vida espiritual hacia una *fe desnuda,* en la que se destapa y se despierta su auténtica esencia.

De la misma forma, años antes que él, el místico medieval Maestro Eckhart habló de la fe «en el interior del hombre», que, junto a la persona externa (superficial), deja de lado al «Dios externo» y descubre al «Dios detrás de Dios», con quien el alma, liberada de «imágenes» y fijaciones en las cosas externas se encuentra «desnuda con lo desnudo».

* * *

Al observar las ideas de estos clásicos de la mística cristiana me surge una pregunta: ¿No tiene lugar una maduración de la fe similar también en la *noche oscura colectiva* de la historia de la Iglesia y de la sociedad? Estas noches oscuras de la historia incluyen, por supuesto, los trágicos acontecimientos del siglo XX, especialmente las dos guerras mundiales, el Holocausto y los gulags, los terribles actos de las dictaduras nazi y comunista, y también el terrorismo de nuestro tiempo, al que el papa Francisco denominó como «tercera guerra mundial fragmentada».

Una reflexión espiritual muy estimulante sobre la experiencia de la guerra es la ofrecida por Jan Patočka en el ensayo final de su último libro, titulado «Las guerras del siglo XX y el siglo XX como una guerra»,[23] que describe esa «inclinación de la vida hacia

---

23 J. Patočka, «Války 20. století a 20. století jako válka» [Las guerras del siglo XX y el siglo XX como una guerra], en *Kacířské eseje o filosofii dějin*, Praga, Academia, 1990, pp. 127-143 [vers. cast.: *Ensayos heréticos sobre filosofía de la historia, op. cit.*].

la noche», la inclinación del mundo del día, la razón y el poder hacia la noche de la inexistencia, el caos y la violencia. Patočka también recuerda la experiencia frontal de Teilhard de Chardin. Este ensayo de Patočka –que es un llamado a la «solidaridad de los estremecidos»– me parece una aproximación cairológica a la historia, un ejemplo de lectura espiritual del sentido de los acontecimientos históricos. Numerosas obras de autores de literatura existencial, filosofía y teología tratan sobre las *noches oscuras del alma»* y el *eclipse de Dios* en los tiempos modernos, lo que refleja la pérdida de las certezas religiosas en el mundo secular.

Al considerar las *noches oscuras colectivas* en la historia, no podemos quedarnos solo en la visión de nuestra propia historia, la historia del cristianismo. Un capítulo imprescindible de la historia moderna es el Holocausto, un intento criminal de eliminar a un pueblo al que pertenecen las promesas irrevocables y las bendiciones del Dios de nuestra fe común. Merecidamente, algunos teólogos cristianos –en nombre de todos, pongo como ejemplo a J. B. Metz– se centraron en la «teología después de Auschwitz» y escucharon atentamente las reflexiones judías sobre este intento de genocidio sobre el pueblo elegido.

Ya la decisión de la Iglesia de aceptar la Biblia hebrea, la Biblia de Jesús, como palabra de Dios, significó proclamar la memoria del pueblo de Israel como parte de su propia memoria histórica. Por eso, los cristianos no podemos echar a un lado nuestra propia memoria ni los trágicos sucesos de la historia moderna judía. Muchas de las formas en las que los judíos han lidiado y lidian con el misterio del mal radical sirven de inspiración también a los cristianos, que en muchos lugares hoy en día son expuestos a una violencia cruel, y el número de víctimas cristianas supera hoy el número de mártires de los primeros siglos.

Algunos pensadores judíos –por ejemplo, Hans Jonas– se dieron cuenta de que la experiencia del Holocausto no podía no afectar a nuestra imagen de Dios y a nuestros discursos sobre él.[24] ¿No es la idea de un Dios poderoso solo una proyección de nuestras aspiraciones de poder en el cielo? Jonas vuelve a la idea cabalística de un Creador que se retiró voluntariamente, para dejar espacio a la creación y, por lo tanto, a la libertad y a la responsabilidad de los individuos. Otros teólogos perciben las horas oscuras del pueblo judío como *hester panim* (el oscurecimiento del rostro de Dios), una expresión que encontramos en los Salmos. Elie Wiesel ve en la fe tras el Holocausto una expresión de lealtad hacia aquellos que mantuvieron la fe en el infierno de Auschwitz.

Para los pensadores cristianos, la crisis de la imagen de Dios como un jefe de la naturaleza todopoderoso y apático es una oportunidad para encontrar de nuevo la teología de la cruz: descubrir a un Dios que muestra su amor en el sentido de *pathos* (un amor apasionado y doloroso) a través de la entrega de Jesús en la cruz.

Aquí anticipo una de las principales ideas de este libro: la identidad cristiana de la fe es dada al entrar repetidamente en el drama pascual de la muerte y la resurrección. Además, la oscuridad del mediodía antes de entrar en la nueva fase de la tarde de la historia del cristianismo es una forma de anamnesis, un recordatorio de la Pascua. Cada celebración de Semana Santa es una oportunidad para volver a tocar el corazón mismo del cristianismo y comprenderlo de forma más profunda. Escribo este texto poco después de la segunda Semana Santa que los cristianos de gran parte del mundo no han podido celebrar de la manera habitual a causa de la pandemia de coronavirus. Quizá esta nueva experiencia ha sido un desafío de Dios para que el misterio de la Pascua, que recordamos cada año, sea entendido de una nueva forma.

---

24 Véase H. Jonas, «El concepto de Dios después de Auschwitz. Una voz judía», en *Pensar sobre Dios y otros ensayos,* Barcelona, Herder, 2012.

7. ¿Ha vuelto Dios?

En primer lugar, volvamos a las consideraciones sobre la secularización. Vamos a distinguir entre tres fenómenos: la secularización como proceso sociocultural, el laicismo como interpretación ideológica unilateral de la secularización y el periodo secular como capítulo de la historia en el que en muchos países europeos se produjo el proceso de secularización de diferentes maneras.

Considero el periodo secular como una etapa histórica que coincide casi por completo con la era de la *Modernidad,* la Edad Moderna. En este momento, especialmente en Europa Central, Occidental y del Norte, están cambiando la forma y el papel de la religión cristiana en la sociedad y la cultura. Sin embargo, el proceso de secularización hunde sus raíces en un periodo más antiguo que la Edad Moderna, y sigue en marcha después del final de dicha época. A partir de finales del siglo xx, podemos hablar del periodo postsecular.

El proceso de secularización tiene sus raíces en el *desencantamiento del mundo* bíblico: en la desmitificación de la naturaleza al explicar el relato de la creación del mundo en el Génesis y en la desacralización del poder político que encontramos en el libro del Éxodo y en la crítica profética de quienes detentan el poder.[1] La era de la secularización incluye la Edad Moderna, pero no empieza con la Ilustración de los siglos XVII y XVIII, ni siquiera con el Renacimiento; ya se estaba preparando con la división de las esferas de poder entre la Iglesia y el Estado tras la «revolución papal» en la querella de las investiduras entre los siglos XI y XII. Después vinieron siglos de convivencia, pero también de tensión y conflictos abiertos entre la Iglesia y el poder político laico (secular) y sus esferas de influencia. Estos enfrentamientos fueron dramáticos especialmente en Francia desde la Revolución hasta el *caso* Dreyfus entre finales del siglo XIX y principios del XX.

El comienzo del periodo postsecular fue anunciado por Jürgen Habermas en su famosa conferencia en la Feria del Libro de Frankfurt de otoño de 2001, poco después del atentado terrorista contra el World Trade Center de Nueva York el 11 de septiembre. Habermas afirmó que la ideología del secularismo, dominante durante mucho tiempo, y que considera que la religión es un fenómeno que se debilita y pertenece al pasado, era ya insostenible: la religión será un actor importante que debemos tener en cuenta en el próximo capítulo de la historia.

* * *

Las teorías clásicas de la secularización, que predecían el debilitamiento de la religión en el proceso de modernización, y eventualmente su pronta desaparición, estaban influidas por la ideología del secularismo; en el último cuarto del siglo XX, perdieron por completo su capacidad de persuasión. Los libros sobre la secula-

---

1 En la Biblia, la naturaleza no tiene carácter divino, no está «llena de dioses y demonios», sino que es la creación de Dios, confiada al cuidado del hombre. Tampoco los gobernantes políticos son Dios o hijos de Dios: Moisés rechaza escuchar al faraón y Natán critica duramente al rey David.

rización fueron reemplazados en las librerías por una abundante literatura sobre el nuevo auge de la religión, la *desecularización,* e incluso la desprivatización de la religión. Aparecieron obras con títulos como *El retorno de la religión* o *Dios ha vuelto.*[2]

¿Está realmente volviendo la religión? Me opongo a este punto de vista, y tengo como mínimo dos razones para ello. Primero, la religión no regresa porque nunca se fue. No se fue, no desapareció, seguía ahí, simplemente siguió cambiando y sigue cambiando como durante toda su historia. Solo ha desaparecido temporalmente del foco de los académicos, de los medios de comunicación y del público en el mundo occidental, bajo la influencia de las profecías autocumplidas de las teorías de la secularización. Sin embargo, la mayoría de estas teorías, como se ha dicho, se centraron solo en ciertas formas de religión y pasaron por alto otras.

En segundo lugar, la religión no vuelve porque lo que ahora llena el espacio espiritual de gran parte de nuestro mundo, liberado de la religión tradicional o tras el final de un duro periodo de secularización en los países comunistas, está lejos de ser aquello que fue en el pasado, en la era premoderna. La presunta *vuelta de la religión* —en realidad, la aparición de nuevas formas de religión transformadas— sorprende tanto a los defensores de la teoría de la secularización radical, que no esperaban ningún tipo de futuro para la religión, como a los representantes de las instituciones religiosas tradicionales, que no tienen en cuenta la historia de la religión y su carácter cambiante.

El tradicionalismo y el fundamentalismo, que son también unas de las formas que toma la religión en el escenario actual, no son una simple continuación de la religión premoderna que ha

2　Pienso especialmente en el libro de J. Micklethwait y A. Wooldridge *God Is Back. How the Global Rise of Faith Will Change the World,* Londres, Penguin Press, 2009.

sido reclamada, sino también un fenómeno moderno, que en su intento por imitar y tomar cierta forma de la religión del pasado es más bien un fenómeno antitradicional: reniega de las bases de la tradición al mismo tiempo que es un movimiento creativo de recontextualización del contenido religioso, es decir, lo adapta a un nuevo contexto.

La forma premoderna de religión tenía −como todas las otras formas de religión− su ambiente sociocultural, y esto está desapareciendo incluso en lugares donde ha sobrevivido durante mucho tiempo (por ejemplo, en Polonia). El paso de una civilización principalmente agraria a una urbana, el paso de la comunidad *(Gemeinschaft)* a la sociedad *(Gesellschaft)*[3] y el dominio del pensamiento científico y técnico en la cultura han hecho temblar a la religión tradicional. Esto ha requerido una transformación de la religión cristiana, especialmente de su papel en la cultura.

En la «era pía», desde mediados del siglo xix hasta mediados del siglo xx, durante la desafortunada lucha antimoderna, la Iglesia romana cometió una autocastración intelectual al silenciar a muchos pensadores creativos que se encontraban entre sus filas. Por lo tanto, en el apogeo de la Modernidad, la Iglesia perdió la capacidad de llevar a cabo un diálogo honesto con la filosofía de la época y una ciencia que evolucionaba desenfrenadamente.

El trauma de la fase jacobina de la Revolución Francesa y otras revoluciones posteriores (que a veces provocaron la destrucción de monasterios y el asesinato en masa de clérigos) llevó a la Iglesia romana a desafortunadas alianzas políticas; el miedo paralizó la capacidad de distinguir críticamente y se construyeron trincheras y muros contra la cultura moderna. El catolicismo de esta época se centró en una estrategia de contracultura contra el mundo moderno, siguiendo el prin-

---

3 Véase F. Tönnies, *Comunidad y asociación,* Granada, Comares, 2009.

cipio de *antipartido, antiprensa y antiasociaciones*. El *católico ideal* de ese momento tenía que pasar toda su vida –desde la fuente bautismal en una iglesia católica hasta la tumba en un cementerio católico– dentro de un gueto clerical. El llamamiento a una mayor actividad de los laicos –por ejemplo, por parte de Pío XI, inspirador de la Acción Católica– no se desviaba del modelo clerical de la Iglesia, ya que siempre estuvieron ligados a la idea de que toda actividad de los laicos debía ser dirigida y controlada por la Iglesia.

El retrocatolicismo del siglo XIX se basaba en una imitación poco creativa del pasado, como el estilo neogótico y neorrománico en las artes visuales y el neoescolasticismo en la teología y la *filosofía cristiana*. Los neotomistas carecían de la valentía de santo Tomás de Aquino, quien innovó de forma radical la teología de su tiempo con pensamientos procedentes de las enseñanzas del filósofo pagano Aristóteles, prohibidas entonces por las autoridades eclesiásticas. En su esfuerzo por construir un sistema sólido de *teología científica*, los neotomistas copiaron de facto el desafortunado estilo de pensamiento de su entonces oponente, el positivismo. Los neoescolásticos negaron la dinámica histórica de la fe y obstaculizaron la creatividad de sus reflexiones filosófico-teológicas, del mismo modo que los positivistas y los «materialistas científicos» de la época querían introducir dogmáticamente el conocimiento científico en su estéril sistema filosófico. A las dos partes se les escapó que la fe y la ciencia tienen un carácter fluido y solo pueden ser entendidas en el contexto de su desarrollo histórico, en el que se producen cambios de paradigma y conflictos de interpretación legítimos.

Las autoridades de enseñanza de la Iglesia en ese momento, de una forma apresurada e imprudente, y con *osada confianza* en la mecánicamente entendida asistencia de la Providencia, condenaron muchos de los conocimientos y de los impulsos proféticos más valiosos –que más tarde con dificultad y torpeza tuvo que revisar, y ponerse al día con retraso–.[4] Numerosos representantes de las autoridades de enseñanza se tomaron más en serio su papel de guardianes de la tradición y la ortodoxia que la igualmente importante tarea de defender un espacio para la apertura profética y para la sensibilidad hacia los signos de los tiempos. En repetidas ocasiones, durante tiempos de cambio social y cultural, tomaron una postura ansiosamente defensiva contra los que intentaban interpretar de forma creativa nuevos enfoques del mundo para integrarlos en la espiritualidad cristiana.

Los esfuerzos de la Iglesia en el siglo XIX y en la primera mitad del siglo XX por crear una *polis* paralela frente al protestantismo, el liberalismo y el socialismo llevaron a la exaltación del catolicismo, lo que contribuyó significativamente a la secularización de las sociedades modernas. Como parte positiva de esta forma de catolicismo es necesario agregar que se opusieron a tiempo y de forma clara a las ideologías totalitarias del comunismo y el nazismo. Esta resistencia se confirmó con el martirio de muchos católicos en los campos de concentración y de exterminio nazis y en los campos de trabajo comunistas en muchos países europeos y asiáticos. Sin embargo, en los países del sur de Europa y en algunos países eslavos (España, Italia, Portugal, Croacia y Eslovaquia) gran parte de la jerarquía católica no fue en absoluto tan prudente frente a la tentación del fascismo. Incluso hoy en día, muchos católicos de países poscomunistas se sienten atraídos por el nacionalismo y el extremismo de derecha. Aunque hay que decir que desde ese mundo paralelo del *catolicismo integrista* no solo surgieron guerras culturales perdidas de antemano contra el mundo moderno, sino también la ya mencionada resistencia heroica contra las ideologías

4 Recordemos el *ejemplo emblemático* de la condena de Galileo y su rehabilitación por parte de Juan Pablo II o la disparidad entre el listado de errores de nuestro tiempo *(Syllabus errorum modernorum)* del papa Pío IX y los documentos del Concilio Vaticano II, especialmente *Gaudium et spes, Nostra aetate* y *Dignitatis humanae.*

totalitarias y sus regímenes. Pero no podemos obviar que, en estas luchas, el propio catolicismo tardomoderno acabó convirtiéndose, hasta cierto punto, en un sistema totalitario (cerrado, intolerante) a su manera, y que esta mentalidad aún pervive en algunos católicos.

En la «era pía», la Iglesia fracasó a la hora de encontrar un camino intermedio de sabia cautela frente a dos peligros, la fascinación acrítica ante las nuevas ideas y el recelo ansioso y mezquino ante todo lo nuevo. A menudo, eligió el segundo camino, con el resultado de una teología estéril que profundizó la marginación de la Iglesia, su alejamiento del foco de creación de nuevas formas culturales y sociales, y su acercamiento al triste valle de la nostalgia por un mundo ya inexistente. Una excepción a esto fue el catolicismo en Estados Unidos, que no se dejó paralizar por el miedo a la Modernidad (la Ilustración anglosajona, a diferencia de la francesa, no tuvo un afecto antirreligioso ni una fase jacobina), y que aprendió a vivir en un ambiente de democracia, sociedad civil y de pluralidad religiosa y, después de ser denominado por Roma como la «herejía del americanismo», su experiencia inspiró las reformas del Concilio Vaticano II.[5]

* * *

Durante el siglo XX, muchos pensadores cristianos se dieron cuenta progresivamente de que la cultura de la Modernidad, surgida de la Ilustración, tenía genes cristianos y que reconocer «la legitimidad de la Edad Moderna»[6] no significaba necesariamente la rendición del cristianismo y la pérdida de su identidad al disolverse en la Modernidad.

---

5   Gran parte del mérito es del jesuita estadounidense John Courtney Murray y del filósofo francés Jacques Maritain, que tuvo una larga carrera en universidades estadounidenses.

6   Véase H. Blumenberg, *La legitimación de la Edad Moderna*, Valencia, Pre-Textos, 2008.

El ConcilioVaticano II fue un momento estelar para el esfuerzo de los pioneros de la renovación de la teología, los estudios bíblicos, los estudios históricos, la liturgia y la práctica pastoral. Teólogos que habían tratado de traducir el contenido del cristianismo al lenguaje y al pensamiento de la cultura moderna, muchas veces intimidados y reprimidos por las autoridades eclesiásticas, recibieron legitimidad y espacio.

El Concilio declaró una postura de diálogo amistoso tanto con otras Iglesias cristianas como con otras religiones y con el humanismo secular de la sociedad civil global. La Iglesia se acordó del una vez rechazado valor de los misioneros jesuitas para inculturar la fe cristiana con una encarnación creativa en culturas no europeas, en lugar de exportar mecánicamente las formas europeas; esto abrió el camino a un cristianismo verdaderamente global, pero al mismo tiempo culturalmente plural. Las reformas litúrgicas, especialmente la inclusión de las lenguas nacionales en la misa, ayudaron a ello.

Durante las guerras culturales del siglo XIX, la actividad de la Iglesia en Occidente fue pasando poco a poco de la esfera pública a la privada. Tras el Concilio, parecía que la amabilidad ecuménica y la aceptación de los principios de libertad religiosa y tolerancia daban la oportunidad a la Iglesia de convertirse en una participante activa de una sociedad civil global y plural. Muchos católicos vieron el Concilio como una nueva primavera para la Iglesia, un *nuevo Pentecostés*.

Sin embargo, las iglesias, los seminarios sacerdotales y los monasterios de nueva construcción no se llenaron, sino que hubo una salida constante de personas interesadas en la vocación espiritual. En los años que siguieron al Concilio, miles de sacerdotes quedaron tan embriagados por la brisa de la libertad que abandonaron su profesión y, en algunos casos, la Iglesia; esta tendencia continúa hasta el presente. Todavía sigue existiendo un debate sobre si esa crisis la provocaron las reformas del Concilio o, por el contrario, los esfuerzos por frenar las reformas;

o si la Iglesia, al introducir las ideas del Concilio en la práctica pastoral, se apresuró demasiado o fue demasiado lenta y poco consecuente.

En reacción a las reformas, en la Iglesia católica se formó un pequeño grupo de radicales opositores, liderados por el arzobispo Marcel Lefebvre, cuya disidencia llegó a su culmen con un cisma formal en el año 1988. Pero, incluso en la gran mayoría de los católicos que habían aceptado las reformas, fueron creándose dos corrientes. El teólogo —y más tarde cardenal— jesuita norteamericano Avery Dulles (y después especialmente el papa Benedicto XVI) dio nombre a estas dos formas de interpretar el Concilio: diferenció entre la hermenéutica de la continuidad y la hermenéutica de la discontinuidad. La primera corriente apelaba a los documentos escritos del Concilio y resaltaba que el Concilio no se salía en absoluto del contexto de la tradición anterior; la segunda corriente intentó analizar, siguiendo el espíritu del Concilio de desarrollar algo nuevo, qué había significado el Concilio para la historia de la Iglesia.

La Iglesia católica prometió en la frase introductoria de su constitución *Gaudium et spes* solidaridad al hombre de su tiempo en sus gozos y esperanzas, en sus tristezas y angustias. La frase suena como un voto conyugal de amor, respeto y fidelidad. Sin embargo, no parece que el *hombre de su tiempo* aceptara esa oferta con gran entusiasmo; quizá tuvo la impresión de que la novia había envejecido y ya no lo atraía mucho. Ciertamente, fue loable que la Iglesia dejara de temer a la Modernidad y demonizarla. Sin embargo, no podemos evitar hacernos una pregunta crítica: ¿No se reconcilió la Iglesia con la cultura moderna justo en el momento en que esta terminaba? La Modernidad, que ya desde la Ilustración se había impuesto cultural y políticamente en Europa, alcanzó el cénit de su poder en la década de 1960. No obstante, se acercaba ya su *fin*. El Concilio preparó a la Iglesia para el diálogo con lo moderno, pero ¿la preparó lo suficiente para confrontarse con lo posmoderno, que ya se encontraba a las puertas?

* * *

Probablemente, la revolución cultural de 1968 fue el culmen y la última palabra de la Modernidad. Los levantamientos globales de los jóvenes en las universidades europeas, estadounidenses e incluso japonesas contra la autoridad paternal y el *Superyó* disciplinador del orden social imperante fue reprimido políticamente, pero venció culturalmente. Esto insertó ciertos valores en la mentalidad occidental dominante que podríamos resumir, como ha popularizado la psicología humanística, con los términos «autorrealización» y «autoactualización». Pero, desde entonces, la Modernidad parece no haber traído nada nuevo. El año 1969, cuando el hombre llegó a la Luna y se produjeron avances en la creación del microprocesador, podemos destacarlo como el comienzo simbólico del posmodernismo, de lo global, de la *era de internet*.

Como respuesta a la revolución cultural de 1968, principalmente debido a uno de sus aspectos, la revolución sexual, se intensificaron los esfuerzos de la Iglesia católica para frenar las reformas. La encíclica de Pablo VI *Humanae Vitae* de ese mismo año rechazó estrictamente los métodos anticonceptivos artificiales, lo que fue visto por muchos como la primera señal de un *cambio de rumbo*. Los intentos de aplicarlo rigurosamente en la práctica pastoral provocaron que en algunos países el sacramento de la reconciliación prácticamente desapareciera: muchos laicos católicos se sentían lo suficientemente adultos como para presentar los detalles de su vida sexual al juicio y al control de los confesores célibes. La brecha entre las enseñanzas y las prédicas de la Iglesia, por un lado, y el pensamiento y la vida práctica de numerosos católicos por el otro, comenzó a expandirse de forma significativa.

Al mismo tiempo, en muchos países de Europa occidental (como Alemania) se vino abajo por diferentes razones externas e internas la idea del catolicismo como un ámbito cultural relativamente unificado.[7] El proceso de individualización de la fe ganó velocidad e intensidad. El cambio en la orientación de los valores occidentales contribuyó a la división entre los cristianos: la mayoría se dejó influir por la mentalidad de los años sesenta y aflojó sus lazos con la Iglesia, su doctrina y su práctica. Hubo otros que rechazaron esa mentalidad y empezaron a entender el ambiente eclesiástico como una capa protectora contra el mundo externo. Estas dos corrientes no fueron capaces de entablar un diálogo. En los países bajo un régimen comunista, las presiones externas mantuvieron la apariencia de unidad (sin contar las tensiones entre los líderes eclesiásticos que colaboraban con el régimen y los cristianos que se declaraban disidentes) y las diferencias ideológicas no fueron evidentes hasta la caída del imperio soviético.

El cardenal Ratzinger, más tarde papa Benedicto XVI, señaló en una entrevista sobre el desarrollo de la Iglesia posconciliar la corresponsabilidad de la revolución cultural liberal de finales de los años sesenta: «Parece que la Iglesia dejó de desempeñar en ese momento el papel de pilar estable de un orden social sólido».[8] Pero ¿podía y debía desempeñar tal papel? ¿Tenía todavía el poder y la influencia para detener esa continua tendencia de la civilización? ¿La habría detenido insistiendo en principios inmutables? ¿O se habría condenado a permanecer como una oscura secta en los márgenes de la sociedad (el rol que tuvo el ala cismática de los seguidores del arzobispo excomulgado Lefebvre)?

---

7 Véase K. Gabriel, *Christentum zwischen Tradition und Postmoderne* [El cristianismo entre la tradición y la posmodernidad], Friburgo, Evangelische Verlagsanstalt, 1992.

8 Véase J. Ratzinger y V. Messori, *Informe sobre la fe,* Madrid, Biblioteca de Autores Cristianos, 2005.

Durante los pontificados de Pablo VI, Juan Pablo II y Benedicto XVI, aunque parte del impulso del Concilio se desarrolló en documentos papales (especialmente en las Encíclicas Sociales) y en importantes actos en el campo interreligioso y ecuménico, no se llevó a cabo la reforma necesaria de la estructura eclesiástica. Asimismo, la enseñanza moral oficial de la Iglesia se centró demasiado, una vez más, en cuestiones de ética sexual –de una forma que incluso el papa Francisco ha tenido el valor de calificar como «obsesión neurótica»–. La percepción de la sexualidad ha cambiado en la sociedad occidental y los argumentos de la Iglesia, basados en un entendimiento ahistórico de la inmutable naturaleza –e ignorando, por ejemplo, el conocimiento médico sobre la orientación homosexual–, no han conseguido convencer a la mayoría.

Sin embargo, la influencia de la Iglesia en la sociedad de su entorno depende hoy en día de ofrecer argumentos convincentes; ya desde la Ilustración, la Iglesia no puede apoyarse en otro tipo de poder. Aunque no se ha encontrado todavía una base filosófica común y reconocida por ambas partes para entablar un diálogo sensato entre la teología y la mentalidad secular liberal (una *tercera vía* entre el rechazo continuo y la aceptación acrítica). El público secular ha empezado a ver a la Iglesia como un grupo de indignados que se centran obsesivamente en ciertos temas (el aborto, los preservativos, las uniones entre personas del mismo sexo), en los que repite su anatema de forma incomprensible para el resto; la gente sabe en contra de qué están los católicos, pero ya no entiende de qué cosas están a favor y qué pueden aportar al mundo actual. La ferocidad con la que ciertos círculos eclesiásticos entienden la antropología, basada en una noción ahistórica aristotélico-tomista de la naturaleza humana, y cómo se niegan a aceptar el conocimiento de las ciencias naturales y sociales, recuerda a la insensata adhesión en el pasado al modelo geocéntrico del universo. Cada vez es más evidente la necesidad de renovar la antropología teológica: por ejemplo, no pensar en la ética sexual basándose en una comprensión estática de la *naturaleza humana,* sino en una ética de las relaciones interpersonales entendida de forma dinámica, y fomentar el erotismo de la ternura y el respeto mutuo en una época de comercialización de la sexualidad.

El bien intencionado llamamiento a una «nueva evangelización», que resonó en la Iglesia católica en el umbral del nuevo milenio, no encontró la respuesta esperada, también probablemente porque no era lo suficientemente *nueva* y radical. Los intentos de algunos *nuevos movimientos* en la Iglesia de centrarse en la parte emocional de la religión, de imitar el entusiasmo evangélico y la espiritualidad de los grupos piadosos, no han sido capaces de despertar al cansado cristianismo occidental de la siesta del mediodía. Después de más de cincuenta años, el papa Francisco ha intentado volver al espíritu reformista. Sin embargo, sus intentos de reformar la estructura y reanimar la ciencia eclesiástica se encontraron muy pronto con la oposición del ala conservadora, incluida parte de la curia y de la congregación de cardenales. La llamada del papa Francisco a un acercamiento pastoral prudente y compasivo hacia la gente en «situación irregular», al respeto a las diferencias individuales y a estimular la responsabilidad de la propia conciencia ha chocado con la poca voluntad de una parte significativa del clero para dejar de lado su papel de jueces, aplicadores automáticos de la ley canónica.

* * *

Pero el llamamiento del Concilio a responder a los signos de los tiempos con una presencia activa en la vida política no quedó sin respuesta. Católicos de muchas partes del mundo, desde América Latina hasta algunos disidentes en Europa —tanto disidentes contra regímenes autoritarios de derecha (por ejemplo, en España y Portugal) como disidentes contra la dictadura comunista—, pasando por algunos países de África, se unieron a la lucha por los derechos humanos, la justicia social, la democracia y la libertad civil, y con frecuencia contribuyeron a la transición pacífica desde regímenes autoritarios a democracias. Aunque algunos católicos vivieron más tarde una desagradable decepción, y en algunos casos hasta un choque cultural, ya que, tras la caída de las dictaduras y la llegada de la democracia, la Iglesia se encontró en este nuevo entorno plural con la desconfianza y el rechazo del liberalismo secular. Sus esperanzas de que tras la caída del comunismo el cristianismo podría ocupar ese espacio vacío (como en cierto modo ocurrió en Alemania tras la caída del nazismo) no se cumplieron. Se dice que el papa Juan Pablo II vivió su mayor decepción cuando se dio cuenta de que, tras la caída del régimen ateo, muchos polacos se encaminaron hacia los supermercados y no hacia las iglesias.

La Iglesia, que en general había superado los tiempos de la secularización más dura bajo regímenes ateos, sufrió mucho más con la secularización blanda posterior durante la renovación de la democracia. Parecía que algunos no podían vivir sin un enemigo: tras la caída del comunismo colocaron en esta posición a un «Occidente corrompido». En algunos sermones en los países poscomunistas se extendieron las quejas sobre «el tsunami del secularismo, el liberalismo y el consumismo», unas prédicas que de forma velada copiaban la retórica antioccidental de los ideólogos comunistas. Estos círculos eclesiásticos se apoderaron del miedo a la libertad, de la agorafobia, literalmente: el miedo a los mercados.

* * *

Pasado medio siglo desde el Concilio, volvieron a la Iglesia católica los enfrentamientos entre conservadores y progresistas. Estos crecientes conflictos han llevado a la Iglesia católica al borde del cisma. No puedo evitar sentir que, en los dos bandos del conflicto, especialmente entre los radicales de ambos bandos, falta un entendimiento profético de los signos de los tiempos. Los intentos de los tradicionalistas de rechazar los necesarios pasos reformistas del Concilio y los intentos de volver a un mundo premoderno han ocasionado mucho daño, se podría decir que es más una farsa que una tragedia. No obstante, muchos de los intentos de los progresistas hacen bueno el dicho de que quien se casa con prisa pronto enviuda.

Quien haya entendido el *aggiornamento* que pedía el Concilio, esa necesidad de revisar la utilidad de lo que la Iglesia guarda como un tesoro, solo como conformidad hacia el proceso de secularización y una venta precipitada de las tradiciones, permanece mentalmente atrapado en las estrechas fronteras de la Modernidad. Por eso, sería beneficioso escuchar a algunos cristianos conservadores eruditos que ofrecen una respuesta útil con su crítica a los avances superficiales en la Iglesia y en la teología. El gran problema de los conservadores es que no son capaces de proponer una alternativa realizable.

La diferencia entre los defensores de la hermenéutica de la continuidad y la hermenéutica de la discontinuidad al interpretar el mensaje del Concilio refleja diferencias más generales entre los estabilizadores y los reformadores en la historia de la Iglesia. La Iglesia necesita a las dos partes; en unas situaciones, más a unos, y en otras situaciones, más a otros. Quizá fue natural que en los años posteriores al Concilio salieran a la palestra más aquellos que querían amortiguar la radicalidad del cambio. Sin embargo, estoy convencido de que ahora llega el kairós para una reforma fundamental y que no es casualidad que haya sido un hombre que representa la dinámica del continente latinoamericano el elegido para ocupar la silla del obispo de Roma. Creo que es una tarea urgente que los teólogos trabajen cuidadosamente en estos impulsos de reforma.

El papa Francisco ve una solución clara en rebajar el centralismo de la Iglesia y reforzar los principios sinodales, es decir, dar mayor autonomía y mayor responsabilidad a las Iglesias locales. No obstante, otro problema radica en las tensiones dentro de estas Iglesias locales. ¿Están dispuestos los líderes, especialmente los obispos, a abandonar el concepto monárquico de su posición y convertirse en mediadores del diálogo dentro de la Iglesia? ¿Están preparados para crear y defender lugares donde ganarse la simpatía de los creyentes individuales, hombres y mujeres? ¿Están preparados para reconocer las capacidades de las mujeres y asumir su responsabilidad con la comunidad de creyentes?

Insisto en que la reforma de la Iglesia debe ir más allá de la transformación de las estructuras institucionales. Las reformas deben venir desde profundas fuentes teológicas y desde la renovación espiritual.

La tarde del cristianismo, la salida a la prolongada crisis del mediodía, no llegará con el solemne sonido de trompeta de los ángeles del Apocalipsis, más bien vendrá «como un ladrón en la noche».[9] Desde hace tiempo, muchos han gritado triunfalmente «Dios ha vuelto» –pero aquí también vale la advertencia de Jesús: No vayáis ni corráis detrás–.[10] La tarde del cristianismo llegará probablemente como lo hizo Jesús la mañana de Pascua: lo reconoceremos por sus heridas en las manos, en el costado y en las piernas. Sin embargo, serán heridas transformadas.

9   1 Ts 5,2.
10   Lc 17,23.

8. Herederos de la religión moderna

La secularización no hizo desaparecer la religión, sino que la transformó. Se demostró que el concepto de religión es algo mucho más dinámico, vivo, fuerte y, principalmente, amplio, complejo y diverso de lo que parecía en los dos siglos anteriores. La religión no ha muerto, sino que está adquiriendo una nueva forma, y ya no solo en la esfera privada, sino también en el ámbito público. La fe ha salido de sus viejos límites institucionales. La Iglesia ha perdido el monopolio de la religión. Durante la Ilustración, perdió el control de la esfera secular, y ahora está sucediendo lo mismo con la vida religiosa. Hoy en día, el principal competidor de la Iglesia no es el humanismo secular o el ateísmo, sino la religiosidad que se escapa al control de la Iglesia.

La cultura secular de la Edad Moderna generó una religión en forma de cosmovisión, y esta forma se está sumergiendo en la pluralidad radical posmoderna. Las instituciones religiosas tradicionales siguen en crisis, aunque también se está debilitando el antiguo ateísmo dogmático. En el mundo actual llaman la atención tres fenómenos: la transformación de la religión en una ideología política identitaria, la transformación de la religión en espiritualidad y el aumento de aquellos que no se enmarcan en ninguna *religión organizada* pero tampoco se consideran ateos.

La tarde del cristianismo

* * *

Como resultado de la secularización, muchos conceptos que la religión tradicional mantenía juntos –ciencia, moralidad, rituales, piedad individual y otros similares– se independizaron y comenzaron a vivir su propia vida.[1] En la sociedad plural posmoderna, estas partes emancipadas de la religión se están convirtiendo en recursos disponibles públicamente, de entre los que las personas y los grupos humanos eligen libremente y componen su propio *collage*.

Los símbolos religiosos sacados de su contexto original aparecen en el arte contemporáneo, incluida la cultura pop[2] y los complementos de moda. A veces, el contexto original se olvida y se ignora, pero en otras ocasiones sucede lo contrario, un significado provocativo respecto a su contexto original aumenta su impacto y su atractivo. Con frecuencia, los autores de estas obras ya cuentan con que las autoridades eclesiásticas, que consideran como blasfemia el uso de símbolos religiosos de forma provocativa y no tradicional, protestarán públicamente; para los artistas, es un seguro de publicidad gratuita y éxito comercial. Sin embargo, a veces, el uso de motivos religiosos de una forma provocativa y aparentemente blasfema puede tener el efecto contrario: llevan a la reflexión, a la búsqueda y al descubrimiento de un nuevo contexto original.[3]

1 U. Beck, *Vlastní Bůh, op. cit.*, p. 93 [vers. cast.: *El Dios personal…, op. cit.*].
2 Un ejemplo es el pseudónimo Madonna, utilizado por la famosa cantante que, sin duda, no representa los tradicionales atributos marianos.
3 Yo mismo he sido testigo muchas veces de cómo algunas obras que indignaron a los conservadores, como las películas *La última tentación de Cristo* o *Jesucristo Superstar,* despertaron a los jóvenes de su apatía y aumentaron su interés por la religión, incluso inspirando algunas conversiones al cristianismo. La parábola de Jesús sobre el trigo y la cizaña debería servir de advertencia a los representantes de la Iglesia frente a los esfuerzos por censurar el arte.

* * *

Podemos considerar las formas de religiosidad político-ideológicas y *puramente espirituales* como herederas de los dos polos opuestos de la religión anterior, es decir, la forma pública y la privada. En la época moderna, cuando la religión cristiana se hizo confesional, perdió su influencia en el conjunto de la sociedad, pasó del espacio público a áreas más estrechas, al ámbito de la Iglesia, al familiar y después al personal, a la convicción privada, es decir, se *privatizó*. También el catolicismo como contracultura frente al protestantismo, el liberalismo y el socialismo y, finalmente, contra el mundo moderno, tal como he descrito anteriormente, pasó a tener un carácter más defensivo que ofensivo.

No obstante, la situación cambió hacia el último cuarto del siglo XX: las religiones pasaron al contrataque, tratando de aprovechar la crisis y las debilidades de la sociedad liberal para convertirse en actores políticos importantes. De esta forma, las religiones vuelven a luchar por el papel de *religio,* de fuerza integradora que pretende unir a un grupo específico (por ejemplo, a un grupo étnico), convertirse en defensora de su identidad. Sin embargo, esta vez se trata de una defensa que pasa al ataque. Estas formas de religión acaban siendo intolerantes. A veces se quedan simplemente en la retórica militante (como es el caso del fundamentalismo cristiano actual), y otras veces –como en el caso del islamismo político radical– no dudan en incitar y justificar la violencia física, la guerra y los ataques terroristas.

Uno de los primeros autores en señalar esta tendencia mundial fue el sociólogo francés Gilles Kepel en su libro *La revancha de Dios.*[4] Kepel señaló que el islamismo radical, que el público había comenzado a percibir con la revolución de Jomeiní en Irán, tiene su analogía al politizar a otras religiones monoteístas. El libro de Kepel

4   G. Kepel, *La revancha de Dios,* Madrid, Alianza, 2005.

se convirtió rápidamente en un éxito, y tras su publicación le siguieron numerosos estudios sobre la repolitización global de la religión, especialmente desde el ataque al World Trade Center en 2001. Un ejemplo del abuso de los símbolos y la retórica cristianos es la estadounidense Christian Right («derecha cristiana»), que ayudó a dar vuelo al populismo amoral de Donald Trump. En Europa, se trata especialmente de los llamados defensores de los valores cristianos en Occidente, entre los que se encuentran políticos demagogos de extrema derecha y populistas nacionalistas en Francia e Italia, y también en países como Hungría, Polonia, Eslovaquia, Eslovenia y la República Checa. La Unión Europea y los inmigrantes de países islámicos son los objetivos principales de sus ataques. Estas tendencias nacionalistas se dedican a provocar sistemáticamente a través de la difusión de bulos y la desinformación en redes sociales como hace a gran escala la industria de propaganda rusa. La guerra híbrida de Putin contra Occidente va dirigida concretamente a los cristianos conservadores, e intenta retratar al presidente Putin como el *nuevo Constantino* que liderará al mundo cristiano en su cruzada contra el Occidente corrupto. Se aprovecha de que en el ADN de los cristianos conservadores existe una peligrosa afinidad por los regímenes autoritarios.

Estoy convencido de que la democracia liberal es hasta ahora una forma de cultura política que no ha sido superada por nada, y que ofrece también a los cristianos un ambiente más afable que cualquier *Estado católico*. Sin embargo, veo también puntos débiles en el liberalismo actual y creo que la doctrina social cristiana, en especial, las encíclicas sociales del papa Francisco, pueden inspirar una futura cultura política y servir de equilibrio frente al neoliberalismo unilateral.

El populismo moderno, sobre todo en los antiguos países comunistas, presenta frente a la democracia liberal el ideal de una *democracia no liberal* (o *dirigida*), un nombre encubierto para un estado autoritario. Allí donde estas fuerzas populistas llegan al poder, empiezan a eliminar la democracia liberal de tipo occidental: ataques a la prensa libre, a las universidades, a las organizaciones no gubernamentales y a los jueces, especialmente del tribunal constitucional.

Normalmente, entre los propagadores que más ruido hacen por la *vuelta a una Europa cristiana,* suele haber personas con una mentalidad y un estilo de vida bastante alejados de los Evangelios, y cuya *cristiandad* consiste solo en ser hostiles con los inmigrantes, los musulmanes y las minorías sexuales. En ocasiones, representantes de la Iglesia colaboran con estos populistas y nacionalistas; intentan acallar y desacreditar las advertencias del papa Francisco. Cabe preguntarse si en estos casos se trata de una politización de la religión o más bien de una sacralización de la política, de la creación de una falsa aura alrededor de los intereses profundos e impíos de ciertos grupos. Vuelvo al tema de la política y la religión una vez más porque considero que esta forma de unir ambos conceptos es especialmente peligrosa. La influencia de la ideología del secularismo en el público ha subestimado durante mucho tiempo la fuerza de la religión, no la tenía en cuenta ni la entendía. La religión es una fuerza que se puede usar de forma terapéutica y de forma destructiva: en ciertas circunstancias, puede transformar los conflictos políticos internacionales en destructivos enfrentamientos entre civilizaciones. Por eso, es necesario buscar una manera en la que la influencia moral de la religión se conecte con ese *tikún olam* (reparar el mundo). ¿Puede contribuir a esto la otra heredera de la religión moderna, la espiritualidad? Si las religiones desarrollan su dimensión espiritual, podrían contribuir significativamente al diálogo interreligioso, que es una de las tareas más apremiantes de nuestro tiempo. Precisamente en estos campos se encuentran más cercanas las grandes religiones.

Los actuales intentos de devolver la religión al ámbito público y político son una reacción a la tendencia moderna de privatizar e individualizar la fe; el cambio posmoderno respecto a la espiritualidad es una expresión y un fruto de esa moda de personalizar la religión. A la perspectiva y a los obstáculos de la espiritualidad de nuestro tiempo dedicaré un capítulo aparte.

* * *

Un punto importante para entender las grandes diferencias en la escena religiosa lo ofrece la obra del psicólogo de Harvard Gordon Allport. A mediados del siglo xx, en Estados Unidos se realizaron una serie de estudios empíricos para comprobar la hipótesis de que las personas religiosas tienen una inclinación a entender el mundo de una forma autoritaria y rígida, como es el caso de los seguidores de ideologías totalitarias como el fascismo y el comunismo. Los resultados no fueron en absoluto fáciles de interpretar: en algunas personas religiosas se comprobó dicha hipótesis, mientras que, en otras, al contrario, se encontró una fuerte tendencia al altruismo, la tolerancia y la creatividad. A partir de estas experiencias, Gordon Allport propuso dos tipos de religiosidad: la religiosidad extrínseca y la religiosidad intrínseca.[5]

Las personas con una religiosidad extrínseca ven la religión como un instrumento para conseguir otro objetivo (por ejemplo, reconocimiento social, confirmación de la identidad de grupo o pertenencia a un grupo) y suelen ser rígidas y autoritarias. Las personas con una religiosidad intrínseca sienten que la fe tiene sentido por sí misma, y suelen ser abiertas, tolerantes, flexibles, socialmente sensibles, abnegadas y solidarias. Allport caracterizó a la religiosidad extrínseca como inmadura. Y señaló una serie de indicadores de una fe intrínseca madura: su variedad y su riqueza internas, su viveza, su capacidad para crear una filosofía de vida compleja, ofrece dudas, enfrenta al mal y al conocimiento cultural y científico de su época y es una fuente de acción práctica.

5 Véase G. Allport, *The Individual and His Religion. A Psychological Interpretation,* Oxford, Macmillan, 1967.

Mientras que la religiosidad extrínseca valora a la Iglesia por su función sociocultural y solo participa de ella parcialmente –por ejemplo, en las grandes fiestas–, para la religiosidad intrínseca la Iglesia es una comunidad en la que participa activamente y a cuyos servicios acude de forma regular.

Más tarde, el psicólogo estadounidense Daniel Batson añadió a esta tipología otro tipo de religión, la fe como *quest,* como una aventura, como una búsqueda constante, un viaje a lo profundo.[6]

¿Qué podemos decir de esta teoría a la luz de nuestra experiencia contemporánea? A la religiosidad extrínseca nos la encontramos frecuentemente. Como en la instrumentalización política de los símbolos y el lenguaje religiosos (desde los islamistas radicales hasta los derechistas *defensores de los valores cristianos*), así como en la comercialización de la espiritualidad, una mezcla de religión y psicoterapia que vemos en centros de bienestar espiritual.

Allport encontró la religiosidad intrínseca principalmente entre creyentes que eran miembros activos de comunidades religiosas, parroquias y congregaciones. Sin embargo, esta forma de religión institucional que hemos mencionado en muchas partes de este libro vive hoy en día una situación convulsa y de crisis, que probablemente no terminará ni tras la crisis cristiana del mediodía. Las parroquias y las congregaciones que surgieron durante la historia no van a desaparecer, pero su situación en la sociedad ha cambiado y seguirá cambiando. El cristianismo busca un nuevo hogar y una nueva forma en la pluralidad de la sociedad posmoderna y postsecular. La vitalidad de la Iglesia –y la vitalidad de la religiosidad intrínseca– depende sobre todo de en qué medida consiga comunicarse con esa tercera forma de religiosidad, la que Batson describió como un viaje, que no tiene por sí misma una forma sólida institucionali-

---

6 Véase C. D. Batson y P. Schoenrade, «Measuring Religion as Quest: 1) Validity Concerns», *Journal for the Scientific Study of Religion* 30/4 (1991), pp. 416-429.

zada. Junto al diálogo de la Iglesia con el mundo secular, como se pedía en el Concilio, emerge un diálogo necesario entre los otros tipos psicológicos de fe que existen en el cristianismo: entre la fe como un viaje y la fe como una certeza, entre la Iglesia como un peregrinaje común y la Iglesia como hogar, entre la Iglesia como una memoria común y la Iglesia como un hospital de campaña. ¿Será capaz la Iglesia del futuro de ser un hogar común para estos distintos aspectos de la religiosidad?

Numerosas formas institucionalizadas de cristianismo están pasando por una crisis. Por eso, la fe busca nuevas formas. Esto no quiere decir que cualquier forma institucional de fe deba ser considerada una reliquia del pasado. Subestimar a ciertas instituciones significativas es uno de los puntos débiles de la teología liberal, y ciertamente se ha suscrito al hecho de que las instituciones religiosas actuales han dominado en gran medida a los cristianos conservadores y tradicionalistas.[7]

* * *

Ahora nos centraremos en un tercer concepto digno de atención de la escena postsecular: no deja de crecer el número de personas que, preguntados sobre qué religión profesan, responden que ninguna. Los sociólogos han denominado a este grupo de personas como *nones*.

En este momento, los nones representan el tercer grupo más amplio del planeta tras los cristianos y los musulmanes. En su interior se incluye una variedad insólita de creencias y de orientaciones existenciales *(belief* y *faith)*. Al observador externo puede sorprenderle que, entre los nones, los ateos supongan solo un porcentaje pequeño.

7   Advierte sobre ello, entre otros, el teólogo estadounidense Massimo Fagiolli. Véase https://www.commonwealmagazine.org/wake–call–liberal–theologians [30-9-2021].

Un ejemplo llamativo es la República Checa, a la que se considera erróneamente uno de los países más ateos de Europa, sino el que más, e incluso de todo el mundo. En realidad, es un país con un gran porcentaje de nones; estos superan el número de personas que se adscriben a una religión concreta. Las tierras checas han pasado por un desarrollo religioso muy complicado. Un día fue la fuente de movimientos religiosos de reforma que precedieron a la Reforma alemana, después de la tormenta revolucionaria husita y de cinco cruzadas, hubo cierta reconciliación entre los católicos y los utraquistas (en el Concilio de Basilea y principalmente durante el reinado del emperador Rodolfo) y pareció surgir un oasis de tolerancia religiosa. Poco después, sin embargo, las tierras checas se convirtieron en el foco de la devastadora Guerra de los Treinta Años, donde pasaron por la re-catolización barroca y más tarde por las reformas ilustradas de José II. Después, vinieron tres olas de secularización. Entre los siglos XIX y XX llegó una secularización blanda como resultado de la influencia cultural de la revolución industrial. Después, tuvo lugar una fuerte secularización con la persecución religiosa a cargo del gobierno comunista, brutal en la década de 1950 y después más burocrática, pero más sofisticada, en los años setenta y ochenta. Tras unos breves signos de revitalización religiosa con la llegado de los años noventa, vino otra ola de secularización blanda que acercó a la sociedad checa a la mentalidad cultural posmoderna de algunos países fuertemente secularizados de Europa Occidental y los países nórdicos.

Pero este desarrollo en la República Checa no provocó un aumento del ateísmo, sino más bien un alejamiento de la sociedad de las instituciones religiosas. Aquí se entremezclan el apateísmo (indiferencia hacia la religión), el agnosticismo, el analfabetismo religioso (conocimiento religioso elemental o nulo), el anticlericalismo (alergia a muchos de los mensajes de la Iglesia) y otras alternativas de búsqueda religiosa y espiritual.

A veces, esto se define a la ligera como ateización de la sociedad, cuando en realidad significa que la vida espiritual de la gente ha evolucionado más allá de las formas que ofrece la Iglesia, y que las demandas de una vida espiritual más madura y especializada no conectan con los limitados estereotipos que ofrece la Iglesia. A diferencia de los países vecinos, Alemania, Austria y en los últimos años Polonia, en la República Checa no vemos un crecimiento significativo del abandono de la Iglesia; los bautizados que han ido perdiendo las ganas de acudir a misa o que no se adscriben a la Iglesia en las encuestas no reclaman «solicitar la apostasía».[8] El número de adultos que piden el bautismo ha crecido ligeramente, pero no está claro en absoluto que estos creyentes que han encontrado la fe gracias a la lectura, los medios de comunicación, los amigos o las parroquias activas, especialmente en los centros de estudios pastorales, serán capaces de encontrar en la estructura parroquial su hogar espiritual definitivo.

Una parte concreta de los nones está compuesta por personas que han abandonado la Iglesia —sobre todo la Iglesia católica—. Como hemos mencionado anteriormente, la ola de casos de abuso sexual y psicológico dentro de la Iglesia provocó que algunos creyentes abandonaran la Iglesia formalmente. Para muchos de ellos, esta fue la gota que colmó el vaso y un paso racional, lo que completó su decepción con la Iglesia, a la que ya desde hacía tiempo no veían como un soporte de su vida, como —en palabras del papa Francisco— «madre y pastora».

Sin embargo, las personas que han abandonado la Iglesia no suelen convertirse en ateos. Al ateísmo se adscriben tras dejar la Iglesia aquellos que ya antes eran ateos y cuya relación con la Iglesia se encontraba en la categoría *belonging without believing*,

---

8 Claramente, esto también se debe a que en la República Checa los creyentes no tienen que pagar ningún tipo de impuesto especial a la Iglesia.

pertenencia formal sin creencia interna.[9] Pero hoy en día abandonan la Iglesia también aquellos que se toman en serio la fe y los Evangelios tras ser conscientes de que la Iglesia se ha extraviado de su misión.

En el pasado, estos cristianos que dejaban la Iglesia católica solían entrar en otra Iglesia; hoy en día, siguen siendo creyentes, pero sin filiación religiosa. En la República Checa, según los resultados de las encuestas, un porcentaje considerable de ciudadanos que no se adscriben a la Iglesia se identifica con la confesión cristiana.

En las últimas décadas, en muchos países la Iglesia –especialmente, la Iglesia católica por motivos ya conocidos– está perdiendo credibilidad: no solo los «no creyentes», sino incluso muchos de sus miembros, son incapaces de dar respuestas competentes, convincentes y comprensibles ante preguntas esenciales. Cuando escucho algunas prédicas, leo algunos diarios parroquiales y ciertas publicaciones religiosas, se me ocurre que no solo deberíamos investigar por qué la gente abandona la Iglesia, sino que deberíamos preguntarnos de dónde sacan la fuerza y la paciencia los que todavía permanecen.

* * *

Uno de los grupos más interesante dentro los nones son para mí los *seekers,* la gente que busca espiritualmente. Los sociólogos diferencian entre los *dwellers* («moradores») y los *seekers.* No sería justo clasificar a la gente entre creyentes y buscadores, ya que tanto buscadores como moradores se cuentan entre las filas de los creyentes y las filas de los ateos.

Estoy seguro de que el futuro del cristianismo dependerá en gran medida de hasta qué punto los cristianos sean capaces de

---

9   Solo una pertenencia formal a la Iglesia, más bien por tradición familiar o cultural, sin una experiencia de fe personal.

entablar relación con los buscadores espirituales que nos encontramos entre los nones.

¿Cómo debería ser esta relación? Me gustaría advertir enérgicamente contra el proselitismo, contra un acercamiento apologético y misionario simple, contra el intento de introducir a estas personas en las fronteras mentales e institucionales de la Iglesia actual. Más bien, se deberían abrir y superar dichas fronteras.

Alguien que quiso acercarse a los buscadores espirituales que están tras las fronteras visibles de la Iglesia fue Benedicto XVI con su llamamiento —curiosamente, formulado por primera vez en un avión rumbo a la República Checa— para que la Iglesia cree dentro de su estructura algo similar al patio del templo de Jerusalén dedicado a los «gentiles piadosos». Sería sin duda una gran iniciativa y hasta el día de hoy se sigue discutiendo en diferentes partes del mundo. No obstante, la plasticidad espiritual de nuestro tiempo se transforma a gran velocidad y este paso hoy en día está lejos de ser suficiente. La Iglesia como *templo perfecto* es definitivamente cosa del pasado.

En cierta forma, a ello ha contribuido el cierre de templos durante la pandemia de coronavirus. Mientras que parte de los creyentes —sobre todo, donde las parroquias se han convertido en parte activa de la sociedad y han establecido varias formas de apoyo— esperaba impacientemente la vuelta de las misas públicas, otra parte, para quienes ir a misa el domingo era más bien una costumbre que una necesidad interior, encontraron rápidamente otras formas de pasar el domingo y no han vuelto a la iglesia. Otros se han acostumbrado demasiado a la comodidad de seguir las misas por televisión o por internet. En lo que se refiere a las personas que no acudían a las iglesias, queda por ver si, tras enfrentarse al sufrimiento, a la muerte y a la vulnerabilidad humana durante la pandemia, se han despertado en ellos cuestiones existenciales y espirituales que podrían dirigirlas hacia las iglesias en busca de respuestas, o al menos, de comprensión.

La Iglesia de hoy no está en condiciones de invitar a los buscadores a los pasillos de su estructura eclesiástica. El cardenal Bergoglio, en la víspera de su nombramiento como papa, citó a Jesús diciendo: «Estoy de pie a la puerta y llamo».[10] Pero agregó que hoy Jesús llama desde el interior de la Iglesia y quiere salir, especialmente en dirección a los pobres, marginados y heridos de este mundo, y nosotros deberíamos seguirlo.

* * *

Hay que mencionar también una forma más de fe en nuestro mundo. Robert Traer, alumno de Wilfred C. Smith, habla de «fe secular». Presenta muchas citas de funcionarios de la ONU, documentos clave de la ONU y documentos internacionales sobre los derechos humanos en los que se menciona explícitamente la fe, en particular la fe en la dignidad de las personas y en sus derechos fundamentales inalienables.[11]

En este caso, claramente, no se trata de *fe religiosa*. Sin embargo, podríamos dar muchos argumentos de por qué se trata de fe cristiana, aunque no se diga explícitamente.

A menudo se cita una frase de Böckenförde, que fue juez constitucional en Alemania, en la que decía que la democracia se alza sobre unas premisas de valor que no han sido aceptadas mediante el voto democrático. Representa la creencia en ciertos valores, en una fe que «no cayó directamente del cielo» ni es fruto de alguna naturaleza humana universal y ahistórica, o que emana de la «naturaleza de la razón», sino que procede de una cultura particular, la cultura judeocristiana, basada en la Biblia, en la filosofía helénica y en el derecho romano.

---

10   Ap 3,20.
11   R. Traer, *Faith, Belief and Religion*, Aurora, The Davies Group Pub., 2001.

Sigue siendo una corriente de fe que penetra en la historia, y en la que el cristianismo ha depositado algunas de sus características esenciales. Si alguien infiere que la fe en la dignidad humana y en la legitimidad de los derechos humanos procede solo de la Ilustración, se equivoca; debería profundizar más y preguntarse de dónde obtuvo la Ilustración dichos valores. A menudo, son ideas de los Evangelios que no fueron suficientemente desarrolladas en la teología y en la práctica de la Iglesia en el pasado y que, en ocasiones, incluso se enfrentaban a la postura política de las instituciones eclesiásticas. En varios de sus libros, Charles Taylor expone que muchos pensamientos de los Evangelios se han convertido en parte inseparable de la cultura política europea hasta el presente, donde la Iglesia ha perdido su poder político.[12] De la misma forma, Hans Küng muestra el origen evangélico y la legitimidad cristiana de la máxima de la Revolución Francesa: libertad, igualdad y fraternidad.[13] Si la Iglesia católica quiere reforzar su catolicismo y su universalidad a través del «tercer ecumenismo»,[14] de un diálogo atento con el humanismo secular nacido de la Ilustración, puede descubrir en dicho diálogo mucho de su herencia, la cual a veces durante su historia no ha usado o a la que incluso ha traicionado.

---

12 Véase Ch. Taylor, *A Catholic modernity?*, *op. cit.*; *La era secular, op. cit.*

13 H. Küng, *Sacerdotes, ¿para qué?*, Barcelona, Herder, 1972.

14 El concepto de tercer ecumenismo fue desarrollado por el teólogo y filósofo alemán Eberhard Tiefensee. Véase *Kirche hat eine Stellvertreterfunktion* [La Iglesia y su función de representación], *Herder Korrespondenz* 51/12 (2016), pp. 17-21.

9. De la aldea global a la *civitas oecumenica*

El proceso de globalización es indudablemente el proceso social más importante de los últimos siglos que ha determinado el desarrollo económico, político, cultural y moral de nuestro planeta. Pertenezco a una generación que ha sido testigo tanto de la culminación de dicho proceso como de su grave crisis actual.

Reflexionar sobre las raíces de la globalización excede las posibilidades de este libro. Vamos a contentarnos con la hipótesis de que yacen en el cristianismo europeo, en su expansión misionera. Siglos de constantes esfuerzos para cumplir el mandato de Jesús «id por todo el mundo» hizo de la Iglesia un actor global, y contribuyó de forma significativa al proceso que hizo de civilizaciones dispersas *un solo mundo* y de tribus y naciones *la humanidad*.

La evangelización del Nuevo Mundo, sin embargo, fue de la mano en muchas ocasiones de la colonización por parte de los descubridores y los conquistadores. El fervor y la devoción de los misioneros, dispuestos a ser mártires, no fue la única cara de esta expansión europea. Su lado oscuro fue la avidez de riquezas y la violencia de los conquistadores, y sus ansias de poder e intereses comerciales. La propagación de las creencias cristianas iba a menudo acompañada (y estas eran cada vez más eclipsadas) por la exportación de bienes materiales, ciencia, tecnología e ideales políticos europeos. En el siglo XIX, tanto la predicación de los Evangelios como muchos elementos de la civilización occidental, que ya eran semejantes en una parte cada vez mayor del mundo, se extendieron por todos los rincones del planeta.

«El suicidio de Europa» en las dos guerras mundiales del siglo XX, que salieron del continente, provocaron que el timón de la globalización pasara a manos de los «herederos de Europa», principalmente a Estados Unidos.[1] La dinámica de la globalización aceleró y profundizó el desarrollo tecnológico, especialmente el de las formas de comunicación. El proceso de globalización llegó a su culmen sobre todo al final de la Guerra Fría, con el fin de un mundo bipolar en el que dos superpoderes se repartían las esferas de influencia.

***

La caída veloz y aparentemente fácil del comunismo, que ocurrió debido a muchas circunstancias, y sucedió en gran parte como resultado del hecho de que los regímenes socialistas reales no podían competir en el mercado libre global de ideas y bienes, no fue realmente un cambio cultural tan significativo como parecía a simple vista. Timothy G. Ash llamó a los cambios políticos del otoño de 1989, ese *annus mirabilis,* «una revolución sin ideas».

Ideológicamente, la sublevación contra el comunismo se basó principalmente en la filosofía de los derechos humanos, es decir, en la herencia del cristianismo y la Ilustración secular. Se suscribió a la herencia intelectual occidental y sacó a la luz a varias figuras inspiradoras, como Václav Havel. Sin embargo, no trajo nuevas visiones, ninguna filosofía política realmente nueva. En

---

1 J. Patočka, *Evropa a doba poevropská* [Europa y la era poseuropea], Praga, Lidové Noviny, 1992.

el campo espiritual, no fue tan influyente como la Revolución Francesa 200 años antes.

La revuelta de los obreros polacos, de la que nació el movimiento Solidaridad —probablemente, la única *revolución proletaria* que paradójicamente eliminó a un régimen marxista—, salió adelante gracias a la influencia de Juan Pablo II y Józef Tischner en las ideas de la enseñanza social católica. En ese momento, se logró unir a los intelectuales inconformes (que fueron actores clave en las protestas anteriores, como los firmantes de Carta 77 en Checoslovaquia) con las demandas sociales de los trabajadores. Las demandas de libertad espiritual, propuestas por una pequeña capa de los intelectuales disidentes, dieron fuerza al deseo de amplias capas de la población de conseguir el estándar material de las sociedades occidentales, a lo que hay que añadir una constelación adecuada de acciones internacionales, con la participación de varios estadistas occidentales prominentes y la autoridad moral de un papa polaco.

No obstante, la mencionada ausencia de nuevas ideas contribuyó probablemente a que el espacio ideológico y político de los países poscomunistas pronto fuera dominado por ideólogos del fundamentalismo de mercado, pioneros del capitalismo salvaje y después por populistas y nacionalistas. La apertura repentina al mercado global en los países poscomunistas durante los años noventa llevó al poder y a la prosperidad a aquellos que estaban listos para competir —a menudo, antiguos miembros de la élite comunista—, los únicos que tenían dinero, contactos e información. Pero, después, llevaron al borde de la pobreza y la insignificancia a quienes estos cambios políticos, económicos y sociales los habían cogido por sorpresa. Confiar en la mano invisible del mercado resultó ser una ilusión peligrosamente ingenua. La Unión Europea proporcionó un generoso apoyo económico a los nuevos Estados miembros, pero, debido a la falta de cultura legal en los países poscomunistas, la corrupción se apropió de gran parte de los fondos.

Está claro que las revoluciones en la mayoría de los países de Europa Central –a diferencia de Rumanía y los países de la antigua Yugoslavia– se llevaron a cabo sin violencia, sin embargo, a cambio de esta transición increíblemente fácil de un estado policial a una sociedad libre, pagaron el precio de olvidar una importante tarea política, psicológica y moral: reconciliarse con su pasado. También es obvio que el umbral de este nuevo periodo no estaba manchado por la violencia ni por el fantasma de la venganza. Sin embargo, la falta de voluntad para resolver el pasado no fue mérito de la misericordia y el perdón, sino más bien obra del pecado del olvido, un pecado contra la verdad y la justicia.

Si el mal al que había sido expuesta la sociedad y que la había desintegrado moralmente no era suficientemente aceptado, incluso ni nombrado de verdad, nunca podría ser superado. Es una pena que el libro ya mencionado de Karl Jaspers, *El problema de la culpa,* o la experiencia vivida en Sudáfrica tras el *apartheid* no se usaran como modelo en este tramo del camino hacia la libertad. En lo que se refiere a la reconciliación con el pasado, la Iglesia y las sociedades poscomunistas han fracasado. Deberían convertirse en *expertos en el perdón* y demostrar que el perdón y la reconciliación son procesos difíciles que no se pueden ignorar simplemente empujándolos a la oscuridad del olvido. Las Iglesias que no encontraron el valor de enfrentarse al hecho de la colaboración que hubo entre sus propias filas, «sin ver la viga en su propio ojo», comenzaron a perder credibilidad.

El obsequio de la libertad resultó ser para gran parte de las sociedades poscomunistas –incluyendo la Iglesia de estos países– una dura responsabilidad difícil de controlar. El éxito electoral de los populistas en estos países en el presente (especialmente entre personas mayores con poco nivel educativo) es en gran parte el resultado de la nostalgia por «las ollas de carne egipcias», por la seguridad que ofrecen los regímenes totalitarios, que no dan a sus ciudadanos la responsabilidad de elegir por sí mismos.

9. De la aldea global a la *civitas oecumenica*

* * *

Francis Fukuyama anunció, siguiendo el espíritu de Hegel, que después de la caída del comunismo llegaba el «fin de la historia»: la victoria planetaria del capitalismo y la democracia al estilo occidental. Pero el mundo despertó de esta ilusión durante las siguientes tres décadas al enfrentarse cara a cara con una serie de fenómenos preocupantes: el ataque terrorista del 11 de septiembre de 2001, el ascenso del fundamentalismo islámico y los extremismos de derecha e izquierda, el colapso de la Primavera Árabe, la crisis de las democracias poscomunistas, el ascenso global de políticos populistas (incluidos Estados Unidos y el Reino Unido), el *brexit,* las crisis financieras, las olas migratorias, la arrogancia de las hegemonías antidemocráticas de Rusia y China, la invasión rusa de Crimea, la guerra híbrida del régimen de Putin contra Occidente a través de la desinformación y, más recientemente, la guerra en Ucrania.

El proceso de globalización ha comenzado a revelar principalmente sus aspectos negativos y los múltiples problemas que, por el momento, el sistema económico y político del capitalismo global, que exige un crecimiento ilimitado de la producción y el consumo, ha sido incapaz de resolver. El cambio climático, la destrucción del medio ambiente, las pandemias de enfermedades infecciosas y el aumento del desempleo juvenil plantean serias amenazas y causan ansiedad sobre el futuro; la insegura sociedad de hoy es una sociedad posoptimista.[2]

* * *

2   Este concepto lo utilicé en mi libro *Paradojas de la fe en tiempos posoptimistas,* Herder, Barcelona, 2016. Milan Petrusek lo incluyó entre los diagnósticos sociológicos contemporáneos (véase M. Petrusek, *Společnosti pozdní doby* [Sociedades de los últimos tiempos], Praga, Sociologické Nakladatelství, 2006, pp. 303-304).

Una de las herramientas más importantes de la globalización ha sido y son los medios de comunicación de masas, que se ocupan del bien más preciado de nuestro tiempo: la información. Especialmente en un momento en el que la televisión con uno o pocos canales era el medio dominante, la religión adoptó roles sociales significativos: interpretó el mundo, fue árbitro de la verdad y de la importancia de las cosas, ofreció historias y símbolos e influyó en el estilo de vida y en el pensamiento de la mayor parte de la sociedad.

Lo que uno veía «con sus propios ojos» (en realidad, desde la perspectiva de la cámara y el director) en los telediarios era la verdad, y, si se le daba preferencia en las noticias (nuevamente por elección editorial), se consideraba generalmente como algo importante.

Los medios electrónicos siguen ofreciendo «pan y circo»: la dosis de información necesaria para la supervivencia y la industria del entretenimiento. También ofrecen participación virtual en los acontecimientos sagrados de nuestro tiempo: retransmisiones deportivas, conciertos de música pop y los debates políticos preelectorales.

En la década de 1960, el teórico de los medios de comunicación Marshall McLuhan predijo que los medios electrónicos fortalecerían la cohesión en la sociedad y que gradualmente transformarían el mundo en una «aldea global».[3] Pero esto está sucediendo solo hasta cierto punto. Personas en diferentes partes del mundo ven los mismos programas (especialmente de entretenimiento), pero el mayor desarrollo de las redes sociales ha creado una pluralidad de medios que refleja y profundiza la fragmentación del mundo en lugar de apoyar la cultura de la comunicación y la reciprocidad. Más bien, producen *burbujas:* muchos mundos separados que chocan entre sí.

Los medios no crearon una «aldea global», no ofrecieron lo mismo que hace a una aldea serlo, no hay plaza del pueblo,

---

3   M. McLuhan, *Comprender los medios de comunicación. Las extensiones del ser humano,* Barcelona, Paidós, 2009.

ni barrios, ni iglesia común. Al final, resultó ser cierta la idea de Martin Heidegger: la tecnología ha superado las distancias, pero no ha traído ninguna cercanía.[4] Por el contrario, ha creado una falsa cercanía: las personas compiten por la cantidad de supuestos amigos que tienen en Facebook. Pero ¿cuántos de estos *amigos* estarían para apoyarle en situaciones difíciles de la vida? La pseudocercanía tecnológica ahonda en aquello sobre lo que ya nos advirtió el existencialismo: una alienación, una soledad, una desorientación y una ansiedad crecientes.

Algunos autores —incluido Teilhard de Chardin— esperaban que la tecnología permitiese a las personas físicamente distantes verse y empatizar más. Y, sin duda, la difusión de imágenes cambió el mundo. Un ejemplo es el de la foto de la niña vietnamita desnuda llorando que huía de un pueblo quemado con napalm, una imagen que contribuyó más a la derrota de los estadounidenses en Vietnam que las armas de los guerrilleros comunistas. En cambio, el exceso actual de imágenes violentas en la televisión no conduce a despertar la conciencia, sino más bien a la apatía; por supuesto, todos tenemos una capacidad limitada de atención y compasión.

Al principio de la pandemia de coronavirus, muchos tuvimos la sensación, al escuchar las noticias de la mañana, de que quizá estábamos teniendo una pesadilla o de que nos habíamos despertado en medio de una obra de terror mediática, como la famosa y sugerente pieza radiofónica de Orson Welles (basada en el libro de H. G. Wells *La guerra de los mundos)* sobre una invasión marciana, que en octubre de 1938 provocó el pánico en Estados Unidos. Pero, más de un año después del inicio de la pandemia, muchos espectadores y oyentes ya ignoraban con aburrimiento las estadísticas sobre el número de muertos e infectados en el mundo.

---

4   M. Heidegger, *Básnicky bydlí člověk,* Praga, Oikoymenh, 2020, pp. 7-9 [vers. cast.: «Poéticamente habita el hombre», en *Conferencias y artículos,* Barcelona, Ediciones del Serbal, 1994].

Sin embargo, durante la pandemia, cuando prácticamente en unas pocas semanas todo el mundo vivió una dramática amenaza existencial para su salud y para la seguridad socioeconómica, algo cambió en el mundo: se profundizó la sensación de pérdida de seguridad y el temor a una amenaza global. Al largo estremecimiento de las certezas religiosas, se sumó un golpe a las certezas del humanismo secular y a la confianza en la omnipotencia y el control científico y tecnológico del mundo. El estrés psicológico y el miedo al futuro allanaron el camino al malestar racial y social y al aumento de la influencia de ideologías populistas y extremistas de derecha y de izquierda, a las noticias falsas y a las teorías de la conspiración, a la búsqueda de culpables (chivos expiatorios) y a la xenofobia, y a la demonización de todo lo extraño y desconocido.

* * *

El proceso de globalización llegó, aparentemente, a su culmen en el umbral del nuevo milenio: todo el mundo está interconectado, y, sin embargo, no está unido. Esta conexión hace incluso más visibles las grandes diferencias sociales y culturales. Somos testigos de numerosas protestas antiglobalización y *contraculturales* frente a los esfuerzos de conectar aún más nuestro planeta. En el mundo no occidental, muchas personas perciben el proceso de creación de una civilización global más bien como una amenaza, como la manifestación de los intentos de la sociedad occidental y sus élites por conseguir la hegemonía. No consideran que la sociedad occidental sea ideal o universal. «Lo que para Occidente es universalismo, para el resto del mundo es imperialismo», decía Samuel Huntington.[5]

5 S. Huntington *The Clash of Civilizations and the Remaking of World Order,* Nueva York, Simon & Schuster, 1996, p. 184 [vers. cast.: *El choque de civilizaciones y la reconfiguración del orden mundial,* Barcelona, Paidós, 1997].

Pero incluso en Occidente (y especialmente en el mundo poscomunista, que se ha convertido en una parte política de Occidente), el miedo a la globalización genera teorías de la conspiración. Muchas personas son incapaces de aceptar el hecho de que este es un proceso que no está controlado desde un punto concreto, y, por lo tanto, es difícil de entender y asumir; prefieren creer que hay misteriosos centros ocultos de poder.[6]

¿Hay algo en nuestro mundo interconectado globalmente que pueda crear una cultura de cercanía y reciprocidad segura? ¿Hay algo que pueda acercar, al menos un poco, nuestro mundo a la visión de Jesús de la casa del Padre, en la que hay «muchas moradas»? El rol de integración −el rol de *religio*− ya no puede ser desempeñado por la religión en su forma tradicional ni por ninguna de las ideologías seculares.

Si el cristianismo quiere contribuir al cultivo de una sociedad global, solo puede hacerlo un cristianismo *kenótico* libre de cualquier pretensión de poder y de estrechez de miras. Este mundo no necesita un *imperio cristiano* o una ideología cristiana, el único cristianismo que puede aportar algo tiene que estar ecuménicamente abierto y listo para servir a los necesitados.

* * *

Las reflexiones de Teilhard de Chardin sobre que la fase cumbre de la evolución, la civilización planetaria, presupone la energía del amor, suena idealista para los escépticos de nuestro tiempo; sin embargo, nos recuerda algo muy importante. La espiritualidad,

6   Por ejemplo, las fantasías sobre los «Illuminati» o la demonización de figuras como George Soros o Bill Gates, sustituyendo o complementando el miedo de conspiraciones anteriores sobre los «judíos y los masones». Un caso extremo es el delirio paranoico llamado QAnon, una teoría de la conspiración que se originó en octubre de 2017 y fue promovida por el presidente Donald Trump y sus partidarios.

como estamos mostrando, es el nombre de la pasión espiritual, y hay tareas que no se pueden conseguir sin pasión. «Solo el amor», escribió Teilhard de Chardin, «es capaz de unir a los seres vivos [...], solo el amor los toma y se une a ellos por lo que es más profundo en sí mismos».[7] El amor es un deseo apasionado de unificación. Teilhard de Chardin percibió los intentos de unidad de los regímenes totalitarios como una caricatura peligrosa de la verdadera unidad que solo puede traer la libre elección, y la culminación de esa libertad es el amor, la libertad del egoísmo. Por eso, en esta fase de la evolución, vio una tarea especial para los cristianos, para el concepto cristiano del amor.

Estoy convencido de que difundir el amor de Jesús es una tarea que no pertenece solo a los cristianos de forma individual, sino también a las comunidades cristianas, a las iglesias, que están entretejidas en el gran organismo que es la humanidad y tienen también su responsabilidad frente a ese todo.

Una forma convincente de amor cristiano, sobre todo en esta época, es el ecumenismo, el esfuerzo por transformar el mundo en *ecúmene,* un espacio habitable, un hogar. Por *ecumenismo,* la mayoría de la gente entiende los esfuerzos para acercar a las Iglesias cristianas. El Concilio Vaticano II impulsó el segundo ecumenismo, el diálogo interreligioso e incluso el tercer ecumenismo, para construir una reciprocidad entre los creyentes y las personas que no comparten fe religiosa.

La llamada más urgente a la apertura ecuménica de todos los documentos eclesiásticos presentados en la historia del cristianismo es la del papa Francisco en la encíclica *Fratelli tutti* del 4 de octubre de 2020.

Creo que, al igual que la democratización de la Iglesia en la Reforma contribuyó a la democratización de la sociedad euro-

---

7   T. de Chardin, *Vesmír a lidstvo,* Praga, Vyšehrad, 1990, p. 220 [vers. cast.: *El fenómeno humano,* Barcelona, Orbis, 1985].

pea, los esfuerzos ecuménicos pueden superar el entorno de las Iglesias y contribuir a lo que el papa Francisco llama fraternidad humana, a la mayor tarea del presente: transformar el proceso de globalización en un proceso de comunicación e intercambio cultural, en una cercanía real.

Que personas de todo el mundo utilicen los mismos productos e inventos tecnológicos, vean las mismas películas y jueguen a los mismos videojuegos, e incluso que paguen con la misma moneda, no hará de la humanidad una sola familia. El objetivo del proceso de unión de la humanidad o de la unión de los cristianos no es la unificación, sino el reconocimiento mutuo y la complementariedad, ampliar las perspectivas y superar la unilateralidad.

Debemos tener cuidado con las promesas ideológicas de *el cielo en la tierra* por parte de proyectos políticos totalitarios. El cristianismo nos enseña la *paciencia escatológica* (y, por lo tanto, el realismo político): la unificación de la humanidad no sucede durante la historia, sino solo en los brazos de Dios. Solo entonces todo estará sujeto a Cristo, y Él se someterá a Dios Padre para que «Dios sea en todos».[8]

Sin embargo, avanzar en este camino es un desafío del presente y del futuro para la tarde del cristianismo. Estoy convencido de que la fe que ha dejado atrás la *religión* premoderna y la *cosmovisión* moderna puede ser el germen de nuevos ecúmenes. El hecho de que percibamos, especialmente en nuestro tiempo, la dialéctica interna de la fe y el pensamiento crítico, la confianza primordial y la búsqueda constante, incluidas las dudas, crea un espacio para la autorreflexión más humilde y, por lo tanto, una reciprocidad más profunda entre culturas y religiones. Uno de los principales mensajes de este libro es: Ha llegado el momento

---

8 «Y, cuando le haya sometido todo, entonces también el mismo Hijo se someterá al que se lo había sometido todo. Así Dios será todo en todos», 1 Co 15,28.

de un ecumenismo más profundo, de la autotrascendencia del cristianismo.

* * *

La crisis actual de la globalización pone ante el mundo una elección entre dos alternativas, en la encrucijada entre la amenaza del «choque de civilizaciones» y la esperanza de la *civitas oecumenica*. En el momento de la caída de Roma y la gran migración de naciones —una situación histórica algo parecida a nuestro tiempo, el tiempo posterior al colapso del mundo bipolar, el tiempo de la crisis migratoria y el miedo a la tensión en un mundo fatídicamente interconectado— san Agustín recibió una serie de preguntas teológico-políticas. ¿A quién y por qué quería castigar Dios con esos fenómenos? San Agustín rechazó estas especulaciones y creó su propia teología de la historia en el umbral de una nueva era. No habló de un choque de civilizaciones, sino de una batalla entre dos amores que impregnan el mundo y la Iglesia, el amor a uno mismo y el rechazo de Dios frente al amor a Dios y la trascendencia de uno mismo. Estos son los cimientos de dos pueblos: la *civitas Dei* y la *civitas terrena*.

Nuestra época también necesita una nueva teología de la historia, una nueva visión. No sabemos si serán las naciones, las culturas y las religiones individuales, en un mundo en el que ya no pueden aislarse unos a otros y cultivar el «amor por uno mismo» sin respeto por los demás, las que crearán la *civitas terrena* sobre la que escribió san Agustín. Los Estados cuya política está dominada por un despiadado egoísmo nacional (al estilo del eslogan de Trump «*America first*») y que se rodean de un muro sin interés por los demás y renuncian a la corresponsabilidad por la justicia en el mundo se convertirán —para citar de nuevo a san Agustín— en «un vasto pillaje».[9]

9   San Agustín, *De civitate Dei*, IV, 4.

¿Dónde está lo contrario de la *civitas terrena* de hoy? ¿Adónde conduce hoy el camino de la *civitas Dei*? En los documentos eclesiásticos de las últimas décadas hemos leído muchas llamadas a una «civilización del amor» y a una «nueva cultura política». La tarea de la tarde del cristianismo es convertir estas palabras en hechos con ejemplos prácticos.

10. ¿Una tercera Ilustración?

El papa Francisco denominó nuestro tiempo no solo como una época de cambio, sino también como un cambio de época.[1] Al decir época probablemente se refiere a un capítulo más de la historia, caracterizado por un conjunto concreto tanto de condiciones externas a nuestra vida como de condiciones internas de nuestra vida, así como la forma en que las entendemos y cómo respondemos a sus cambios. A las transformaciones de las épocas, incluida la actual, las considero kairós, un desafío, una oportunidad para cambiar nuestra forma de pensar y actuar, una llamada para avanzar hacia el siguiente umbral de esta transformación (metanoia), algo a lo que invitó Jesús en sus primeras prédicas. Una de las razones de la existencia de la Iglesia es recordar constantemente esa llamada al cambio: «Y no os amoldéis a este mundo, sino transformaos por la renovación de la mente, para que sepáis discernir cuál es la voluntad de Dios, qué es lo bueno, lo que le agrada, lo perfecto».[2] La metanoia es una renovación interior, no

---

1 El discurso del papa Francisco en el V Congreso de la Iglesia italiana está disponible en https://www.vatican.va/content/francesco/es/speeches/2015/november/documents/papa-francesco_20151110_firenze-convegno-chiesa-italiana.html [29-7-2022]
2 Ro 12,2.

una conformidad con el exterior y su mentalidad. Para ello es necesario el arte del discernimiento espiritual.

Hay que estar atentos a la frase «El que tenga oídos, que oiga lo que el Espíritu dice a las iglesias»[3] para tratar de comprender los signos de los tiempos. Me pregunto si en el último cuarto de siglo ha comenzado una época cultural que podríamos llamar «tercera Ilustración», y cómo esta época afectará a nuestra civilización, incluida la vida espiritual.

* * *

Así como en la historia se repiten varios tipos de Reforma y Renacimiento, existen diversas formas y épocas de ilustración.[4] Con ilustración me refiero a cierto tipo de revolución cultural o cambio de paradigma cultural, que se caracteriza por su oposición a las tradiciones y a las autoridades del momento, por la búsqueda de libertad y emancipación, cierta forma de liberalismo. Y con esto pienso en transformaciones radicales que van más allá de los cambios en la mentalidad cultural que se dan con el paso de las generaciones. Aunque las formas políticas de esas revoluciones son a menudo derrotadas, sus impulsos culturales quedan grabados en la vida de la sociedad.

Las épocas de ilustración tienen una doble cara. El concepto de ilustración suele asociarse con un culto a la razón. Se asocia con la famosa Ilustración del siglo XVII, y principalmente, del XVIII, que invocaba la razón como nueva deidad salvadora y que manifestó una dialéctica concreta de la luz y la oscuridad, de la razón y la locura. En aquel momento, la Ilustración preparó el terreno para la Revolución Francesa, cuya fase más radical fue la del Terror jacobino.

---

3 Ap 2,11.
4 Cuando utilizo el término *Ilustración* sin ninguna especificación más, me refiero a la Ilustración de los siglos XVII y XVIII.

Una sombra complementaria del culto a la racionalidad fue la liberación de los *demonios* de la violencia revolucionaria, esos fantasmas perfectamente retratados en los dibujos de Francisco de Goya o en *Los endemoniados* de Fiódor Dostoievski. Filósofos de la cultura como Theodor Adorno y Max Horkheimer, Michel Foucault, Hannah Arendt y Zygmunt Bauman, que no son sospechosos de una nostalgia conservadora por lo premoderno, mostraron de forma convincente el otro lado de la Ilustración, que conduce a la pervertida racionalidad de los regímenes totalitarios.[5]

Con el término *segunda Ilustración* me refiero a los levantamientos contra la autoridad a finales de los años sesenta del pasado siglo, que llevaron a una serie de movimientos emancipadores. La expresión del deseo de libertad se convirtió en exigencias de autenticidad y autorrealización. Esta segunda Ilustración culminó con la revolución cultural de 1968, cuya fase más radical fueron las protestas estudiantiles en Francia, Alemania, Estados Unidos y otros países.

Una variante concreta de las revueltas de esa época contra la autoridad fue la Primavera de Praga de 1968. Cuando el intento de los marxistas reformistas de transformar el régimen comunista checoslovaco en un «socialismo de rostro humano» más democrático escapó de la dirección del Partido Comunista, y despertó en amplias capas de la sociedad el anhelo por una democracia real, acabó aplastado por los tanques de los neoestalinistas soviéticos.

En Occidente, las protestas de estudiantes e intelectuales de izquierda fueron derrotadas políticamente, pero vencieron culturalmente y marcaron de forma permanente su temperamento moral. Además de profundizar el nivel de individualismo, un

---

5 Véase Th. W. Adorno, M. Horkheimer, *Dialéctica de la Ilustración,* Madrid, Akal, 2007; Z. Bauman, *Modernidad y Holocausto,* Madrid, Sequitur, 2010; H. Arendt, *Eichmann en Jerusalén,* Barcelona, Debolsillo, 2006; M. Foucault, *Vigilar y castigar: nacimiento de la prisión,* Madrid, Biblioteca Nueva, 2012.

rasgo típico de este fenómeno es el culto a la juventud. Aunque tradicionalmente la juventud era considerada solo como una fase preparatoria de la vida, ahora se ha convertido en un atributo de la humanidad ideal. Si consideramos como arquetipo ideal de la primera Ilustración –el conocimiento como poder– al *Fausto* de Goethe, entonces una representación profética del gran mito de la segunda Ilustración, el culto a la eterna juventud, sería *El retrato de Dorian Gray* de Oscar Wilde.

Mientras que la Ilustración del siglo XVIII buscaba liberar la razón del dominio de la tradición y de la autoridad eclesiásticas, la segunda Ilustración quería liberar aquello que el gobierno de la razón subestimaba: la emotividad, la libido, la sexualidad. La segunda Ilustración se levantó contra el culto apolíneo a la razón con el enfatizado por Nietzsche culto dionisíaco a la noche, a lo ctónico, al caos, a los estados alterados de consciencia (también bajo la influencia de sustancias psicodélicas); contra la censura del Superyó paternal y social se irguió la fuerza de la libido descubierta por Freud, y la revolución sexual fue parte de esas protestas contra las convenciones sociales.

Sin embargo, la energía revolucionaria de los levantamientos de los años sesenta del siglo XX no se extinguió con la represión policial de las manifestaciones, sino con la victoria de la mentalidad consumista. Un ejemplo de lo irónica que es la historia es que muchos atributos de las entonces protestas contra la sociedad de consumo (la moda de la ropa y los peinados, la música y las expresiones artísticas provocadoras) se convirtieron rápidamente en uniformes y productos de consumo de la industria del entretenimiento de masas. La revolución sexual, de la que se apoderó la industria de la pornografía, trajo más bien la banalización y la comercialización del sexo que la humanización de esta importante dimensión de la vida humana. Al deseo de trascender la vida cotidiana para escapar del aburrimiento y vivir estados de éxtasis respondió el mecanismo del mercado ofreciendo una amplia gama de drogas.

Pero el clima moral y psicológico de la segunda Ilustración –el cuestionamiento y la convulsión de las tradiciones y las autoridades– también influyó en la escena religiosa de los años sesenta. El ambiente de relajación general (incluida la atenuación de la Guerra Fría) influyó en el contexto cultural del reformista Concilio Vaticano II y fomentó una tendencia liberal en el pensamiento católico. En este Concilio, la Iglesia fue capaz de integrar (sobre todo en su enseñanza social) muchos de los valores del humanismo secular anteriormente demonizados y asociados con la primera Ilustración, incluidas la libertad de conciencia y de religión.

La otra cara espiritual de la década de 1960 fue el auge de la espiritualidad no convencional en forma de nuevos movimientos religiosos, desde carismáticas corrientes del cristianismo como Jesus People, que en esta época se estaba extendiendo por las universidades estadounidenses hasta una corriente que mezcla varios elementos de la espiritualidad oriental, la psicología, la psicoterapia humanística, profunda y transpersonal, generalmente llamada New Age. A diferencia de las aburridas religiones moralizantes, estas corrientes ofrecían emociones extáticas, *embriaguez con el Espíritu Santo*, varias técnicas de meditación y también el uso de sustancias psicotrópicas. Es decir, la segunda Ilustración tuvo su forma tanto política como espiritual.

* * *

¿Estamos presenciando ahora una manifestación de la tercera Ilustración? Lo que estamos viviendo en este momento también tiene varias caras diferentes. La cara emocional, irracional, el lado ctónico de este nuestro tiempo de cambio se manifiesta tanto en las protestas antiglobalización como en la ola actual de violencia y descontento que quiere *derribar monumentos,* símbolos del pasado colonial, y que empezó en 2020, lo que supone un típico levantamiento de la Ilustración frente a autoridades del pasado;

y, de igual modo, podemos incluir el ataque fascista al Capitolio, símbolo de la democracia estadounidense, que fue instigado en enero de 2021 por el presidente populista Donald Trump.

Mientras que la segunda Ilustración de finales de los años sesenta se alzó principalmente contra la generación inmediatamente anterior a sus padres, que habían vivido la Segunda Guerra Mundial y el inicio de la Guerra Fría en los años cincuenta, la tercera Ilustración —por ejemplo, con el mencionado derribo de monumentos— ahonda más en su rechazo al pasado: se opone a la herencia centenaria de la civilización occidental, a la que acusa de racismo, colonialismo, machismo y chovinismo cultural.

La desconfianza hacia el actual orden económico y político mundial alienta el extremismo político, el populismo y el fanatismo. Al igual que durante la crisis económica de los años treinta del siglo XX, tanto la izquierda como la derecha se están radicalizando. En algunos países poscomunistas, como ya hemos mencionado, la derecha nacionalista está llegando al poder, mientras que en el entorno académico de algunas universidades estadounidenses y de Europa occidental los defensores de izquierda radical del multiculturalismo y de la corrección política (que originalmente pretendía defender la pluralidad y la tolerancia) tratan a sus rivales con una intolerancia, una arrogancia y un fanatismo que casi recuerda a las purgas ideológicas de la época comunista. En comparación con la década de 1960, en la presente era de internet, el proceso de globalización se ha acelerado radicalmente; sin embargo, esta interconexión global incrementa también los riesgos de nuestra época: amenazas que van desde lo económico hasta enfermedades infecciosas que cruzan fronteras a toda velocidad. La misma velocidad a la que se expanden consignas incendiarias, ideas y los sentimientos de la sociedad.

En muchos sentidos, las nuevas visiones culturales y políticas de la tercera Ilustración están todavía en proceso de construcción. Pero los valores y los eslóganes que atraen a los más jóvenes dicen algo sobre ellos. Si la primera Ilustración intentó emancipar la razón del dominio de la tradición y la autoridad, la segunda Ilustración fue una emancipación de la emocionalidad (y la sexualidad que la acompaña) de la dominación de las convenciones, mientras que el lema de la tercera Ilustración es sobre todo la liberación de la naturaleza del dominio de la manipulación tecnológica y económica humana, el respeto a las minorías y a todo lo que está en peligro, incluida la naturaleza. Está claro que los jóvenes de hoy en día, que se manifiestan contra la destrucción del planeta y el exterminio de los animales, a menudo proyectan su propio sentimiento de vulnerabilidad hacia *un mundo que no tiene voz.*

* * *

La primera Ilustración inauguró la Modernidad y la segunda fue probablemente su última palabra. La tercera Ilustración busca la *luz,* la libertad y el sentido en un mundo global posmoderno y opaco en el que los frutos de la ciencia —de la racionalidad humana, especialmente la manipulación y la devastación de la naturaleza— conducen a sentimientos de impotencia frente a la irracionalidad del mundo.

La primera Ilustración reivindicaba la libertad y la igualdad, la soberanía del pueblo y de la nación, y abolía la sociedad estatal aristocrática y jerárquica, lo que llevó a una sociedad civil. La segunda Ilustración, inspirada en Occidente por una peculiar interpretación del marxismo y el maoísmo, pedía la eliminación de la «democracia burguesa» y, especialmente bajo la influencia de la psicología humanista, enarboló la bandera de la autorrealización personal y contra todo tipo de censura y limitación con el lema «Está prohibido prohibir». Las protestas contra la censura y el control estatal —esta vez por parte de los comunistas, un régimen mucho más rígido y represivo— desempeñaron un papel clave en los acontecimientos de la Primavera de Praga. Pero el fervor anarquista de las revueltas estudiantiles occidentales se terminó. El ideal de autorrealización individual y un estilo de vida hedonista sin ningún tipo de restricciones fue aprovechado por el mercado capitalista global. Pero este sistema económico ha llevado a la humanidad al borde de una catástrofe ecológica.

Es por ello que la tercera Ilustración hace tanto hincapié en la responsabilidad con el medio ambiente, especialmente en un momento de innegable cambio climático, y rechaza de forma vehemente el capitalismo neoliberal y su ideología de crecimiento ilimitado. Los movimientos sociales conectados con la propagación de estilos de vida alternativos exigen moderación, incluso cierto ascetismo, en la alimentación y en la forma de vestirnos; a veces, asumen incluso una forma pseudorreligiosa. La atención de los medios de comunicación de todo el mundo se ha visto atraída por la aparición de la niña profeta de este movimiento, Greta Thunberg.

Gran parte de la generación joven actual es cosmopolita, acepta el pluralismo cultural; como hemos dicho, siente respeto por los derechos de las minorías, incluidas las minorías sexuales,[6] rechaza el racismo, el nacionalismo y el chovinismo cultural. El individualismo y el desprecio por las instituciones tradicionales sigue creciendo, incluidos los partidos políticos y las Iglesias. Sin embargo, al mismo tiempo existe una creciente voluntad por parte de los jóvenes de participar en diversas iniciativas y movimientos cívicos. Tanto cuando hubo una ola de inmigración hacia Europa como durante la pandemia de coronavirus, muchos jóvenes se solidarizaron con las personas necesitadas y participaron en actividades de voluntariado.

---

6   Aunque estos temas ya aparecieron durante la segunda Ilustración en los años sesenta del siglo xx.

Si los representantes del *establishment* social (y también eclesiástico) etiquetan a estos movimientos juveniles como una forma de neomarxismo, están mostrando su incapacidad para comprender lo que hay de nuevo en ellos. A menudo, pasan por alto que estos movimientos tienen una alta carga ética, pero resaltan valores morales diferentes a los de las generaciones anteriores.

La generación actual se siente como en casa en la sociedad digital, posindustrial y posmaterialista, se sienten más atraídos por el cambio constante y las experiencias que por los altos ingresos económicos y su carrera profesional. Su principal espacio vital es el mundo virtual de internet. Sin embargo, ahí acecha la amenaza de nuestra civilización: la superficialidad causada por la sobredosis de información, que no es posible procesar ni intelectual ni emocionalmente, y la falsa cercanía que ofrecen las redes sociales.[7]

Mientras que la primera y la segunda Ilustración fueron acompañadas por la ansiosa espera de una revolución que traería un futuro mejor, los jóvenes de ahora no conectan su odio al estado actual de la sociedad ni a los culpables con una escatología interna esperanzadora: los jóvenes de hoy en día ven muy oscuro su futuro y el del mundo. Hay algunos destellos de esperanza en los intentos por buscar estilos de vida alternativos y no comerciales. Algunas de las expresiones radicales de la generación actual llevan a algunos testigos de las protestas de 1968 a pensar que esta es una especie de repetición de las revueltas de la izquierda en aquel entonces. Pero lo más probable es que la agitación moral actual adquiera su propia forma ideológica y política en los próximos años en confrontación con los cambios sociales, políticos y espirituales.

7   En el momento el que estoy terminando de escribir este libro, todavía no está claro si la forma de comunicación a través de internet impuesta por la pandemia de coronavirus en campos como la educación, la vida profesional y la religión se convertirá en algo habitual para todos o si, por el contrario, nos hará más consciente de que las relaciones cara a cara son insustituibles.

11. La identidad del cristianismo

Las reflexiones de este libro van acompañadas de la convicción de que un rasgo distintivo de la tarde del cristianismo será una apertura ecuménica cada vez más profunda. Los valientes pasos para cruzar las fronteras mentales e institucionales existentes siempre harán que los cristianos nos encontremos con algunas preguntas inquietantes: ¿No estamos traicionado así nuestro cristianismo? ¿No estamos escondiendo la identidad de nuestra fe? Estas dudas –como todas las que nos llevan a la autorreflexión crítica– son saludables y útiles. Nos conducen a una pregunta que es necesario hacerse de nuevo, especialmente en una situación de cambio de paradigma cultural: ¿En qué reside la cristiandad de nuestra fe? ¿En qué reside la identidad del cristianismo?

La sencilla respuesta de que la cristiandad del cristianismo reposa en la fe en Jesucristo es, obviamente, cierta. Sin embargo, esta verdad debe pasar el filtro de otras cuestiones. ¿En qué creemos y qué fe profesamos cuando decimos que tenemos fe en Jesucristo? ¿Creemos en la divinidad de Cristo y en su resurrección, ese escollo para los «no creyentes» que comparten con nosotros la admiración y el amor por la humanidad de Cristo, pero difieren en este punto? ¿O creemos en la fe de Jesús *(fides qua)* y en lo que él creía *(fides quae)*? ¿Es nuestra fe sobre todo

confianza en la veracidad del testimonio de Jesús sobre lo que
Él llamó su Padre?

Durante siglos, la preparación de los candidatos al sacerdocio en
las facultades de teología católicas consistió en estudiar filosofía y
teología natural antes de estudiar teología en un sentido propio. No
obstante, esta estructura de estudio llevó a que, ante la pregunta de
a quién se refería Jesús cuando hablaba de su Padre en el cielo, ya
tuvieran la respuesta preparada: a ese Dios cuya naturaleza y cuyos
atributos habían aprendido en sus cursos de metafísica. Me temo
que esta idea preconcebida condujo a un terrible malentendido,
incluso un malentendido en el mismo corazón de los Evangelios.

Jesús no creía en el Dios de los filósofos, sino en el Dios de
Abraham, de Jacob e Isaac, el Dios que habló con Moisés en la
zarza ardiente. Esta diferencia la vislumbró Pascal en una experiencia mística en 1654. La premisa de la teología cristiana debería
ser, por el contrario, la valentía de *olvidar* radicalmente, de *poner
entre comillas* todas las concepciones humanas de Dios basadas en
construcciones metafísicas, en nuestra fantasía personal, y con un
humilde reconocimiento (o un sabio reconocimiento) de que
no sabemos quién es Dios, no sabemos a qué se refiere la gente
(incluidos nosotros mismos) con esa palabra. Debemos buscar
a quién se refería Jesús cuando hablaba del Padre. Ansiamos
acceder a la relación de Jesús con el Padre, es decir, intentar lo
imposible, a menos que el mismo Jesús nos envíe un Mediador
y un Ayudante.

El Concilio Vaticano I nos enseñó –para limitar el fundamentalismo bíblico, por un lado, y el vago fideísmo emocional, por
otro– que la razón humana tiene la capacidad de llegar a un razo-
namiento sobre la firme convicción de la existencia de un Creador.
No obstante, esta convicción no debe confundirse en absoluto con
la fe, una virtud en la que el don divino de la gracia y la libertad
humana se entrelazan para recibirla; con esa fe en la que la apertura de Dios (Revelación) se encuentra con la apertura humana,

la capacidad de escuchar y obedecer a Dios *(potentia oboedientialis)*. Nuestra fe no se basa en la visión de Dios de los metafísicos. El corazón del cristianismo es la relación de Jesús con el Padre. Esto es lo que presentan los Evangelios, que conservan la palabra de Jesús y cuentan su historia, donde atestigua esta relación.

Jesús dice a sus discípulos: «Tened fe en Dios».[1] Algunas traducciones debilitan y distorsionan el significado profundo de esta frase (que podría ser: «Tened la fe de Dios»), ya que Jesús quiere decir algo más: Dios no es el *objeto* sino el *sujeto* de la fe. Los manuales clásicos de teología afirman que Jesús no tenía la virtud de la fe, no la necesitaba, pues era Dios. Sin embargo, Jesús fue el autor y consumador de la fe, según la Biblia.[2] En su fe está la fe del propio Dios, su confianza arriesgada en nosotros. Dios despierta nuestra fe y la guía con confianza en nuestra libertad, con confianza en que responderemos a su don con fe y fidelidad. Dios es fiel porque no puede negarse a sí mismo.[3] Es fiel incluso cuando nosotros le somos infieles. Él cree en nosotros, aunque no creamos en Él. Es más grande que nuestros corazones, más grande que el corazón humano, en el que la fe todavía lucha contra la incredulidad y la fidelidad, contra la infidelidad.

En la historia de Jesús hay fe, confianza y amor de Dios hacia nosotros, que hemos sido crucificados, asesinados y enterrados por nuestra propia gente. Sin embargo, no se queda reposando en la tumba. El poeta checo Jan Zahradníček, que experimentó como pocos la oscuridad de Getsemaní, escribió que los poderes terrenales todavía están intentando desesperadamente «que la historia no sobrepase la mañana del Viernes Santo».[4] Pero la historia de la Semana Santa no deja que la muerte y el infierno

1   Mc 11,22.
2   Véase H 12,2.
3   Véase 2 Ti 2,13.
4   J. Zahradníček, *Znamení moci* [La señal del poder], vol. II, Praga, Lidové Noviny, 1992, p. 274.

tengan la última palabra. Termina con el mensaje de que el amor es más poderoso que la muerte.

En los Evangelios leemos cómo lenta y pesadamente la luz de la mañana de Pascua se abrió paso a través de la oscuridad del dolor y la duda de los apóstoles. Jesús llega a ellos de forma irreconocible cambiado por la experiencia de la muerte. A veces, dudo de si nosotros nos hemos enterado de esta noticia. Mientras que el mensaje del Loco de Nietzsche sobre la muerte ya se encuentra entre nosotros, el mensaje de la Resurrección aún no se entiende ni se acepta del todo. A menudo, se presenta de una forma banal (como un informe de la simple reanimación de un cadáver o como una simple declaración simbólica de que *los hechos de Jesús continúan*) fácil de rechazar. Este mensaje se hace verosímil por el hecho de que, a través del testimonio de vida de los cristianos, es evidente que Cristo vive en ellos, en su fe, en su esperanza y, sobre todo, en el poder y la autenticidad de su amor solidario. «[...] para que yo aprendiese a creer en su Redentor: ¡más redimidos tendrían que parecerme los discípulos de ese redentor!», dice Nietzsche a los cristianos.[5] Nuestra libertad –la redención de la esclavitud de todo tipo– es el testimonio más convincente de la resurrección de Cristo, de esta piedra angular de nuestra fe.

***

La afirmación «Jesús es Dios» es ambigua y algunas interpretaciones de esta han originado muchos malentendidos y herejías, especialmente las herejías de monofisismo y el docetismo, la negación de la verdadera humanidad de Jesús. La idea de que Jesús es Dios junto a Dios ha provocado conflictos con judíos

---

5 Véase F. Nietzsche, *Tak pravil Zarathustra,* Olomouc, Votobia, 1995, p. 82 [vers. cast.: *Así habló Zaratustra,* Madrid, Alianza, 2012].

y musulmanes, que sospechan que el cristianismo traiciona el monoteísmo, la creencia en un solo y único Dios. Estas herejías han dañado no solo el pensamiento cristiano, la teología, sino también la espiritualidad cristiana y su práctica social. El humanismo cristiano, la humanidad de los cristianos, se asfixió a la sombra de este énfasis en la divinidad de Jesús, que oscureció o puso en duda su verdadera humanidad. Con la fe ortodoxa en la humanidad real y radical de Jesús, los cristianos pueden profesar mejor la ortopraxis, realizada radicalmente a través de la humanidad y la cohumanidad. Este es uno de los pilares de la identidad cristiana.

¿Y qué hacemos con la confesión de la divinidad de Jesús? Lo encontramos explícitamente en los Evangelios solo en un lugar, cuando el dudoso apóstol Tomás, al tocar las heridas de Jesús, exclama: «¡Señor mío, y Dios mío!».[6] Creo que la fe en la divinidad de Jesús deberíamos reducirla a esta escena donde tiene su *«Sitz im Leben»*, su situación en la vida. En la llama de esta fe resucitada de Tomás deberíamos examinar la autenticidad de todas las declaraciones que, a menudo, se han desviado de esta base.

Con frecuencia recuerdo el momento del *despertar* en el que se me abrió una nueva comprensión de esta frase a nivel personal, así como de mi fe en Cristo, en su resurrección y en su unidad con Dios Padre. Fue durante mi viaje a la ciudad india de Madrás, donde visité un orfanato católico lleno de personas hambrientas, enfermas y abandonadas, cerca del lugar donde, según la leyenda, fue martirizado el apóstol Tomás.[7] Ahí lo entendí: estas son las heridas de Cristo. Quien en nuestro mundo ignora las heridas de la miseria, el sufrimiento y el dolor, quien ante ellas cierra los ojos y se niega a tocarlas, no tiene derecho a gritar: «¡Señor mío,

6 Jn 20,28.
7 Véase T. Halík, *Dotkni se ran* [Toca las heridas], Praga, Lidové Noviny, 2008, pp. 20-25.

y Dios mío!». Recuperemos nuestra fe en la divinidad de Jesús de las definiciones dogmáticas que poseen un lenguaje incomprensible para muchos de nuestros contemporáneos, traigámosla de vuelta a la ortopraxis de nuestra apertura solidaria hacia la teofanía (la revelación de Dios) en el sufrimiento de los hombres en el mundo. Aquí, en las heridas de nuestro mundo podemos ver de forma auténticamente cristiana al Dios invisible y tocar un misterio que, de otra forma, sería difícil de tocar.

* * *

Si buscamos aquello que el cristianismo ha introducido en la historia de la fe, entonces no podemos ignorar las enseñanzas de Jesús, especialmente su énfasis en la unión del amor a Dios con el amor al hombre. Muchos textos del Nuevo Testamento reiteran que quien afirma que ama a Dios (a quien no ve) y no ama a su hermano es un hipócrita y un mentiroso.[8] Por el contrario, el amor solidario al prójimo implica tener fe en Dios. En la descripción de Jesús del Juicio Final, leemos que la autenticidad de su fe y su pertenencia a Cristo la demostraron aquellos que manifestaron un amor efectivo por los necesitados sin tener una motivación explícitamente *cristiana*. Ellos no sabían que de esa forma estaban sirviendo a Cristo.[9] Jesús afirmó que no es su discípulo verdadero el que invoca su nombre, el que dice «Señor, Señor», sino aquel que cumple la voluntad de Dios.[10]

Esto es un importante correctivo a la comprensión común de las palabras de Jesús sobre que Él es la única puerta de acceso a Dios Padre[11] de una forma exclusiva (excluyente). Un entendi-

8 Véase 1 Jn 4,20.
9 Véase Mt 25,31-46.
10 Mt 7,21.
11 Véase Jn 10,7-10.

miento estrictamente exclusivo de estas palabras significa negar a los no cristianos la posibilidad de salvación. Pero el relato del Juicio Final en el Evangelio de Mateo muestra que el *yo* de Jesús es más amplio: incluye a todos los «más pequeños» con los que se identifica. Esto quiere decir que quien le muestre el servicio de la solidaridad del amor va hacia Dios a través de Cristo, aunque no lo nombre ni lo reconozca. Cristo se encuentra oculto en ellos.

Cristo, como enseña Pablo en *Filipenses,* «se despojó de sí mismo» *(ekenosen seauton,* literalmente: se hizo vacío).[12] Él es la puerta: las puertas abiertas son espacios vacíos, y, por lo tanto, pueden ser una vía de acceso que permite la entrada.[13] Es la kénosis (entrega de sí mismo, autoanulación) lo que hizo que el Padre ascendiera a Jesús y le diera un nombre poderoso: lo convirtió en el *Cristo universal,* el Señor omnipresente y que todo lo gobierna.

Volvamos al motivo de la fe implícita en la epístola de Santiago: el que tiene fe, pero su fe no está cubierta por ninguna obra de amor, es un hipócrita y tiene fe muerta, mientras que otro puede mostrar una fe implícita, anónima, inefablemente presente en su forma de vida.[14] Entonces, si queremos buscar la fe cristiana tal y como la describe el Nuevo Testamento, no debemos buscarla solo donde esté relacionada con una adhesión explícita a Jesús, no es necesario buscarla solo en los límites tradicionalmente entendidos por la Iglesia. También existen «discípulos que no vienen con nosotros», cristianos anónimos, la Iglesia invisible.[15] Jesús le prohibió a sus discípulos celosos y demasiado estrechos de miras que prohibieran a los «que no nos siguen» dar testimonio de él de forma libre.

12 Flp 2,6-11.
13 Véase Jn 10,7-10.
14 Véase St 2,17-18.
15 Mc 9,38-40.

* * *

La historia humana de Jesús está enmarcada en los relatos del Nuevo Testamento por la teología de los escritos paulinos y juaninos, en los que el Jesús humano es principalmente Cristo. Tanto en Pablo como en Juan, esto significa mucho más que ser el mesías de los judíos prometido por los profetas. La humanidad terrenal de Jesús, según enseña la Iglesia, es una trascendencia, es decir, un símbolo, un signo eficaz más allá de sí mismo, y, al mismo tiempo, es la autoexpresión del propio Dios. Para el Evangelio de Juan, Jesucristo es la Palabra que está intrínsecamente conectada con Dios mismo; a través de Él y con Él y en Él, Dios es el principio creador de todas las cosas, «el mundo se hizo por medio de él».[16] Por eso, en este Evangelio, a través de las afirmaciones de Jesús sobre sí mismo, que van precedidas de las palabras Yo soy *(ego eimi)*, brilla el Ser de Dios: «Yo y el Padre somos uno».[17] Jesucristo es, según el *Apocalipsis* de Juan, el alfa y la omega, el principio y el fin de la historia de todas las cosas, su primer y último significado.

Para Pablo, Jesús es crucificado, resucitado y recibido en la gloria del Padre como el Cristo cósmico y universal, Señor y juez del cielo y de la tierra. La universalidad del cristianismo de Pablo se basa en la universalidad de Cristo, no solo de la persona, las historias y las enseñanzas del hombre Jesús de Nazaret. A Pablo le fascina mucho más que el Cristo histórico («según el cuerpo») el Cristo «según el Espíritu», que rompe todos los límites, e incluso supera y sustituye al propio ego del apóstol, pues «vivo, pero no soy yo el que vive, es Cristo quien vive en mí».[18]

16   Jn 1,10.
17   Jn 10,30.
18   Gl 2,20.

Si el cristianismo, en el contexto de la sociedad global actual, quiere ser de nuevo una opción universal, su cristología debe, como en Pablo, en los místicos, en la espiritualidad franciscana, en la teología del Oriente cristiano y en la cosmología de Teilhard de Chardin, presentar un Cristo desproporcionadamente *más grande* que el que aparece en muchos de los sermones sentimentalistas y moralistas o escolásticamente insulsos de los últimos siglos. Un intento audaz e inspirador de cristología, inspirado sobre todo en la teología y la mística franciscanas, es el concepto del «Cristo universal» en el libro homónimo de Richard Rohr.

Esta visión de un Cristo omnipresente y omnipotente, en la que se encuentra la unidad de lo humano y de lo divino y la consumación de la Encarnación por la cristificación de la materia, es en mi opinión armoniosamente coherente no solo con la doctrina de Teilhard sobre Cristo como el punto Omega de la evolución cósmica, sino también con la conocida teoría de Karl Rahner sobre los «cristianos anónimos»: nos encontramos a Cristo en todas las personas, bautizadas y no bautizadas, creyentes y no creyentes. Según Rahner, todos están ya conectados a través de su humanidad por el hecho de que Dios haya llevado a cabo la deificación de la humanidad como tal. La deificación de la humanidad a través de Cristo es un rasgo característico sobre todo de la teología y la espiritualidad del Oriente cristiano. Este «misterio navideño», al fin y al cabo, también lo pronuncia el sacerdote en la liturgia católica occidental durante cada misa: como cuando el agua se mezcla con el vino para que nuestra humanidad se una con lo divino. Richard Rohr dice: Cristo está en todos los seres.[19]

El concepto de Cristo como el objetivo escatológico de la historia y de cada vida humana abre nuevas posibilidades para un segundo y un tercer ecumenismo: nos permite aproximarnos a otras religiones y a *personas no religiosas, pero espirituales.* En el

19   R. Rohr, *El Cristo universal, op. cit.*

diálogo con el judaísmo y el islam, podemos mostrar que nuestra fe no es un culto pagano a Jesús hombre, como un *segundo Dios,* amenazando así la pureza de la fe en el Dios único. En el diálogo con el humanismo secular, podemos volver a mostrar la profundidad mística de nuestra estima por la humanidad. Nuestra relación con el humanismo no religioso no debe seguir siendo una alianza superficial de conveniencia; debe ser reflexionada filosófica y teológicamente y madurada en una meditación común. Solo entonces puede ser una contribución madura a la búsqueda común de una respuesta a la antigua y difícil cuestión de *qué es el hombre.*

* * *

Pero vayamos aún más lejos y más profundo. La Iglesia y su fe son cristianas en tanto que son pascuales: la muerte y la resurrección. Hay muchas formas de fe, a nivel personal (la fe infantil, la fe como simple *herencia de nuestros padres,* pero también la entusiasta fe de los conversos) y en el camino de la Iglesia a través de la historia, que algún día tienen que marchitarse. A veces, los fieles, al marchitarse la forma de fe a la que están acostumbrados, pasan por la oscuridad del Viernes Santo, por el sentimiento de que Dios los ha abandonado. Pero quienes perseveran en estas noches oscuras (en estas pruebas de fe a nivel personal, y también en las noches de la fe colectivas durante la historia) experimentarán tarde o temprano la luz de la mañana de Pascua, la transformación de su fe. Y es que el drama de la Pascua incluye un misterio expresado en una importante frase del Credo de los Apóstoles: descendió a los infiernos. En la historia de la Pasión, Jesús desciende primero al infierno de la crueldad y la violencia humanas, y luego a un infierno más profundo, el infierno del más profundo abandono, el abandono del propio Dios. A la piedad popular del Viernes Santo, y especialmente a la espiritualidad franciscana, pertenece la reverencia a las llagas de Jesús; pero no debemos olvidar la herida más profunda, la herida del corazón, expresada por una dolorosa pregunta: Dios mío, ¿por qué me has abandonado?

Si en el dolor y la miseria de las personas tocamos las heridas de Jesús, entonces en la oscuridad de la fe perforada, crucificada y moribunda de muchas personas también la tocamos, pues, si no, la historia de la Pascua no estaría completa. Solo dos de los evangelistas se atreven a citar esta declaración. En Juan, Jesús es consumido por la luz, su concepción de la Pasión vincula la cruz con la victoria pascual: En tu mano encomiendo mi espíritu. Sin embargo, en la vida de muchas personas esta herida sigue abierta y sin cicatrizar: la cuestión del sentido del sufrimiento sigue sin respuesta.

Me temo que nuestra fe tampoco es completamente cristiana si no se atreve a entrar en esta oscuridad de la cruz y en el silencio del Sábado Santo. La muerte de Jesús en la cruz como la *muerte de Dios* es objeto de numerosos y sofisticados tratados teológicos y filosóficos, así como de la poesía mística. Me viene una idea a la cabeza: cuando la piedad popular contempla el Sábado Santo en la tumba de Dios, ¿no significa que también conoce de alguna manera la *muerte de Dios?*

En algunos iconos bizantinos vemos representado el paso de Jesús por el infierno: Jesús dirige una procesión de muertos fuera del infierno con un paso victorioso. Ante este icono, siempre pienso en Cristo resucitado conduciendo a los muertos hacia la luz de la salvación, incluso a aquellos a los que nuestra estrecha fe ha enviado al infierno durante siglos: a toda la humanidad, a los que *creen de otra manera.* De hecho, ningún dogma nos prohíbe la esperanza de que, tras el paso de Jesús por el infierno, el infierno permanezca vacío.

Cobardemente, borré el título original de este capítulo: Jesús en el infierno. Sin embargo, creo que la frase «descendió a los infiernos» es una parte importante de nuestra fe y que el paso a la tarde del cristianismo se hace a través de la oscuridad del mediodía, parte de la cual es esa experiencia de abandono que

Jesús gritó en el Gólgota, y que comparte con muchas personas que sufren espiritualmente en el mundo.

* * *

El cristianismo vivo está en movimiento, está sucediendo ahora, todavía inacabado, todavía en el camino hacia su consumación escatológica. El cristianismo consiste realmente en «nacer de nuevo»,[20] en la transformación (metanoia). Entiendo esta transformación de manera algo diferente a la de muchos pentecostales cristianos *renacidos* o a la de aquellos que entienden la conversión simplemente como un cambio de opinión o una *mejora moral;* estos son, en todo caso, aspectos parciales del camino de *convertirse en cristiano.* Son más bien pasos que acompañan naturalmente a la conversión, son una consecuencia de ella, pero la conversión en sí misma no puede reducirse a ellos. La vida de la fe no es reducible ni a la creencia, ni a la moral, ni a la experiencia emocional del *segundo nacimiento;* la metanoia es la transformación existencial total del hombre.

Cristo no vino a ofrecernos una *doctrina,* sino un camino en el que estamos aprendiendo constantemente a transformar nuestra humanidad, nuestra forma de ser humanos, incluyendo todas nuestras relaciones: con nosotros mismos y con los demás, con la sociedad, con la naturaleza y con Dios. Esta es su *enseñanza,* no una doctrina, una teoría *sobre algo,* sino un proceso de aprendizaje, esta es la práctica educativa y terapéutica de Jesús. Su *nueva enseñanza* es una «enseñanza expuesta con autoridad»,[21] y su poder reside en la capacidad de transformar a una persona, de cambiar sus motivos y sus objetivos, su orientación en la vida. Jesús es un maestro de vida («*Lebensmeister*», si se me permite tomar prestado el término del Maestro Eckhart), más que un

---

20 Jn 3,1-21.
21 Mc 1,27.

rabino, un filósofo o simplemente un *maestro de moral*. La fe que enseña, esta respuesta existencial a la llamada a la conversión, invita a participar en el acontecimiento siempre en marcha de la Resurrección.

La resurrección de Jesús no puede reducirse a *resucitar a los muertos* y a la resurrección de los creyentes solo en la otra vida. Pablo habla de la resurrección de los creyentes como de una vida radicalmente nueva aquí y ahora.[22] La resurrección –la resurrección de Jesucristo, de los creyentes (conversión) y de la Iglesia (reformas y agrupaciones renovadas)– no es una vuelta al pasado, una repetición de lo que ya ha sido. La resurrección siempre es una transformación radical.

La representación del Juicio Final en el Evangelio de Mateo nos dice que Cristo pasa por la historia y por nuestras vidas de forma anónima, y solo en el umbral del futuro escatológico se despoja de sus múltiples disfraces: sí, el pobre, el desnudo, el enfermo y el perseguido, ¡ese era yo! En los necesitados que hay en nuestro viaje ya se está produciendo una parusía, la segunda venida de Cristo y, al mismo tiempo, su juicio sobre nosotros. La última crisis, el último juicio, solo será la consumación de este proceso oculto. Nuestra vida y la historia de la Iglesia son una aventura para encontrar al Cristo oculto. No hagamos oídos sordos a los gritos de los que sufren, los explotados y los perseguidos, no cerremos los ojos a las heridas y al dolor en nuestro mundo, no cerremos nuestros corazones a los pobres y los marginados –podríamos perdernos la voz y la presencia de Jesús.

La resurrección no termina en la mañana después de la Pascua. Al igual que con la creación continua *(creatio continua)*, podríamos hablar de *resurrectio continua,* la resurrección continua. La victoria de Jesús sobre la muerte, la culpa y el miedo continúan en la historia, en la fe de la Iglesia y en la historia personal de cada

---

22   Véase Ro 6,3-11.

individuo. La vida oculta del Resucitado (Jesús no se apareció a todo el pueblo)[23] es como un río subterráneo que aflora en las conversiones individuales y en las reformas eclesiásticas.

San Agustín decía que rezar es cerrar los ojos y darse cuenta de que Dios está creando el mundo ahora. Y añado: creer, hacerse cristiano, significa abrir el corazón y darse cuenta de que Jesús está resucitando ahora de entre los muertos.

23   Véase Hch 10,41.

12. Dios de cerca y Dios de lejos

La historia de la fe, de la que la fe cristiana es una parte importante, puede imaginarse como un río que fluye a través de los paisajes de diferentes culturas. También podemos comparar la fe con una memoria colectiva en la que se inscriben las experiencias de las personas y las sociedades creyentes.[1]

¿Cómo fluye ese río en las vidas individuales? ¿Cómo se convierten en creyentes las personas individuales? ¿Quiénes y cómo participan en la vida de la fe? ¿Cómo se convierten en cristianos?

La respuesta del derecho canónico es sencilla: uno se convierte en cristiano a través del bautismo. Un adulto puede ser bautizado —salvo casos excepcionales— solo después de una adecuada preparación catequética y después de haber hecho una profesión de fe. Los niños pequeños solo pueden ser bautizados cuando la Iglesia —representada en la ceremonia por los padres y los padrinos y, preferiblemente, por toda la comunidad parroquial allí reunida— responde por la fe del niño. Los niños son bautizados «en la fe de la Iglesia», que luego deben adoptar a través de la educación;

1 El concepto de religión como memoria colectiva lo ha desarrollado especialmente la socióloga francesa Danièle Hervieu-Léger (véase D. Hervieu-Léger, *La religión, hilo de memoria,* Barcelona, Herder, 2016).

en la Iglesia católica existe el sacramento de la confirmación, que se realiza preferiblemente en el umbral de la edad adulta, y es una especie de sello del bautismo, una ocasión en la que una persona bautizada de niño suscribe conscientemente su propia fe a la fe de la Iglesia.

Un paso importante dentro de los esfuerzos ecuménicos fue la decisión de varias Iglesias cristianas de reconocer mutuamente la validez del bautismo. El teólogo estadounidense David M. Knight planteó recientemente la pregunta, bastante lógica, de por qué entonces la Iglesia católica no admite a los cristianos no católicos que han sido bautizados de forma válida –reconociendo que los que han sido bautizados válidamente viven en una «gracia santificante» tanto como los católicos– en los mismos términos que sus miembros también en otros sacramentos.[2] ¿No tienen los propios sacramentos más valor que su interpretación teológica? ¿No pueden unirnos antes de haber aclarado esas interpretaciones y viejas disputas que nos dividen, aunque ya no signifiquen nada para la mayoría de los cristianos?

Otro aspecto del debate teológico sobre el sacramento del bautismo –el bautismo como condición para la salvación– surgió muy pronto en la historia de la Iglesia. ¿Pueden salvarse los catecúmenos que creían en Cristo pero que no recibieron el bautismo porque murieron durante el catecumenado y, especialmente, aquellos que murieron como mártires? Aunque no estaban bautizados, ofrecieron el mayor testimonio imaginable de su fe, ¡el sacrificio de sus vidas! La Iglesia de la época –por ejemplo, por boca de san Cipriano– respondió a estas cuestiones con la enseñanza del «bautismo de sangre» y, más tarde, también

---

2   Véase D. M. Knight, «Should Protestants receive Communion at Mass? (Theologian takes a critical look at the Catholic Church's Communion line policies)», *La Croix International*, 23 de julio de 2020, disponible en https://international.la-croix.com/news/religion/should-protestants-receive-communion-at-mass/12797 [21-8-2021].

del «bautismo de deseo»; aunque los veía como algo excepcional, los consideraba válidamente bautizados.

La idea del bautismo de deseo, sobre la que, por ejemplo, escribió Tomás de Aquino, fue desarrollada en el siglo XX por el teólogo checo Vladimír Boublík, que trabajaba exiliado en Roma, con su teoría de los «catecúmenos anónimos».[3] La presentó como una alternativa a la conocida doctrina de Rahner sobre los «cristianos anónimos». Al igual que Rahner, defendió la esperanza de salvación para aquellos que, por diversas razones (al menos subjetivamente legítimas), no aceptaron el bautismo y no entraron formalmente en la Iglesia, pero se guiaron en su vida por su conciencia en el camino de la búsqueda de la verdad, la bondad y la belleza. La doctrina de la posibilidad de salvación para los no bautizados y los que no tienen una fe explícita en Cristo se convirtió en una parte firme del dogma católico a través de los documentos del Concilio Vaticano II.[4]

Por lo tanto, la ausencia de una creencia explícita no tiene por qué entenderse como su rechazo. Incluso un rechazo verbal a Cristo y a la Iglesia en algunos casos puede ser (y a menudo lo es) simplemente un rechazo a las falsas ideas que la persona se ha formado (por ejemplo, al generalizar a partir de su mala experiencia personal en un entorno de creyentes). En cambio, el jesuita estadounidense Leonard Feeney fue excomulgado de la Iglesia católica incluso antes del último Concilio por su desobediencia a los dirigentes eclesiásticos y su insistencia en que los no católicos no podían salvarse —es decir, por su aplicación radical de la frase «*extra Ecclesiam nula salus*» (no hay salvación fuera de la Iglesia)—.[5] Las cuestiones de los límites de la Iglesia, de la relación

---

3   V. Boublík, *Teologie mimokřesťanských náboženství* [Una teología para religiones no cristianas], Kostelní Vydří, Karmelitánské, 2000.

4   Véase *Lumen Gentium,* 16; *Gaudium et Spes,* 22.

5   A la excomunión de L. Feeney en 1953 le precede el dictamen del Sagrado Oficio del 8 de septiembre de 1949.

entre la Iglesia visible y la invisible, han sido objeto de debates
teológicos durante siglos, y no pueden cerrarse simplemente con
una definición dogmática; el Espíritu de Dios guía a la Iglesia a
través de la historia, la transforma, la lleva continuamente a la plenitud de la verdad e inspira su autorreflexión teológica, incluyendo
las reflexiones sobre sus transformaciones históricas. Esta acción
del Espíritu en la Iglesia solo terminará con la consumación de
su historia en los brazos de Dios; negarlo, no escucharlo, sería
probablemente correr el riesgo de no respetar al Espíritu Santo,
ante lo cual Jesús advirtió con mucho énfasis.[6] No solo en la
enseñanza del Concilio Vaticano II, sino incluso entre destacados
teólogos ortodoxos podemos encontrar la afirmación «sabemos
dónde está la Iglesia, pero no sabemos dónde no está».[7]

Añadamos un pensamiento más a estas reflexiones sobre el
bautismo. Si en este libro desarrollamos una teología procesal de
la fe, adoptemos también una comprensión procesal de los sacramentos, especialmente del bautismo. El misterio del bautismo, el
acontecimiento de la «inmersión en Cristo», está lejos de agotarse
y no termina en el momento de la concesión del sacramento. La
vida de Dios («la gracia») es infundida por el bautismo en toda la
existencia y en la personalidad del bautizado, está destinada a regar
de forma permanente todo lo que está «desolado y sin gloria» en
él y a socavar a lo largo de su vida los peñascos del pecado y de
la incredulidad, está destinada a penetrar en capas cada vez más
profundas de su conciencia y de su inconsciencia, en su pensamiento, en su sentimiento, en su acción y en la santidad de su
conciencia. La gracia bautismal es la Vida de Dios en el hombre,
la energía prometida del Espíritu Creador *(Creator Spiritus)* y
Consolador *(Paraklétos)*, y ejerce durante toda la vida un movi-

---

6 Véase Mc 3,28-29.
7 Véase K. Ware, *The Orthodox Church,* Londres, Penguin, 1997, p. 308
[vers. cast.: *La Iglesia ortodoxa,* Buenos Aires, Arquidiócesis de Buenos Aires, 2006].

miento de metanoia, de transformación. El bautismo es un signo irrevocable *(signum indelibilis)*, que hace su efecto incluso cuando el bautizado no es consciente de ello y no coopera activamente con esta gracia; el don no pierde su carácter incluso cuando el donatario no lo valora.

En nuestra época, los teólogos están volviendo a una concepción más amplia de los sacramentos y de la sacramentalidad anterior a la definición medieval de los siete sacramentos en el Concilio de Lyon de 1274. El Concilio Vaticano II también amplió y profundizó la doctrina de los sacramentos concibiendo a Cristo y a la Iglesia como un protosacramento; aquí también se trata del «signo visible de la gracia invisible». Sin embargo, al mismo tiempo, la Iglesia católica enseña que la acción del Espíritu en el hombre no se limita a los sacramentos *(Deus non tenetur sacramentis suis)* ni se limita a los límites de la «Iglesia visible». Si la Iglesia sustituye una comprensión estrechamente jurídica de sí misma por un asombro ante la generosidad de la libertad y el amor omnipotente de Dios, esto puede proporcionar un impulso para el desarrollo del ecumenismo en sus tres dimensiones, que ya mencionamos anteriormente.

* * *

La cuestión de cómo el río de la fe fluye en la vida de las personas individuales, cómo las personas se convierten en creyentes y cómo se convierten en cristianos no puede ser respondida adecuadamente solo en la ley de la Iglesia. Hemos mencionado que el bautismo presupone una profesión de fe (al menos, una representación para los niños) y la Iglesia pide que esta profesión no sea una mera *confesión de boca* formal, sino que esté respaldada por un acto de fe consciente *(faith)*, libre y aprendido, una convicción de fe *(belief)* y una decisión de ponerla en práctica en la vida.

La fe personal es, por supuesto, un misterio que escapa al *control eclesiástico,* el que bautiza nunca puede tener plena seguridad de la autenticidad de la fe del solicitante del bautismo, ni tampoco tienen esa seguridad los testigos e incluso ni el propio creyente. La fe individual, como dice una de las oraciones litúrgicas, solo puede ser conocida y juzgada plenamente por Dios.[8] Cuando hablamos de la fe de personas concretas, pensamos también en nuestra propia fe, y a veces tenemos que recurrir a unas palabras de esperanza: creo que creo.

La fe es un viaje, por lo que puedo decir que estoy en el camino de la fe, aunque me inquiete el sentimiento de su debilidad y su insuficiencia; mi propio deseo de creer y *creer de verdad* es un paso importante en este viaje. La fe es el camino hacia la certeza, pero la certeza perfecta, la plenitud de la fe, solo llega en los brazos de Dios más allá del horizonte de esta vida y de este mundo, en la visión beatífica *(visio beatifica)* en la que la fe y la esperanza se consuman y terminan a la vez: son absorbidas por un amor que no cesará ni en ese momento.[9]

Si mi fe se relaciona con Dios, se relaciona con alguien a quien no puedo poseer ni comprender plenamente; *«si comprehendis, non est Deus»* (si lo comprendes, no es Dios), nos enseña san Agustín.[10] Y, si consideramos la definición de amor atribuida a san Agustín como deseo, *«amo: volo ut sis»* (te amo: quiero que seas), entonces podemos decir que el corazón de la fe cristiana en Dios es el deseo del amor.

El «quiero» en este caso no es un mandato de la voluntad humana, sino una humilde confesión de deseo que entra con esperanza incluso en el terreno de la incertidumbre, en la nube del

---

8   En la conmemoración de los fieles difuntos se reza «por todos los difuntos desde el principio del mundo, cuya fe solo Dios conoce».

9   Véase 1 Co 13,8-13.

10   San Agustín, *Sermón 117.3.5.*

misterio.[11] El deseo, como enseña san Juan de la Cruz, es una luz interior incluso en la noche de la fe. El deseo, la pasión y el anhelo de la plenitud constituyen esa misteriosa savia de la fe, que podemos llamar espiritualidad.

¿Quién es un *verdadero creyente?* Aquel que ama. Y como Dios, que no es un *objeto* (y, por eso, no puede ser tampoco *objeto de amor),* está presente en todo y al mismo tiempo lo trasciende todo, el amor a Dios lo incluye todo, es un amor sin fronteras. El amor humano a Dios no es una especie de relación exclusiva con un *ser sobrenatural* más allá del horizonte del mundo, sino que ha de asemejarse en su ilimitación y su incondicionalidad al amor de Dios mismo, que abarca y sostiene todo en el ser a través de su amor; ha de asemejarse a Dios, que está presente en todo con amor y como amor.

Este mandamiento del amor (el amor inseparable a Dios y al prójimo) es una tarea que nunca puede terminar en este mundo ni en esta vida; tiene, como la fe, un carácter de invitación a un viaje que siempre está abierto. El cristiano está llamado a ser como Dios, cuyo amor no excluye a nadie.[12]

Así pues, la gracia de la fe se infunde en la vida de una persona concreta no cuando da su asentimiento racional a los artículos de fe, *cuando comienza a pensar que hay un Dios* –como mucha gente imagina la conversión–, sino cuando se produce la trascendencia (autotrascendencia, trascendencia del egoísmo y el ensimismamiento) en su vida, es decir, lo que el cristianismo entiende por palabra de amor. Las creencias de fe, las creencias sobre Dios, forman parte del acto de la fe en la medida en que su contexto es la práctica del amor. Fuera de este contexto son una fría «fe muerta».[13]

---

11 Véase T. Halík, *Quiero que seas,* Barcelona, Herder, 2018.
12 Véase Mt 5,43-48.
13 St 2,17.

Incluso la recepción de la gracia (la vida de Dios) en los sacramentos no sería posible sin la fe, unida al amor, porque sería un ritual vacío cercano a la magia.[14]

* * *

La Iglesia definió hace tiempo la fe como un acto de la voluntad humana provocado por la gracia de Dios, que mueve a la razón a dar su asentimiento a los artículos de fe presentados por la Iglesia. La fe es así una *virtud infusa* en la que el don de Dios se encuentra con la libertad del hombre; la iniciativa de Dios es primordial en esto, pero la libertad humana es también insustituible. Aunque esta descripción de la fe es escolástica y engorrosa, preserva la experiencia de que la fe tiene un carácter dialógico, un encuentro entre lo divino y lo humano.

La respuesta a la pregunta de si este modelo teórico se corresponde, y en qué medida, con lo empírico de la historia humana la ofrece la psicología. La psicología de la religión suele centrarse en el periodo de la adolescencia, en el que, por regla general, se forma la visión del mundo. El adolescente puede decir conscientemente sí o no a las creencias en las que ha sido educado, puede desviarse de ellas o, por el contrario, puede entenderlas y aceptarlas de una forma nueva, más madura que la que se le presentó en la infancia. En la transición a la edad adulta, lo más frecuente es que se produzcan conversiones: un creyente puede cambiar una religión por otra o abandonar la vida religiosa, o, por el contrario, una persona que aún no ha creído puede aceptar la fe. Sin embargo, las *conversiones* de este tipo se producen en nuestra civilización incluso entre los tradicionalmente religiosos, cuando

14 Esto se expresa en la teología sacramental católica mediante la unión del *opus operatum* con el *opus operantis,* los elementos *objetivos* y *subjetivos* en la concesión y la recepción de los sacramentos.

se dan cuenta de que su religión no es aceptada universalmente como algo natural y, sin embargo, eligen libremente permanecer en la tradición que han adoptado. La socióloga británica Grace Davie sostiene que, mientras que en el pasado muchos creyentes consideraban que su participación en el culto estaba determinada, de forma tradicional, por una obligación incuestionable, hoy en día los que asisten a la Iglesia son principalmente personas que quieren estar allí por su propia elección.[15]

La falta de presión social para *ir a la iglesia* y profesar la fe ha desviado a un cierto número de «cristianos culturales»[16] de participar en la vida de la Iglesia (excepto quizá en el raro caso de asistir a los servicios de la Iglesia en días festivos o actos familiares importantes). Sin embargo, este *dejarse llevar* ha revitalizado las iglesias y su fe. Si la religiosidad no es solo un hábito, si el creyente piensa en la fe y la convierte en su creencia personal, entonces suele reinterpretar en cierta medida su contenido, recontextualizándolo a la luz de su educación y su maduración personal crecientes. La fe reinterpretada, mientras no sea interiorizada, si no ha arraigado en el mundo emocional e intelectual de la persona, difícilmente podrá resistir las crisis inevitables en un mundo secularizado.

Sin embargo, la psicología profunda y la psicología del desarrollo, influidas por el psicoanálisis, han cuestionado la noción de que la adolescencia sea el periodo clave para la vida religiosa. Erik Erikson acuñó el término «confianza básica» *(Ur-vertrauen)* y se refiere a la actitud básica hacia la vida que se forma en las primeras etapas vitales desde el primer contacto del recién nacido con la madre y otras personas importantes para él. Ana María Rizzuto,

---

15   Véase G. Davie, *Religion in Modern Europe. A Memory Mutates,* Oxford, Blackwell, 2000.

16   La sociología utiliza este término para referirse a quienes reconocen la religión como parte de la cultura, pero carecen de fe como experiencia religiosa personal, como relación personal con Dios.

psicóloga de Harvard de origen argentino, desarrolló una psicología evolutiva de la religión muy inspiradora.[17] La imagen sobre la religión del niño se forma espontáneamente a una edad más temprana sobre la base de las primeras experiencias, reflejando la confianza o la descreencia básicas. Las ideas religiosas posteriores pueden desarrollar esa praxis o corregirla. Una imagen patológica de un dios malvado puede desarrollarse a partir de la descreencia básica, que puede causar trastornos mentales y espirituales. La reacción psicológica a esta imagen puede ser el ateísmo; suele ser primero una protesta contra un tipo concreto de religión y luego se convierte en una aversión a la religión como tal.

La imagen infantil espontánea de Dios, personal, emocional, poco diferenciada y, sobre todo, en gran medida inconsciente, entra tarde o temprano en relación con el concepto cultural de Dios, que es lo que se ha dado al niño a través de la vida religiosa de una sociedad determinada, especialmente a través de la educación religiosa en la familia o en la escuela. Al hacerlo, puede ser que la imagen espontánea de Dios que tiene el niño complemente de forma armoniosa su imagen cultural (lo que significa la promesa de una religiosidad más fuerte en su vida posterior) o puede que el niño no la acepte y conserve su propia imagen de Dios. En otros casos, el niño rechaza o guarda en el inconsciente su imagen espontánea y acepta el concepto que le ofrece la cultura.

Creo que esta teoría puede también arrojar algo de luz sobre la situación religiosa en países como la República Checa, donde la mayoría de los niños durante generaciones (y a menudo, todavía hoy) no han sido expuestos a ningún tipo de educación religiosa. La gente tiene entonces *su propio dios* o se convierte en atea cuando sale de su religiosidad infantil espontánea y no encuentra ninguna otra forma de religión. La ausencia de una educación religiosa creíble —especialmente, la incapacidad de comunicarse

---

17 Véase A. M. Rizzuto, *El nacimiento del Dios vivo*, Madrid, Trotta, 2006.

con una religión mitopoyética específica en la niñez– contribuye a la proliferación de los nones, un tema que tratamos en uno de los capítulos de este libro.

* * *

La fe se va incrustando poco a poco en las historias de vida individuales. Es un proceso dinámico que dura toda la vida: para una persona que se ha convertido en la edad adulta de la incredulidad a la creencia, ese periodo anterior de incredulidad también pertenece a la historia de la fe. Teológicamente hablando, Dios tiene una historia con cada persona, creyente o no creyente. Está presente en su creencia y en su incredulidad: «¿Soy solo Dios en la cercanía y no lo soy en la lejanía?».[18]

Lo que *Hebreos* describe que ocurre en la historia de la salvación, «En muchas ocasiones y de muchas maneras habló Dios antiguamente a los padres por los profetas. En esta etapa final, nos ha hablado por el Hijo»,[19] también se reproduce a nivel personal en los relatos de los conversos: Dios habló a todos muchas veces y de muchas maneras ya antes de que esa persona dijera «sí y amén» al mensaje de los Evangelios a su manera personal, con una fe consciente.

Por eso, la oración es importante para la fe, que es una búsqueda constante de Dios, no como un medio de influir en Dios para que se haga su voluntad, sino para crear un silencio interior en el que se intenta percibir la presencia del Dios oculto y comprender su voluntad. La fe, a diferencia de la «visión beatífica» *(visio beatifica)* de los santos en el cielo, no posee la evidencia, la certeza del conocimiento pleno y evidente. Si es humanamente auténtico, conserva un espacio legítimo para las preguntas críticas que

18 Jr 23,23.
19 H 1,1.

le ayudan a crecer y a cooperar más con el lado divino (con la fe como don de la gracia de Dios). La duda que acompaña sanamente a la fe y la hace humilde no es la duda sobre Dios, la duda sobre si Dios existe, sino una duda sobre sí mismo, sobre la medida en la que el creyente entiende correctamente el significado de Dios.

El misterio más profundo de la fe no es la existencia de Dios. Estrictamente hablando, el cristiano no cree en un Dios que podría no existir. Solo las entidades contingentes (accidentales), los *objetos*, pueden ser inexistentes. Un Dios que podría no ser, Dios como un ser entre los seres, no existe realmente, tal Dios como objeto sería un ídolo. El Dios en el que creemos los cristianos contiene simultáneamente todo al mismo tiempo que lo trasciende.[20] No tiene sentido preguntarse si hay una totalidad que incluya todo; pero es normal preguntarse cuál es la naturaleza de ese conjunto y si es posible interactuar con él de alguna manera, si es infinitamente mayor que todas nuestras afirmaciones e ideas al respecto.

La fe no adquiere su carácter cristiano por creer que Dios existe; nos convertimos en creyentes cristianos no por creer en la existencia de Dios, sino, como dice la Biblia, porque «hemos conocido el amor que Dios nos tiene y hemos creído en él».[21] La objeción de que primero debemos creer en la existencia de Dios y luego en el amor de Dios contradice la lógica de los Evangelios: Quien no ama no ha conocido a Dios.[22]

El amor no es uno de los atributos de Dios, sino que es su esencia, su propio nombre. Tal vez la prohibición de decir el nombre de Dios también se dio porque el amor no se puede

20 El cristianismo rechaza el panteísmo, la identificación de Dios con el universo. Sin embargo, en la Biblia encontramos puntos importantes cercanos al panenteísmo, una idea donde Dios se identifica con lo creado, pero al mismo tiempo lo trasciende.

21 1 Jn 4,16.

22 1 Jn 4,8.

expresar con palabras. El amor solo puede expresarse en la propia vida. Las palabras de amor, descubiertas por la propia vida, son para pronunciar este nombre de Dios en vano, de forma vacía, pecaminosamente.

* * *

Ya he mencionado el desafío de Jesús: ¡Tened fe en Dios![23] ¡Tened la fe que tiene Dios! Dios nos ama y confía en nosotros, por lo que podemos participar en su fe confiando en ella. El contenido de nuestra fe no son las opiniones sobre su existencia, sino la respuesta de la confianza a su confianza, la respuesta del amor a su amor. Por lo tanto, la fe es inseparable del amor, y tanto la fe como el amor solo los tenemos en forma de esperanza y deseo, nunca como posesión.

Creo para comprender *(credo ut intelligam)*, pero al mismo tiempo necesito un cierto tipo de comprensión como espacio en el que pueda vivir la fe *(intelligo ut credam)*.[24] Pero la fe misma, como experiencia existencial específica, ya es un tipo de comprensión, una interpretación del mundo y de la vida. Entre la fe y el entendimiento, como entre la fe y el amor, hay un círculo hermenéutico: se interpretan mutuamente, no pueden separarse.

Jesús prometió a sus apóstoles que, si tuvieran fe como un grano de mostaza, nada sería imposible con esta fe.[25] Esta frase suele ser entendida como una reprimenda a los apóstoles por no

---

23   Véase Mc 11,22.

24   «*Neque enim quaero intelligere ut credam, sed credo ut intelligam*» (no busco entender para poder creer, sino que creo para poder entender). Con esta frase, Anselmo de Canterbury amplía el dicho de san Agustín «*credo ut intelligam*» (de los comentarios al Evangelio de san Juan). La idea de san Agustín de la fe en busca de entendimiento procede de la traducción latina de Isaías 7,9 que dice «*nisi credideritis non intelligetis*» (sin creer no se comprende). Véase su *Sermón 43*.

25   Véase Mt 17,20.

tener una fe lo suficientemente grande. En uno de mis libros, ofrecía una interpretación provocadoramente diferente: puede que nuestra fe sea incapaz de hacer grandes cosas porque no es lo suficientemente pequeña.[26] Sobre ella se han amontonado muchas cosas secundarias, nuestras ideas y deseos. Solo la fe desnuda liberada de todo lastre es *la fe de Dios*. Desde san Pablo, después de todo, sabemos que lo que es grande a los ojos del hombre es insignificante para Dios, y viceversa.[27]

En el Evangelio de Juan, Jesús dice que el grano de trigo debe morir antes de que pueda producir fruto; si no muere, queda infecundo.[28] ¿No es lo mismo con nuestra fe? ¿Acaso nuestra fe no tiene que imitar la kénosis de Jesús, marchitarse desde su forma actual y quedar vacía para que se llene de la plenitud de Dios?

Al igual que celebramos la Pascua repetidamente a lo largo de nuestra vida y de nuestra historia para comprender su significado año tras año, así nuestra fe también debe pasar repetidamente por el misterio pascual de la muerte y la resurrección. Las noches oscuras de la fe, como bien sabían los místicos, son escuelas para su maduración. Esto es obviamente cierto tanto en nuestras historias de fe como en la historia de la fe.

No tengamos miedo de los momentos en los que nuestra fe está clavada en la cruz de la duda, cuando desciende a los infiernos del dolor y la desolación y algunas de sus formas muere y es depositada en la tumba. A veces, Dios habla en la tormenta pentecostal, a veces en una brisa tranquila y apenas audible, como a Elías en Horeb.[29]

A veces nuestras crisis personales de fe coinciden con las de la historia, pues nuestras historias de vida se entrelazan en la corriente

---

26 T. Halík, *Paradojas de la fe en tiempos posoptimistas, op. cit.*
27 Véase 1 Co 1,25-29.
28 Véase Jn 12,24.
29 Véase 1 R 19,12.

de la historia. Nuestra fe personal participa no solo en la luz y en las alegrías de la fe de la Iglesia, sino también en sus horas oscuras. Carl Gustav Jung confesó que, durante una de sus más profundas depresiones y crisis personales, lo ayudó el darse cuenta de que su crisis anticipaba de alguna manera la crisis de nuestra civilización, la guerra mundial.[30] Quizá a nosotros también nos puede ayudar el conocimiento de que los dolores de nuestra fe son una participación misteriosa en los dolores de la Iglesia y, por lo tanto, en el misterio continuo de la cruz de Jesús. San Pablo escribió que nuestros dolores son lo que queda por completar en la historia a partir de los sufrimientos de Cristo;[31] así, además de la *creatio continua* y la *resurrectio continua,* el primero y más grande de los teólogos cristianos nos presenta la doctrina de la *passio continua.*

La llamada al *sentire cum ecclesia* (pensar y sentir con la Iglesia) suele presentarse como una llamada a la obediencia a la autoridad eclesiástica. Entiendo ese mensaje, pero también lo entiendo como una llamada a mostrar nuestras preguntas, nuestros dolores y dudas, nuestras noches de la fe, en un contexto más amplio, el de la fe de toda la Iglesia. La Iglesia como comunidad de fe es también una comunidad de experiencia compartida del viaje a través del oscuro valle de la sombra. No solo nuestras historias personales de fe, sino también la historia de la Iglesia tiene sus resortes y sus largos y fríos inviernos.

* * *

¿De qué manera participa la Iglesia en la plenitud de la verdad de Dios, esa certeza de todas las certezas? ¿Cómo y en qué me-

30   Véase A. Jaffé (ed.), *Vzpomínky, sny, myšlenky C. G. Junga,* Brno, Atlantis, 1998, pp. 162-165 [vers. cast.: C. G. Jung, *Recuerdos, sueños, pensamientos,* Barcelona, Seix Barral, 2001].
31   Véase Col 1,24.

dida vierte esta agua de vida en los corazones y las mentes de los creyentes? Creo que aquí podemos utilizar el verbo *subsistit* (permanece, habita, tiene contenido). Esta palabra la tomó prestada la doctrina de la Iglesia en los documentos del último Concilio con una importante dimensión ecuménica. En el acalorado debate, una frase decía que la Iglesia católica es la Iglesia de Cristo. Ese «es» fue sustituido por *subsistit*. Es decir, en esta Iglesia católica empírica, aquí y ahora existente, se encuentra la Iglesia de Cristo, esa misteriosa novia de Cristo cuya plena gloria y belleza solo se revelará en el horizonte escatológico de la eternidad.

También se deduce que esta Iglesia católica romana en particular no *llena todo el espacio* de la Iglesia de Cristo, sigue habiendo un lugar legítimo para otras Iglesias cristianas. Este importante fundamento del ecumenismo cristiano fue por fin defendido en el Concilio, aunque las declaraciones posteriores desde el magisterio de la Iglesia atenuaron cuidadosamente esta generosidad con la adición de que, en otras Iglesias, la Iglesia de Cristo existe de una forma algo diferente, más modesta que en la Iglesia católica romana.[32]

Por analogía, tal vez podríamos decir que en la enseñanza del magisterio *subsistit* la Verdad, que es Dios mismo, sin por ello agostar en ningún momento de la historia la plenitud del misterio de Dios. La afirmación de que la doctrina oficial de la Iglesia presenta la revelación de Dios de forma auténtica y en grado suficiente para la salvación y que no se espera ninguna otra revelación no significa que la Iglesia quiera imponer la prohibición de que el Espíritu Santo siga actuando. Siempre hay espacio para el libre fluir del Espíritu que, hasta el final de la historia lleva a los discípulos

---

32 La declaración *Dominus Iesus*, emitida por la Congregación para la Doctrina de la Fe en agosto de 2000 y aprobada por el papa Juan Pablo II, busca incluso preservar el concepto de Iglesia solo para la Iglesia católica y romana; se dice que otras comunidades cristianas son «Iglesias» en un sentido diferente al de la Iglesia de Roma.

de Cristo gradualmente hacia la plenitud de la verdad. La cuestión es, sin embargo, que la apertura a los nuevos dones del Espíritu no signifique una pérdida ingrata y temeraria del respeto hacia la relevancia y la vinculación de los tesoros de los anteriores dones dados por el Espíritu; Jesús alabó la sabiduría de los escribas que seleccionan de este tesoro cosas nuevas y antiguas.[33]

También en la fe de un cristiano individual o de un grupo cristiano particular (por ejemplo, una escuela teológica) se encuentra la fe de toda la Iglesia, la plenitud de la doctrina cristiana; pero la fe y el conocimiento de un cristiano individual o de un grupo cristiano concreto siempre tienen sus límites humanos (históricos, culturales, lingüísticos y psicológicos), por lo que no es capaz de absorber toda la fe de la Iglesia en su plenitud. Por ello, los creyentes individuales y las escuelas particulares de fe y espiritualidad necesitan el conjunto de la Iglesia y su ministerio de enseñanza para ser completados y quizá corregidos. El creyente individual participa en la fe de la Iglesia en la medida de su limitada capacidad personal para encarnar el tesoro de la fe en su entendimiento, su pensamiento y su acción. Ya santo Tomás de Aquino enseñaba sobre la fe implícita: ningún creyente puede abarcar todo lo que la Iglesia cree, solo entiende y acepta explícitamente una parte de ella. Sobre lo que excede su entendimiento y su conocimiento, tiene una participación implícita a través del acto de confianza en Dios, en su revelación y en la Iglesia, que presenta dicha revelación. Esta toma de conciencia debe llevar a la humildad y al reconocimiento de la necesidad de comunicación y diálogo en la Iglesia.

Además, la fe cristiana nunca llena (ni siquiera en el caso de los santos y los místicos) todo el espacio del alma humana, la parte consciente e inconsciente de la psique. En este sentido entiendo la afirmación del cardenal Danielou de que «el cristiano

33 Véase Mt 13,52.

es siempre un pagano parcialmente bautizado». El bautismo tiene la naturaleza de un signo *(signum indelibilis)* y una participación real en el cuerpo místico de Cristo. Pero la gracia del bautismo actúa dinámicamente en el hombre, permitiéndole crecer y madurar en la fe en la medida en que el hombre le abre el espacio de su libertad en todos los niveles de su existencia. Aunque la fe de la Iglesia habite *(subsistit)* realmente en la vida espiritual del creyente, el conocimiento religioso que ha recibido no llena todo el espacio de su vida espiritual, por lo que queda un lugar legítimo en su mente y su corazón para la búsqueda, el cuestionamiento crítico y la duda honesta. Es saludable que se cuestione humildemente si su camino de fe es auténtico, fiel a la tradición, pero también fiel a cómo Dios lo guía en su conciencia. Por lo tanto, el último destinatario de sus preguntas no puede ser solo la autoridad eclesiástica, sino Dios mismo, presente en el santuario de su conciencia. Dios le habla no solo en las enseñanzas de la Iglesia, sino en los signos de los tiempos y en los acontecimientos de su propia vida.

El don de la fe, ya sea mediado por la educación, la influencia del entorno o recibido como fruto de una búsqueda personal, es un don de la gracia de Dios sumamente valioso. Pero no menos valioso es el don de Dios de la «inquietud del corazón humano» de la que habla san Agustín. Esta inquietud no le permite a uno descansar en una determinada forma de fe aceptada o conseguida, sino que siempre busca y anhela ir más allá. Incluso las preguntas críticas, las dudas y las crisis de fe pueden ser un valioso estímulo en este camino. También se pueden considerar como un don de Dios, como una *gracia de apoyo*. El Espíritu de Dios no solo ilumina la razón de la persona, sino que también actúa como una *intuición* en lo más profundo de su inconsciente. Este conocimiento es valioso para reflexionar sobre la «fe de los incrédulos»; incluso las personas que no han sido alcanzadas por el anuncio de la Iglesia o no lo han recibido en una forma que puedan aceptar honestamente pueden tener una cierta *intuición de fe,* y el diálogo de la fe de la Iglesia con esta *fe intuitiva* de personas alejadas de la Iglesia puede ser útil para ambas partes.

«Pues Dios es mayor que nuestro corazón», leemos en la Epístola de Juan.[34] Sin embargo, «nuestro corazón» es mayor que lo que nuestra razón, nuestras creencias, nuestros actos de fe conscientes y reflexivos y nuestro credo pueden saber sobre Dios. Pero cuidémonos de reducir la noción bíblica, agustiniana (y pascaliana) del corazón solo a la emocionalidad.[35]

Jung sostenía que el componente consciente y racional de nuestra psique es como una pequeña parte de un iceberg que sobresale del mar; la parte más poderosa e importante se encuentra en el inconsciente, no solo personal, sino también del colectivo; ahí es donde nacen las ideas, la inspiración y los motivos ulteriores de nuestras acciones. Tal vez pueda decirse que la psicología profunda solo describe así, con otras palabras, o desde una perspectiva diferente, la experiencia de los místicos de que *el alma no tiene fondo:* la profundidad del hombre está impregnada por la profundidad de la realidad misma, que llamamos Dios; en palabras del *Salmo,* «un abismo llama a otro abismo».

La psicología de la religión, basada en la psicología profunda, afirma que la fe como creencia existencial en las profundidades de la realidad que escapa por completo a nuestro control impregna la totalidad de la existencia humana, y que sus raíces psicológicas se encuentran precisamente en las profundidades del inconsciente. La teología espiritual, que refleja la experiencia mística, complementa este punto de vista, pero desde el otro lado: Dios se dirige a la persona entera, pero lo que la psicología profunda llama el in-

---

34   1 Jn 3,20.

35   David Steindl-Rast denomina al corazón «el órgano para percibir el sentido» (D. Steindl-Rast, *The Way of Silence,* Cincinnati, Franciscan Media, 2016, p. 19).

consciente, la Biblia y los místicos desde san Agustín hasta autores espirituales de nuestro tiempo, pasando por Pascal, lo describen más a menudo con la metáfora del corazón, que entiende mejor a Dios que nuestra racionalidad. El papel de la razón en la vida de la fe no debería ser subestimado, pero tampoco sobreestimado.

La «gracia de la fe» es evidentemente un don mayor y más dinámico que la forma en la que entendemos normalmente la fe. La fe llega a las capas más profundas de nuestro ser, lejos de agotarse en lo que *pensamos* o en cómo *realizamos* nuestra fe en la práctica religiosa ordinaria: yendo a la iglesia y cumpliendo los mandamientos. Especialmente en tiempos de agitación (por ejemplo, cuando la asistencia a la iglesia se hace imposible por una pandemia o cuando la gente se encuentra en situaciones vitales extraordinarias en las que los libros de texto morales y los sermones estereotipados no son de mucha ayuda), esto es insuficiente. Hacer fielmente la voluntad de Dios requiere, sobre todo en situaciones límite, algo más: el cultivo constante de la propia conciencia, de la creatividad, el valor y la responsabilidad personal. ¿Y no es una situación límite la que vive la humanidad hoy en día?

Si Dios, que *es mayor que nuestro corazón,* entra en nuestras vidas, entonces la profundidad y la apertura de nuestro ser, a la que nos referimos con la metáfora del corazón, se expande infinitamente. Algo más significativo y grande está sucediendo dentro de nosotros que no podemos comprender, *captar* y *agotar* con nuestra práctica religiosa ordinaria. Por eso, es importante no quedarse estancado en ella, no conformarse con la forma habitual, sino seguir buscando, aunque esta búsqueda vaya acompañada de crisis y surjan preguntas difíciles que van más allá de la tradición presentada por el catecismo.

Jesús miraba con amor al joven que había cumplido todos los mandamientos desde temprana edad, pero probablemente también con tristeza, pues este joven era demasiado rico. Quizá no solo era rico en bienes materiales, sino también en piedad y rectitud en el sentido de la Ley mosaica. No era lo suficientemente libre en su interior como para dejar toda esa riqueza, ponerse en camino y seguir a Jesús.[36]

También nuestra piedad y nuestras virtudes, sobre todo si estamos debidamente orgullosos de ellas, pueden convertirse en una trampa y en una coraza, esa pesada armadura de Saúl de la que el joven David tuvo que desprenderse para luchar contra Goliat. Para la brillante y pesada coraza de la teología que se supone que nos protege de todas las preguntas que no podemos responder, esto vale el doble. Recordemos de nuevo al Maestro Eckhart: Debemos encontrar a Dios «como desnudo con los desnudos».

En el rito de admisión al catecumenado se bendicen los oídos, los ojos, la boca, el corazón y los hombros de los que han creído y se dirigen a la pila bautismal; bendecimos sus sentidos externos e internos, sus cuerpos y sus almas, los bendecimos con la apertura y la atención receptiva a la acción de Dios, a la variedad de dones discretos que Dios ha preparado para ellos y que, a menudo, se esconden en las pequeñas cosas inmensas, en los acontecimientos de la vida cotidiana. Los encontrarán más fácilmente y en mayor abundancia si los buscan y los reciben, sabiendo que estos diferentes aspectos del don de la fe les son dados para servir a los demás, para ser los ojos o los oídos, la boca o el corazón de la comunión de los fieles.

---

36 Véase Mc 10,17-22.

13. La espiritualidad como pasión de fe

En muchas Iglesias aún se escuchan los gritos de temor y las señales de alarma ante un *tsunami de laicismo y liberalismo*. El humanismo secular ateo, sin embargo, hace tiempo que dejó de ser un competidor importante del cristianismo eclesiástico tradicional; hoy está igualmente envejecido, debilitado y sin aliento. En ambos casos, la mejor forma de reconocerlo es a través del lenguaje: la pérdida de vitalidad espiritual siempre se delata primero por una expresividad cansada, una lengua abarrotada de tópicos y frases hechas.

El principal reto del cristianismo eclesiástico actual es el giro desde la religión hacia la espiritualidad. Mientras que las formas institucionales tradicionales de la religión se asemejan a los cauces de los ríos que se secan en muchos lugares, el interés por la espiritualidad es una corriente creciente que socava las viejas orillas y forma nuevos caminos. El Concilio Vaticano II también parece haber intentado preparar a la Iglesia para llegar a un acuerdo con el humanismo secular y el ateísmo, y probablemente no previó la gran expansión del interés por la espiritualidad. Las Iglesias mayoritarias no estaban preparadas para la sed de espiritualidad y a menudo siguen siendo incapaces de responder a ella adecuadamente.

Enunciemos una de las tesis principales de este libro: el futuro de las Iglesias depende en gran medida de si comprenden la importancia de este punto de inflexión, cuándo, en qué medida y cómo van a responder a este signo de los tiempos. La evangelización –la tarea central de la Iglesia– nunca será suficientemente *nueva* y eficaz si no penetra en la dimensión profunda de la vida humana y de la cultura, que es el espacio vital de la espiritualidad. Si la evangelización consiste en sembrar la semilla del mensaje evangélico en buena tierra, esta tierra debe ser algo más profunda que el componente racional y emocional de la personalidad humana. Debe ser esa región más interna que san Agustín llamó la memoria, Pascal llamó corazón y Jung, *das Selbst;* ahí reside ese vientre materno del que el hombre, en el espíritu de las palabras de Jesús a Nicodemo, «tiene que nacer de nuevo».[1]

La tarea que le espera al cristianismo en la fase vespertina de su historia es en gran medida el desarrollo de la espiritualidad, y una espiritualidad cristiana recién entendida puede hacer una contribución significativa a la cultura espiritual de la humanidad hoy en día, incluso mucho más allá de las Iglesias.

* * *

Se nos plantean varias cuestiones: ¿Cuál es la causa del interés actual por la espiritualidad? ¿Qué reto supone este fenómeno para el cristianismo y para la Iglesia? ¿Cuáles son los riesgos y los peligros de esta tendencia? ¿El interés por la espiritualidad es una prueba de revitalización de la religión o, por el contrario, es un sustituto de una religión en retroceso? ¿Cuál es la relación de la espiritualidad con la fe y la religión?

Las respuestas a estas preguntas son difíciles porque dependen de diferentes definiciones y concepciones de la religión, la fe y la espiritualidad; ciertamente, esperar definiciones universalmente aceptables en este ámbito no es realista. En cuanto a la disputa

---

1 Jn 3,3-6.

sobre si la espiritualidad pertenece al ámbito de la religión, si es una dimensión de la religión o si forma parte de la esfera secular y es más bien un *sustituto de la religión,* me gustaría referirme a una reciente e inspiradora conferencia. Según el académico israelí Boaz Huss, la espiritualidad constituye un fenómeno que no pertenece ni a la esfera religiosa ni a la secular.[2] A partir del estudio de la espiritualidad, Huss cuestiona la pertinencia de los conceptos de religión y laicidad: sostiene que el concepto de religión y el concepto de laicidad (y, por lo tanto, la teoría de la relación entre las esferas religiosa y laica) se originó exclusivamente en el contexto cristiano europeo, en una época en el umbral de la Modernidad, la época de la Reforma, de la colonización, de la aparición de los Estados nación y de la sociedad capitalista. Estos conceptos y teorías se adoptaron posteriormente para describir la situación del mundo no europeo, para el que, sin embargo, esta división es ajena y en cuyas lenguas no existe un equivalente adecuado ni del concepto de religión ni del concepto de laicidad. Huss sostiene que la relevancia de estas categorías está limitada no solo localmente (geopolíticamente), sino también temporalmente. Denotan fenómenos de una época que ya ha pasado incluso en Occidente y, por eso, ya no sirven para describir la situación occidental actual. Sin embargo, el concepto de espiritualidad, aunque también es un producto de la cultura occidental de los tiempos modernos, y es incluso posterior a las nociones de religión y secularidad, es, en opinión de este autor, adecuado para caracterizar a la situación espiritual actual.

Muchas investigaciones sobre los nones hablan a favor de esta teoría, incluido el proyecto de investigación internacional *Faith and Beliefs of «Nonbelievers»* que estamos llevando a cabo

---

2 Véase B. Huss, «Spiritual, but not Religious, but not Secular. Spirituality and its New Cultural Formations» (conferencia pronunciada en la Universidad Estatal de San Petersburgo, 11 de noviembre de 2018).

con compañeros de la República Checa y del extranjero.[3] Como
he mencionado anteriormente, parece que no solo los términos
religioso y *secular*, sino también las categorías análogas de creyente
y *no creyente,* teísta y ateo, no logran captar adecuadamente la
situación espiritual actual. La transformación de la religión en
la era de la globalización ha relativizado incluso estas fronteras; la
sociedad contemporánea no está tan dividida. La gente, al menos
en la civilización occidental, rara vez está completamente dividida.
No solo más allá de los límites de las Iglesias, sino incluso entre
sus miembros, hay un número creciente de personas a las que
podríamos llamar *simul fidelis et infidelis:* en su mundo interior
se entremezclan la fe y el escepticismo, la confianza básica y la
duda, las preguntas críticas y las incertidumbres.

Así, el mundo interior de un gran número de nuestros contemporáneos refleja y crea al mismo tiempo la mentalidad pre-
dominante de la sociedad y el paisaje cultural *exterior.* La cultura
posmoderna lleva en sus genes tanto el cristianismo como la
Modernidad y el secularismo que surgieron del cristianismo, y
esta herencia está fuertemente mezclada. La gran mayoría de los
cristianos practicantes de Occidente está profundamente influida
culturalmente por la sociedad secular moderna. Sin embargo, los
ateos también podrían ser descritos en su mayoría como (culturalmente) *ateos cristianos* porque llevan consigo mucho más de
la herencia de la cultura cristiana de lo que normalmente están
dispuestos a admitir.[4]

Durante siglos, las autoridades eclesiásticas han tratado de
controlar la espontaneidad y la vitalidad de la vida espiritual,
de velar por la ortodoxia de los credos, de controlar las expresiones
formales de las creencias y de disciplinar la moral de los fieles.

---

3 *Faith and Beliefs of «Nonbelievers».* Véase https://www.templeton.org/
grant/faith-and-beliefs-of-nonbelievers [3-11-2021].
4 Véase A. Comte-Sponville, *El alma del ateísmo,* Barcelona, Paidós, 2006.

La espiritualidad, como dimensión dinámica interior y forma de fe, escapó más fácilmente a este control. Por eso, también a lo largo de la historia las autoridades eclesiásticas han tratado a menudo esta forma de fe con cautela y recelo, queriendo reservarle un espacio limitado (sobre todo tras los muros de los monasterios) y un tiempo señalado (por ejemplo, un tiempo prescrito de contemplación en el estilo de vida de los miembros del clero). La autoridad eclesiástica trató de disciplinar e institucionalizar al máximo los movimientos espirituales no conformistas –como el de Francisco de Asís y sus seguidores–. Sin embargo, desde los monasterios, la espiritualidad religiosa a menudo se irradia hacia los laicos, y esta radiación adoptó la forma institucionalizada de fraternidades y órdenes terciarias.

Muchos pioneros de las nuevas corrientes espirituales, que la Iglesia declaró más tarde como santos, también se enfrentaron a la desconfianza, el acoso y la supresión en la Iglesia. Por ejemplo, Teresa de Ávila, Juan de la Cruz e, inicialmente, Ignacio de Loyola. Todo lo suprimido y reprimido, como nos enseñan el psicoanálisis y muchos ejemplos de la historia, siempre vuelve con otra forma.

En tiempos de crisis en la religión institucional, hubo a menudo un renacimiento de la espiritualidad en los círculos cristianos laicos. Por ejemplo, en un momento de profunda crisis en la forma alto medieval de la Iglesia, cuando crecían diversas tensiones intraeclesiásticas y conflictos entre la Iglesia y las autoridades seculares, la jerarquía abusó del castigo del entredicho, una especie de huelga general del aparato eclesiástico. Cuando el funcionamiento de la Iglesia, incluida la celebración de los sacramentos, se detuvo, los cristianos laicos se vieron obligados a buscar formas alternativas, y una de ellas fue el renacimiento de la espiritualidad personal. Esto contribuyó, entre otras cosas, a la individualización de la fe que luego se desarrolló en la Reforma protestante y en la espiritualidad secular. En tiempo de crisis en la Iglesia medieval, estrictamente jerárquica, las hermandades laicas crecieron y difundieron tanto una tranquila devoción pietista como, en otras ocasiones, una espiritualidad revolucionario-quiliástica de apasionada resistencia anticlerical.[5]

El posible renacimiento del interés espiritual al final del segundo milenio del cristianismo también está relacionado en cierta medida con la crisis culminante de poder, autoridad, influencia y credibilidad de las instituciones religiosas tradicionales. Precisamente porque la espiritualidad es la menos controlable por la autoridad eclesiástica de un amplio abanico de fenómenos religiosos, es el ámbito que más fácilmente se emancipa de la forma eclesiástica de la religión. Hoy en día, la relación de la espiritualidad con la religión es objeto de un gran debate.

Si el arte y muchos otros fenómenos culturales se han emancipado gradualmente del vientre de la religión, ¿por qué no habría de hacerlo la espiritualidad y establecerse como un campo separado con sus propias reglas? Si la Iglesia, en los documentos del Concilio Vaticano II, reconoció la legitimidad de la autonomía de la ciencia, el arte, la economía y la política, y renunció a la aspiración de dominar estos sectores de la vida, ¿no debería reconocer igualmente la emancipación de la espiritualidad de la religión en su forma eclesiástica? Pero ¿qué quedaría de la Iglesia y de la vida religiosa sin la espiritualidad? «La fe sin obras está muerta», dice el apóstol.[6] Pero la fe sin espiritualidad también está muerta.

* * *

La espiritualidad, la fe viva, precede a la reflexión intelectual (aspecto doctrinal) y la expresión institucional de la fe; los trasciende y, a veces, en momentos de crisis, los revive y transforma. Los impulsos que animaron el pensamiento teológico y condujeron

5 Por ejemplo, los husitas en territorio checo.
6 St 2,14-26.

a las reformas eclesiásticas procedieron con mayor frecuencia de los centros de espiritualidad. Se produjeron trastornos trágicos en la Iglesia, especialmente cuando las autoridades no pudieron ni quisieron escuchar los impulsos de estos centros,[7] cuando eran vistos con desconfianza y a veces incluso con arrogancia por parte de los poseedores de la verdad y el poder.

Sobre la vitalidad y el atractivo de la espiritualidad, no solo en los círculos cristianos laicos, sino también más allá de las fronteras de las Iglesias, hubo una serie de circunstancias que contribuyeron a su popularidad en el fin del segundo milenio (una época que, a veces, se denomina la Nueva Era Axial). Una de las razones fue, sin duda, la necesidad de compensar el ruido, el estrés y la superficialidad de un estilo de vida excesivamente tecnificado, ahondando en el silencio, en el interior y en la profundidad. Varios monasterios contemplativos comenzaron a abrir sus puertas para estancias limitadas en silencio con la posibilidad de acompañamiento espiritual para los buscadores. Experimentar la vida monástica durante un tiempo es una de las ofertas más bienvenidas de la Iglesia hoy en día en los países fuertemente secularizados. Muchas comunidades monásticas envejecen y se extinguen; pero las excepciones son las más rigurosas y puramente contemplativas, las que ofrecen algo que *el mundo* no puede dar. Y estos monasterios, el monacato y el eremitismo no pierden el atractivo para gente de todo el mundo (y no solo para las almas románticas).

Nuevos movimientos y comunidades religiosas han encontrado un hogar en algunos edificios históricos de monasterios abandonados; en algunos lugares, conviven laicos y sacerdotes,

---

7   Tradicionalmente, estos centros de renovación solían encontrarse en la periferia, como, por ejemplo, la misión hiberno-escocesa. Con el papa Francisco, surgen impulsos de reforma directamente desde el trono de san Pedro, lo que supone un notable signo de los tiempos.

hombres y mujeres, familias y personas que viven en un celibato temporal o permanente. En varios casos, el silencio de las ermitas ha inspirado una espiritualidad de personas que viven en el ruido de las ciudades, pero las experimentan como desiertos espirituales, lugares de soledad dentro de la multitud.[8] Uno de los primeros religiosos católicos que llegó a un amplio público en el siglo xx con sus libros, escritos desde un monasterio contemplativo en Kentucky, fue el trapense estadounidense Thomas Merton.[9]

Desde la década de 1960 hasta la actualidad, han aparecido nuevos autores de libros sobre la contemplación; a menudo atraen el interés de lectores que podrían describirse como buscadores más que como observadores religiosos y eclesiásticos anclados.

La década de 1960 fue un momento estelar para la aparición de muchos nuevos movimientos religiosos y espirituales. Como ya hemos mencionado, a finales de esa década surgió un movimiento carismático muy dinámico en los grupos evangélicos de los campus universitarios estadounidenses, y, al cabo de un tiempo, surgió su homólogo en el ámbito católico, el movimiento de la Renovación Carismática. Más tarde, sobre todo en América Latina, las Iglesias pentecostales empezaron a hacerse con miembros de la tradicionalmente fuerte Iglesia católica a gran escala. Donde la vida de las parroquias tradicionales había disminuido, los grupos pentecostales impresionaban por su vitalidad y su emotividad. Donde la Iglesia católica descuidó la educación de los fieles y la catequesis de los adultos, la simple teología fundamentalista de los evangélicos cosechó éxitos.

8   Pienso, por ejemplo, en la espiritualidad de los Hermanitos y Hermanitas de Jesús (especialmente en los libros de Carlos Carretto) y de la Comunidad Carismática Jerusalén.

9   Al final de su vida, Thomas Merton enriqueció su espiritualidad monástica con otros elementos: el diálogo interreligioso con el budismo y el hinduismo y su compromiso político de izquierdas siguiendo el espíritu de la teología de la liberación.

El proceso de globalización, el mestizaje de los mundos, también ha contribuido al renacimiento y al enriquecimiento de la espiritualidad en Occidente. El giro posmoderno hacia la espiritualidad se ha inspirado mucho en la espiritualidad oriental. Esta tendencia también se vio, y en muchos lugares todavía se ve, con gran recelo, a veces incluso es demonizada por muchas autoridades eclesiásticas y por los cristianos conservadores. Desde la década de 1960, el interés por la espiritualidad –especialmente por la de Extremo Oriente, como el yoga, el zen y otras escuelas de meditación– ha encontrado un terreno fértil en los círculos de la psicología y la psicoterapia humanista y transpersonal, en los cursos de desarrollo personal y en la cultura inconformista (por ejemplo, los *beatnik)*. La ola arrolladora de esta subcultura, cuya tierra prometida era principalmente California, se denominó entonces movimiento New Age. Sin duda, era comprensible y legítimo que las autoridades eclesiásticas adoptaran una postura crítica hacia el sincretismo de este movimiento; sin embargo, para su perjuicio, no se preguntaron a qué necesidades y signos de los tiempos respondían estos movimientos, y si la Iglesia era capaz de responder a ellos de forma más competente.

En el entorno cristiano, solo después de la primera oleada de *yoga cristiano* y *zen cristiano,* hay un renovado interés por el estudio de los clásicos de la mística cristiana, y están surgiendo muchos centros para poner en práctica la meditación cristiana. Algunos centros de espiritualidad cristiana son de carácter ecuménico y renuncian a cualquier proselitismo, por ejemplo, la Comunidad Ecuménica de Taizé ha inspirado un movimiento juvenil cristiano mundial que llega a muchos *buscadores.*

Como vemos, mientras que en muchos países las iglesias se vacían, los sacerdotes están disminuyendo y la red de parroquias se está deshilachando cada vez más y no parece que esta tendencia vaya a parar, el acompañamiento espiritual de los buscadores es claramente una forma de ministerio que la Iglesia puede ofrecer no solo a sus fieles, sino también a ese mundo creciente de nones. Pero advierto de que esta no es una misión clásica para reclutar nuevos miembros de la Iglesia. Esperar que la mayoría de los nones encuentren un hogar permanente dentro de los límites (mentales e institucionales) actuales de la Iglesia no es muy realista. Sin embargo, los centros de cristianismo abiertos, especialmente los dedicados a clases de meditación, pueden ampliar estos límites. Probablemente, el servicio más valioso para la credibilidad y la vitalidad de la fe lo prestarán aquellos cristianos que tengan el valor de ir más allá de los actuales límites de las Iglesias tradicionales, los que, siguiendo el ejemplo de san Pablo, puedan ser todo para todos y salir como buscadores con otros buscadores hacia nuevos caminos.

* * *

Si hablamos del creciente interés por la espiritualidad, también hay que mencionar sus escollos. El inconveniente de la popularidad de estos caminos es la tendencia a comercializarlos y trivializarlos. También es una manifestación de la economización de la vida en la civilización contemporánea el hecho de que el mercado global de bienes e ideas haya respondido rápidamente a la demanda de espiritualidad con una avalancha de productos baratos: imitaciones *kitsch* de espiritualidades orientales, baratijas esotéricas, el ocultismo, la magia, las recetas de charlatanes que prometen una rápida iluminación, curación, experiencias extáticas de felicidad o poderes mágicos. El pseudomisticismo se ha convertido en parte del mercado de los medicamentos y de la industria del entretenimiento. Los autoproclamados «maestros espirituales», los magos y los gurús a menudo manipulan espiritualmente y realizan abusos psicológicos y estafas financieras a personas crédulas en sus *ashrams;* y se han producido, además, casos de abusos sexuales.

En los centros de bienestar espiritual, la *meditación* se practica como una actividad de ocio casual o como sustituto de la atención pastoral y la psicoterapia al mismo tiempo. Aquí se venden mejor los productos espirituales con falsas marcas exóticas *made in Orient*. Mis amigos japoneses, monjes budistas, me dijeron con triste ironía después de una visita a un parque de atracciones del pseudobudismo occidental: «Lo que esta gente ofrece erróneamente como budismo no es más que cristianismo tullido, un cristianismo barato, desprovisto de las exigencias del cristianismo, que no les agradan; se trata de un cristianismo cómodo, sin Iglesia, sin dogma y sin la moral cristiana. Pero no tienen ni idea de que el budismo también es un camino difícil».

Los empresarios astutos ofrecen con la *espiritualidad* una forma rápida de conseguir *experiencias espirituales* o la adquisición de habilidades extraordinarias. En los monasterios, donde se cultiva una práctica espiritual honesta, acogen a los interesados con las palabras contrarias: «Recuerda que no has venido aquí para ganar nada, sino para dejar mucho».

Cuando me he ocupado del monstruo del populismo religioso durante un tiempo, he tenido que preguntarme hasta qué punto las Iglesias cristianas, que durante mucho tiempo han presentado el cristianismo como una religión de mandato y prohibición, son responsables de esta situación. No han sabido responder a tiempo al sincero deseo de espiritualidad, de poner a disposición los tesoros de la mística cristiana, ocultos en una bóveda cerrada de la que ellos mismos han perdido las llaves, permitiendo que lo contrario de la fe —la superstición y la idolatría— inunde ese espacio.

El interés por la espiritualidad, ese gran signo de esperanza para una transformación positiva de nuestro mundo, puede ser una oportunidad perdida y volver a desvanecerse pronto si, en lugar de la cultura de la vida espiritual, se ofrece el esoterismo, que es una forma disminuida de la gnosis y representa la banalización y la trivialización.[10]

10 Ulrich Beck habla de forma similar sobre este peligro: «La desdogmatización pragmática de la religión es, por supuesto, ambigua, ya que también

Ciertamente, no solo en el cristianismo, sino también en las tradiciones de muchas otras religiones, así como en la cultura secular, están presentes fuentes de espiritualidad extremadamente valiosas, y a menudo olvidadas, que pueden añadir profundidad, brillo y poder terapéutico a la civilización contemporánea. Si esta potencia se desarrolla dentro de las diferentes religiones, puede abrir un espacio para compartir y enriquecerse mutuamente. Observo con gran interés la unión de personas de todas las religiones que se dedican de forma responsable a la práctica espiritual seria y a aprovechar los tesoros de la mística. Cultivar su propio lado espiritual puede ser lo que permita a estas tradiciones convertirse en una alternativa positiva al fundamentalismo, a la trivialización y a la comercialización de la religión, y a la explotación ideológica y política de la *energía religiosa* para alimentar el nacionalismo, los prejuicios, el odio y la violencia.

La espiritualidad —más que la teología académica, la liturgia y los preceptos morales— es la fuente del poder de la religión, y ha sido subestimada durante mucho tiempo. No la despojemos de las otras dimensiones de la fe. Para que el poder despierto de la espiritualidad conduzca a la paz y a la sabiduría, no puede separarse de la racionalidad, ni de la responsabilidad moral, ni del orden sagrado que la liturgia aporta a la vida.

* * *

Hemos hablado de la relación de la espiritualidad con la religión y la Iglesia. Volvamos a la cuestión de la relación entre fe y espiritualidad. Como respuesta indirecta, puedo decir, citando un

---

abre la puerta de par en par a la trivialización: todo centro de bienestar se jacta de su sabiduría budista; se extiende el analfabetismo religioso; los ateos ya ni siquiera saben en qué Dios no creen» (U. Beck, *Vlastní Bůh, op. cit.*, p. 92) [vers. cast.: *El Dios personal…*]).

comentario de san Agustín sobre el Evangelio de san Juan: «No basta con creer por libre elección. También debes sentirte atraído por la *voluptas*». Aquí, san Agustín –seguramente no solo por el juego de palabras *voluntas/voluptas*– eligió sorprendentemente una palabra que podríamos traducir como libido (placer, pasión, ardor, lujuria, deseo). Y añade: «¿Tienen su placer *(voluptas)* solo los sentidos de la carne y el espíritu está privado de placer? [...] Tráeme aquí a alguien que esté enamorado, él sabrá lo que digo. Tráeme a alguien que esté lleno de deseo, que tenga hambre, que vague por el desierto y anhele una fuente en la patria eterna, tráeme a alguien así, él sabrá lo que digo. Pero, si hablo a un hombre frío, este no sabe de lo que hablo».[11]

¿No entiende san Agustín por esta pasión de la fe precisamente lo que hoy llamamos espiritualidad? ¿No encontramos en estas frases una respuesta a la pregunta de cuál es la relación entre la fe y la espiritualidad? La espiritualidad da a la fe pasión, vitalidad, atracción, ardor; por eso, al transmitir la fe, es necesario no olvidar la llama de la espiritualidad, no para extinguirla, sino para alimentarla, si no queremos construir una religión rígida y fría a partir de la fe. Pero no podemos olvidar que el fuego también es peligroso como la vida misma.

---

11 «*Parum est voluntate, etiam voluptate traheris*» (san Agustín, *Tractatus*, 26, 4-6).

14. La fe de los no creyentes y una ventana de esperanza

Afronto la redacción de este capítulo con gran indecisión. En las próximas páginas, mi interpretación de la fe y la incredulidad será (incluso) más personal y subjetiva que en el resto del libro. Pero ¿no nos han enseñado los teólogos, desde san Agustín hasta Gerhard Ebeling, o los filósofos de la religión como Martin Buber, que el auténtico lenguaje de la fe es necesariamente personal? San Agustín mostró el círculo hermenéutico entre el autoconocimiento y el conocimiento de Dios, y dio a su libro más influyente –uno de los libros religiosos más influyentes en general– la forma de una autobiografía. Ebeling advirtió contra un lenguaje «naturalista» y objetivista sobre Dios; argumentó que el lenguaje de la teología cristiana debe provenir de la propia conciencia que escucha a Dios, que debe estar comprometido personalmente.[1] A través de los libros de Buber, llegué a comprender que, si Dios no es un Tú personal, sino solo un *él* o un *ello* –un objeto del que podemos hablar impersonalmente, a distancia, sin implicación personal, *objetivamente*–, entonces no estamos hablando de Dios, sino de un ídolo.

1 G. Ebeling, *Podstata křesťanské víry,* Praga, Oikoymenh, 1966, p. 66 [vers. cast.: *La esencia de la fe cristiana,* Madrid, Encuentro, 1974].

No oculto mi cercanía a la filosofía y la teología existencialistas y mi desprecio por las neoescolásticas. He examinado cuidadosamente de dónde proviene esta alergia mía al *realismo metafísico*. ¿Tuvieron algo que ver mis experiencias personales traumáticas con algunos neoescolásticos y con la Facultad de Teología de Praga, formada por neoescolásticos a principios de los años noventa del pasado siglo? Fue entonces cuando este intento de teología *científica y objetiva* empezó a recordarme tanto al *ateísmo científico* del marxismo como la arrogante pero ingenua pretensión del positivismo cientificista de *conocer objetivamente la realidad*. La teología vestida como un sistema inconsistente y cerrado de silogismos, en la que no hay rastro del drama de la búsqueda personal de Dios y de la lucha entre la fe y la duda, siempre me ha parecido tan fría e inmóvil como la muerte.

La pretensión de conocer la *verdad objetiva* siempre me ha parecido soberbia y limitada, una pretensión ingenua e insolente de tomar *la posición de Dios,* una incapacidad para reconocer con humildad los límites de nuestra propia perspectiva limitada. Siempre he temido a los *dueños de la verdad* que no dejan lugar a la duda, al cuestionamiento crítico y a la búsqueda posterior. Una de las cosas que me hacen respetar a Nietzsche −y no temer el supuesto *relativismo* del posmodernismo− es su reconocimiento de que todo lo que vemos es ya una interpretación. Solo consiguió reconciliarme hasta cierto punto con la noción de objetividad en la filosofía de la ciencia la frase de mi amigo el filósofo y naturalista Zdeněk Neubauer de que «la objetividad es la virtud de la subjetividad», que es la virtud de la imparcialidad y la justicia.[2] En el ámbito de la teología, entiendo que esta virtud es la kénosis, la experiencia y la visión de uno mismo relativizadas y *entre paréntesis,* porque esta *autonegación* nos ayuda a escuchar mejor la experiencia

---

2 Véase Z. Neubauer, *O počátku, cestě a znamení časů* [Sobre el principio, el camino y los signos de los tiempos], Praga, Malvern, 2007, p. 214.

de los demás y buscar una plataforma de entendimiento mutuo. Incluso el relativismo no se debe absolutizar.

Otra razón de mi extrema reticencia y sospecha del *positivismo en teología* y sus pretensiones de objetividad como *verdad impersonal* es probablemente que la llave que abrió mi comprensión del mundo –y del mundo de la fe– fue el arte. La literatura en particular ofrece la posibilidad de participar en la experiencia de los demás. El arte, más que la ciencia, me abrió el camino a la búsqueda constante de la verdad. En la historia de la filosofía, los pensadores que me fueron más cercanos eran al mismo tiempo grandes escritores; se trata de los existencialistas y sus dos grandes predecesores: Nietzsche y Kierkegaard. Crecí en una familia de historiadores literarios, y elegí estudios en sociología y psicología intuitivamente porque los mejores escritores en ambos campos están en la intersección entre la ciencia y la literatura.

El mundo de la religión me atrajo primero por su lado estético; la primera puerta al mundo de la fe fue para mí el arte, la arquitectura de las viejas iglesias de Praga, esos tesoros artísticos y la música sagrada, esas huellas indelebles de lo sagrado en medio del gris uniforme de una época de ideología materialista primitiva impuesta por el Estado. La iniciación intelectual en el cristianismo, que siguió a ese encantamiento emocional, no me la ofrecieron los libros de teología o el catecismo, sino la literatura: los ensayos de G. K. Chesterton y las novelas de Fiódor Dostoievski, Graham Greene, Heinrich Böll, Georges Bernanos, François Mauriac, Léon Bloy y muchos otros, así como las obras de los poetas católicos checos, especialmente Jan Zahradníček y Jakub Demel. Cuando me convertí en creyente, ya desde los primeros años de mi afán misionero como converso, introduje a muchos de mis amigos y compañeros en el mundo entonces prohibido del catolicismo, principalmente difundiendo este tipo de literatura, meditando sobre obras de arte de temática religiosa en galerías o escuchando juntos música, desde canto gregoriano hasta Igor Stravinsky y Olivier Messiaen, pasando por Johann S. Bach y Georg F. Händel. A la literatura teológica y filosófica contemporánea, que es hoy en día mi lectura principal y mi mundo espiritual, no llegué hasta más tarde a través de las grietas del telón de acero de la censura comunista.

Más tarde, también ofrecí el catecismo a potenciales conversos, pero siempre con la advertencia de que ni la perfecta familiaridad con los artículos de fe ni el asentimiento intelectual con ellos –es decir, que los aceptemos como verdaderos– pueden ser considerados como fe, en todo caso, pueden ser una antesala de la fe. Con gran placer intelectual, estudié entonces la dogmática, esa arquitectura de la cultura católica, pero con la ayuda de la historia del dogma, que permite conocer el contexto histórico y las luchas de las que nacieron los artículos de fe. Pero, si el estudio de la dogmática no va acompañado del cultivo de una espiritualidad fuerte y sana, si el trabajo del intelecto no va acompañado del *intelecto del corazón,* entonces la cultura cristiana es solo un museo, no una casa viva de Dios. Algunos de los estudiantes de teología y aspirantes al sacerdocio que conocí me parecieron personas que se sientan durante días sobre las partituras de las óperas, pero que nunca han escuchado música ni han ido a un teatro.

* * *

En algunos países poscomunistas que han sufrido tanto una dura secularización bajo el régimen comunista como una suave secularización cultural antes y después –especialmente en la República Checa y Alemania Oriental– sigue siendo muy fácil que la gente se identifique como atea. Su ateísmo suele ser más una manifestación de conformidad con la mentalidad mayoritaria que la expresión de una opinión claramente perfilada y una actitud reflexiva. La frase «soy ateo» significa aquí con más frecuencia «soy normal, no pertenezco a ninguna sociedad oscura, soy como casi todos los que me rodean; no tengo nada en contra de la religión en general, pero la considero algo hace tiempo *acabado* y anticuado que no me concierne personalmente».

Después de un esfuerzo inútil por encontrar ateos interesantes con los que debatir, me pareció que quizá debería encontrar al ateo que hay en mí y recurrir a la autoconciencia. Fue entonces cuando por fin empecé a comprender que el requisito previo para un diálogo fructífero con el ateísmo es, en primer lugar, descubrir al ateo, al escéptico dentro de uno mismo, y entablar una conversación sincera con él. Nietzsche decía que «hay dos opiniones sobre todo». Me he acostumbrado a un diálogo interno con diferentes puntos de vista sobre la fe. La fe –como la Iglesia, la Biblia y los sacramentos– es un encuentro entre lo humano y lo divino, tiene ambas caras. Como sociólogo y psicólogo me interesaba más el lado humano de la fe; como teólogo, el lado divino: la fe como don, como gracia, como vida de Dios en el hombre. Siempre he encontrado interesante y útil el diálogo interno entre ambos puntos de vista.

El libro de J. B. Lotz *En todos hay un ateo*[3] reforzó mi búsqueda para ver si había un ateo también en mí. No encontré un ateo en mí, pero a través de varias experiencias traumáticas con la Iglesia se despertó en mí no solo una crisis en mi relación con ella, sino también una crisis de fe, acompañada de muchas preguntas, críticas y dudas. La solidaridad con la Iglesia, perseguida en ese momento, fue una de las madrinas de mi conversión, así que mi amor por la fe se entrelazó profundamente con mi amor por la Iglesia. Pero cuando uno de esos amores sufrió una herida, el otro también se vio herido. Aunque la crisis llevó mi fe a un nivel más profundo, también me llevó a una mayor madurez y a una relación más madura con la «madre Iglesia».

---

3   J. B. Lotz, *In jedem Menschen steckt ein Atheist* [En todos hay un ateo], Frankfurt, Knecht, 1981.

Poco a poco, aprendí a ver la fe y la duda como dos hermanas que se necesitan mutuamente, que deben apoyarse para no caer por el estrecho puente hacia el abismo del fundamentalismo y el fanatismo (a ello ayuda la duda en la fe), ni en el abismo del escepticismo amargo, el cinismo o la desesperación (en este caso, la fe nos ofrece una confianza básica). A veces, he tenido dudas sobre la fe; si somos consecuentes en el camino de la duda, este camino nos enseña a dudar de nuestras dudas.

Cuando la avalancha de literatura religiosa, espiritual y esotérica empezó a ser contrarrestada en las estanterías de las librerías (especialmente en los países anglosajones) con los libros de los «nuevos ateos», especialmente del divulgador científico de Oxford Richard Dawkins, esperaba una oportunidad largamente desaprovechada para entablar un diálogo interesante. Sin embargo, me decepcionó. Me parece que el ateísmo militante de algunos apóstoles del neodarwinismo representa un ateísmo tan ingenuo como el vulgar ateísmo científico de los marxistas-leninistas. Se basa sobre todo en un malentendido, en una confusión de objetivos; estos militantes ateos confunden la religión con el fundamentalismo, y la creencia en un Dios creador con la primitiva hipótesis científico-natural de la rama de los creacionistas. Dawkins, después de un tiempo, atenuó su retórica militante y comenzó a hacerse pasar por agnóstico, afirmando que Dios «probablemente no existe». Yo sería un ateo más radical hacia la idea de Dios de Dawkins que él: estoy convencido de que esta construcción de la Ilustración, «Dios como hipótesis naturalista», es en realidad solo una ficción, que el Dios de Dawkins afortunadamente no existe en realidad. Solo existe en la imaginación de los creyentes fundamentalistas y los ateos fundamentalistas. ¿Se han encontrado los guerreros del «nuevo ateísmo» –que no han aportado nada *nuevo* al viejo ateísmo de Ludwig Feuerbach y los materialistas de la Modernidad tardía, excepto quizá la retórica militante– con una fe cristiana madura y una teología contemporánea competente?

Por fortuna, unos años después encontré un libro de un autor que se considera ateo, no agnóstico, pero cuyo enfoque personal pude apreciar. Se trata de André Comte-Sponville y su libro *El alma del ateísmo*.[4]

* * *

André Comte-Sponville tuvo una educación católica y es consciente y admite abiertamente que aún conserva muchos de los valores morales, espirituales y culturales que extrajo del cristianismo; conoce y no tergiversa las opiniones de sus amigos creyentes, y los respeta y valora. Perdió su fe en Dios y su apego a la religión en el umbral de la edad adulta, y aunque su educación religiosa no fue traumática, sintió esta pérdida de fe como una liberación. Probablemente, experimentó algo que viven muchas personas que, por regla general, abandonan su religión durante la adolescencia y la meten en el cajón de los recuerdos de la infancia (el poeta Jaroslav Seifert escribe algo parecido en sus memorias: «Sí, cerré el libro del catecismo de la escuela y compré por dos coronas una edición de bolsillo del *Mayo* de Mácha»).[5] Comte-Sponville añade que sabe de personas que, a la misma edad, vivieron lo contrario, la conversión a la fe, y también fue para ellos una liberación; esa fue precisamente mi experiencia.

En su libro, Comte-Sponville escribe sobre la sorpresa que recibió de un viejo sacerdote cuando, tras una conferencia sobre el ateísmo, se le acercó, le dio las gracias y le dijo que estaba de acuerdo con la mayor parte de lo que había dicho. Comte-Sponville le enumeró inmediatamente una serie de artículos de fe en los que no creía. El sacerdote le dijo: «Pero eso no es importante».

4 A. Comte-Sponville, *El alma del ateísmo,* Barcelona, Paidós, 2014.
5 Véase J. Seifert, *Všecky krásy světa,* Praga, Eminent, 1992, p. 30 [vers. cast.: *Toda la belleza del mundo,* Barcelona, Seix Barral, 2002].

Al leer ese párrafo del libro, me habría gustado decirle al autor que hay al menos otro viejo sacerdote que le habría respondido de forma similar. Las diferencias y las similitudes entre la fe y la incredulidad radican en otro lugar mucho más profundo que el nivel de la opinión religiosa.

Comte-Sponville cita una anécdota sobre dos rabinos que, tras un largo debate nocturno, llegaron a la conclusión de que Dios no existe. A la mañana siguiente, uno de ellos, tras ver al otro rezando, le preguntó con asombro que por qué rezaba si habían concluido que Dios no existía. «¿Qué tiene que ver eso?», respondió el que rezaba. No estoy seguro de si Comte-Sponville y yo entendemos esta historia de la misma forma. Yo la veo como un buen ejemplo de la importante distinción entre las meras creencias y la práctica religiosa, la experiencia de la fe. En un debate intelectual, mis argumentos religiosos, mis creencias religiosas *(belief)*, pueden ser totalmente desmontados. Pero la práctica de la oración se basa en algo mucho más profundo que mis creencias religiosas, que vienen de la fe como confianza básica *(faith, basic trust)*. No sé por qué dejaría de rezar si alguien me mostrara que intelectualmente falta algo en mi teología, en lo que pienso sobre Dios; tal vez sería una razón para rezar aún más.

La constatación de que bastantes *ateos* rezan no debería sorprendernos. No me refiero solo a las oraciones en las emergencias de la vida (en las situaciones liminares de la vida, muchos ateos pierden rápidamente sus convicciones ateas y empiezan a clamar a Dios con grandes súplicas) o simplemente a los suspiros espontáneos agradecidos ante la *belleza divina*. Muchas personas que, por diversas razones, no entienden el lenguaje religioso y no piensan en términos religiosos, entienden, sin embargo, lo que es la oración, la meditación y la adoración, y la practican, a veces de forma bastante espontánea, aunque quizá con otro nombre. Incluso muchos de los que no se adhieren a ninguna religión no son ajenos a esa dimensión de la vida espiritual; ellos también sienten la necesidad de articular de algún modo su gratitud por el don no evidente de la vida, por el milagro del amor y la belleza en el mundo.

Además, para los creyentes cuyas creencias religiosas atraviesan crisis y el «valle de la sombra» su fe puede vivir en la experiencia de la oración. No me refiero a la experiencia de la «oración contestada» por la que se pueden superar las dudas, entendida como prueba salvadora de la existencia de Dios. Más que la oración respondida, la oración no respondida es para mí una escuela de fe. Es la experiencia de que Dios no es un autómata para conceder nuestros deseos, que su existencia no consiste en *trabajar* según nuestras ideas. En otra sabia anécdota judía, una mujer se queja de que Dios no haya respondido durante tantos años a sus oraciones para ganar la lotería, y un rabino le responde: «¡Pero Él si te ha respondido! Ha respondido que no».

El hecho de que Dios no nos responda como queremos no significa que no responda en absoluto. Es la oración sin respuesta la que nos ayuda a entender el verdadero diálogo con Dios: la respuesta de Dios no se encuentra en la superficie o en las cosas individuales que elegimos, deseamos u *ordenamos;* la respuesta de Dios es toda la realidad, toda nuestra vida. Dios es «Dios en todas las cosas» y debe buscarse constantemente, encontrarlo paso a paso en el todo y como ese todo; como un todo que incluye y al mismo tiempo trasciende el mundo entero.

De hecho, Comte-Sponville habla de este conjunto con una fascinación casi mística en la parte final de su libro, en su propuesta de espiritualidad para los ateos. Aquí −como en toda la lectura de *El alma del ateísmo*− no puedo dejar de preguntarme qué idea de Dios (y qué experiencia personal) le parece tan inquietante al autor, que le lleva a negar todo su nombre tradicional, es decir, el nombre de Dios.

Comte-Sponville habla de la totalidad de la realidad como un misterio que se puede contemplar sin palabras −en eso estamos de acuerdo–. Pero, en el camino, se resiste obstinadamente a llamar Dios a este misterio (y afirma que hacerlo sería añadirle al misterio de la realidad otro imaginario), con lo que demuestra que ya tiene su propia idea del Dios en el que no cree. Y no cree en él, probablemente, porque no se corresponde con la idea de Dios que él mismo había creado.

Pero, si realmente queremos abrirnos al misterio absoluto que los creyentes llamamos Dios, primero debemos dejar de lado todas las ideas que nos hemos formado previamente sobre él.

El Dios de mi fe no es un ser objetivo, por lo tanto, ni siquiera un *misterio añadido*. Al referirme al misterio del todo como Dios, es decir, como si fuera una *persona* (consciente y antropomorfo, metafóricamente hablando), estoy articulando mi experiencia de oración: cuando escucho la realidad de la vida, percibo la vida como una dirección y respondo a ella en la oración. Desde luego, esto no es una prueba para convencer a un incrédulo de la existencia de Dios; es una interpretación de mi experiencia que he elegido libremente. Viktor Frankl admite que a veces, cuando reza, se pregunta si no está hablando con su «Superyó», pero esta duda no debilita su fe en el sentido de confianza; escribe: «Si existe Dios, estoy convencido de que no tomará a mal que alguien lo intercambie con el propio Yo y se dirija a Él como a un Tú».[6] Yo añado: ¿No puede ser Dios tan humilde como para venir y hablarle a un hombre a través de su «Superyó»?

* * *

Un tipo de oración que permite que la fe viva incluso en la oscuridad de las incertidumbres intelectuales sobre la naturaleza de la existencia de Dios, y a veces sobre esa misma existencia,

---

6 V. Frankl y P. Lapide, *Búsqueda de Dios y sentido de la vida. Diálogo entre un teólogo y un psicólogo,* Barcelona, Herder, 2005.

es especialmente la oración contemplativa. Desde una mente abrumada por puntos de vista escépticos, incluso ateos, la fe puede llegar a una profundidad desde la que las palabras de los *Salmos* pueden ser pronunciadas con sinceridad y fervor contra todo pronóstico: ¡Te amo! Mi Dios, mi roca. Porque el amor tiene su propio tipo especial de conocimiento y certeza, por lo que puede vivir y respirar incluso en la oscuridad de la incertidumbre y la duda. Porque hay un amor que precede y sobrevive a nuestras palabras, a nuestros sentimientos, a nuestras opiniones; es el amor humano, repleto, renovado y curado por la «gracia», el amor de Dios.

En el diálogo entre la teología mística y la psicología profunda, podemos expresarlo así: nuestras creencias, incluso nuestras creencias religiosas, siempre giran en torno a nuestro ego, moviéndose en esa capa estrecha y superficial, solo consciente, solo racional, de nuestra psique. Pero los dones de la gracia, es decir, el amor, la fe y la esperanza, expresados en la oración, provienen de ese centro más profundo, del yo profundo *(self, das Selbst)*, de esa chispa divina que, según el testimonio de los místicos, habita en Él. La fe, como más recientemente han subrayado Juan Pablo II y Benedicto XVI en particular, necesita una dimensión racional; la racionalidad en la teología es una importante salvaguarda contra el fundamentalismo y contra el fideísmo sentimental. Sin embargo, toda la cultura moderna, incluida la teología moderna (especialmente la mencionada neoescolástica), ha sobrevalorado el componente racional y consciente de la vida espiritual humana, incluida la esfera de la fe. La teología actual, al considerar el componente humano de la fe, debería tomar nota de lo que la psicología y la neurofisiología contemporáneas nos dicen sobre la primacía de los elementos que van más allá de lo racional en la psique humana, en las áreas de la percepción, la motivación, la toma de decisiones y la acción. El *ego cogito* no es un amo tan soberano en la casa de la vida humana como creían Descartes y la Ilustración.

La psicología profunda me dio una vez la respuesta a una pregunta angustiosa: por qué a menudo me llevo mejor con algunos «no creyentes» que con algunos creyentes. Si la fe, como don de Dios, impregna todas las capas de nuestra psique, una parte sustancial de ella vive en esa parte mucho más profunda y significativa que llamamos inconsciente.

Puede que no haya –y a menudo no la hay– armonía entre los lados consciente e inconsciente de nuestras actitudes religiosas. Esta es una de las razones por las que podemos hablar de la «fe de los incrédulos» y la «incredulidad de los creyentes». Si bien es cierto que «solo Dios ve en el corazón», un observador hábil y perspicaz puede percibir lo que *emana* de su interlocutor por detrás de sus palabras. Hay *creyentes* cuyas creencias y bocas rebosan de religión, pero se puede ver que todo esto –lejos de ser una pretensión consciente hipócrita– proviene de la superficie, no está cubierto por la vida espiritual. Este suele ser el caso de algunos conversos entusiastas, así como de profesionales religiosos de éxito.

La contradicción entre la religiosidad consciente, expresada verbalmente y experimentada emocionalmente, por un lado, y algo muy diferente, incluso demoníaco, que habita en la persona, por otro lado, se ve mucho mejor en los fanáticos religiosos (existe una contradicción similar en el caso de los ateos fanáticos). El fanático rara vez es el hombre de convicciones firmes que se considera y dice ser. Suele ser acosado –de forma inconsciente, no reconocida y, por lo tanto, difícil de manejar– por fuertes dudas e incredulidad en lo que predica. Intenta eliminar sus dudas proyectándolas en los demás, y trata de silenciarlas, preferentemente mediante la destrucción moral o incluso física de sus opositores reales o supuestos, los herejes y los escépticos. Podemos curarnos del fanatismo con un método aparentemente fácil, pero difícil en la práctica, recomendado por Jung: miremos a aquellos con los que luchamos como un espejo que puede mostrarnos nuestros propios rasgos no reconocidos, nuestra sombra, nuestra otra cara. En la actitud del extremismo se esconde a menudo otro inconsciente extremo que instintivamente anhela la compensación.

Para muchas personas que se declaran ateas y tienen en su conciencia un problema con la religión, la rechazan, la encuentran ajena, inaceptable e incluso muy repulsiva, podemos descubrir –a veces de forma inesperada, en un momento de verdad– que se sienten fuertemente atraídos por lo *sagrado*. Algunos se resisten a esta atracción no reconocida: los biógrafos de Freud escriben que se resistía a la «sensación oceánica» mística de escuchar música, temiendo el vértigo que la intensa experiencia de la belleza provocara en su ego racional y escéptico.

Si estudiamos de cerca las actitudes hacia la religión de muchos de sus incisivos críticos *ateos,* con frecuencia descubrimos una cierta ambivalencia, «*Hassliebe*»: una mezcla de amor y odio. Lo percibimos especialmente en los inquietos, a veces incluso en el ateísmo apasionado de los que «luchan contra Dios», como Nietzsche. ¿No está esta actitud más cerca de Dios que la tibia indiferencia?

Otro grupo está formado por los *cristianos anónimos,* personas que por alguna razón rechazan la fe, pero de los que se podría decir lo que escribió el pastor Oskar Pfister a Freud: «¡Diría que nunca ha vivido un mejor cristiano que usted!».[7] También he conocido a conversos al cristianismo cuya *conversión* consistía solo en el sorprendente descubrimiento de que el cristianismo, del que no conocían casi nada, era solo un nombre para lo que llevaban viviendo mucho tiempo *anónimamente,* lo que consideraban verdadero y correcto.

---

7 Carta del 29 de octubre de 1918, citada según H. Meng y E. L. Freud (eds.), *Psychoanalysis and Faith. The letters of Sigmund Freud and Oskar Pfister,* Nueva York, Forgotten Books, 1963, p. 63 [véase C. Domínguez, *Psicoanálisis y religión: diálogo interminable,* Madrid, Trotta, 2000].

* * *

Pero volvamos al libro de Comte-Sponville. Lo que aprecio especialmente de su *ateísmo* es que busca lo que hay que conservar del cristianismo tras el fin de la religión. Esta es la actitud que lo hace coincidir con una serie de ateos humanistas, desde Ludwig Feuerbach hasta Ernst Bloch, Milan Machovec, Erich Fromm y Slavoj Žižek. Todos ellos se oponen a un determinado tipo de religión (que amenaza con convertirse en infantilismo, fundamentalismo y fanatismo), pero al mismo tiempo saben que el monoteísmo judío y cristiano contiene mucho de inmenso valor que sería poco inteligente, irresponsable y muy peligroso perder. Hasta aquí todo bien, entiendo este punto de vista y lo comparto. El anatema de Richard Kearny o la «segunda ingenuidad» de Paul Ricœur y el reto que plantea este libro es pasar de los restos del cristianismo matutino a su forma vespertina, más madura.

Sin embargo, hay diferencias de opinión sobre lo que hay que abandonar (o lo que ya está muerto) y lo que debe conservarse. Comte-Sponville piensa que lo que hay que abandonar es la fe *(foi)* y lo que hay que conservar es la fidelidad o lealtad *(fidélité)*. Ambos términos derivan del latín *fides* (fe), que denota algo cercano, pero que puede y debe dividirse. «Fe y fidelidad pueden darse perfectamente juntas: es lo que yo llamo "la piedad", hacia la que tienden, legítimamente, los creyentes. Pero también es factible poseer una sin la otra. Es lo que distingue la impiedad (la ausencia de fe) del nihilismo (la ausencia de fidelidad). ¡Cometeríamos un craso error si las confundiéramos! Cuando se ha perdido la fe, queda la fidelidad. Cuando ya no se tiene ni la una ni la otra, solo queda la nada o lo peor».[8] El propio Comte-Sponville ha perdido la fe (y señala que la fe se está

8 A. Comte-Sponville, *Duch ateismu,* Praga, Filosofia, 2020, p. 41 [vers. cast.: *El alma del ateísmo, op. cit.*].

debilitando también en la sociedad), pero defiende la fidelidad. Sin ella, caemos en la barbarie, ya sea sin Dios, lo que conduce al nihilismo y al egoísmo desenfrenado, o en el fanatismo, que conduce a la violencia.

Me parece que la diferencia entre mi posición y la de Comte-Sponville es meramente terminológica. Lo que yo llamo fe *(faith)*, él lo llama fidelidad *(fidélité)*. Lo que él llama fe *(foi)*, yo lo llamo cosmovisión, una creencia *(belief)* religiosa. Hay cosmovisiones religiosas innegables con las que la humanidad ha crecido, así como hay creencias religiosas e ideologías peligrosas y destructivas. Estas deben ser separadas de lo que yo llamo fe y denomina fidelidad nuestro autor.

Cuando Comte-Sponville se define en contra de la «creencia en Dios», puedo seguirlo porque critica sobre todo los conceptos *objetuales* de Dios, que también considero ídolos que se deben abandonar. Cuando habla de concepciones de Dios que me son cercanas, Dios como el ser mismo, Dios como el misterio incognoscible, el Dios de la mística y de la teología apofática, las desprecia cortésmente: no sabe por qué deben designarse con la palabra Dios ni por qué debemos ocuparnos de lo incognoscible. Comte-Sponville escribe: «Si Dios es inconcebible, nada nos permite pensar que sea un Sujeto o una Persona, ni que sea Creador, ni que sea Justo, ni que sea Amor, ni que sea Protector o Bienhechor [...]. Pero un Dios sin nombre ya no sería Dios. Lo inefable no es un argumento. El silencio no puede constituir una religión».[9]

En este caso, discrepo apasionadamente. Quizá *nada nos da derecho* a pensar todo esto, pero nada nos impide creerlo: atrevernos a creerlo. Aquí está la diferencia entre nosotros: para Comte-Sponville la fe es una suposición, una creencia *(belief)*, para mí es confianza y esperanza. Creo en ese Dios de la Biblia que es un

9   *Ibid.*, p. 119.

Dios sin nombre, o cuyo nombre está prohibido pronunciar; un Dios que tuviera un nombre por el que se le pudiera invocar sería solo un ídolo o un demonio. El silencio ante un misterio inasible puede no ser *religión* en el sentido pagano, pero es un acto de fe, esperanza y amor hacia el Dios del que habla la Biblia y en el que creen los judíos y los cristianos.

Comte-Sponville afirma que no solo es un no creyente (un *ateo negativo* que no cree en Dios), sino que se describe a sí mismo como un ateo real y «positivo» que cree en la inexistencia de Dios.[10] La fe, tal y como yo la entiendo, no es una mera creencia, sino un acto inseparablemente ligado a la esperanza y al amor, también tiene la pasión del deseo. Amar —repito con san Agustín— significa *volo ut sis:* quiero que seas.[11] En una situación en la que la existencia y la naturaleza de Dios no son evidentes, podemos mirar en el fondo de nuestro corazón y preguntarnos si queremos que Dios sea o no sea, si este es el deseo profundo de nuestro corazón.

Aprecio ese anhelo del corazón humano por el amor absoluto. Comte-Sponville desconfía totalmente de él: lo considera un fuerte argumento contra la fe; cree, como Freud, que el anhelo y el deseo engendran ilusiones. Pero ¿por qué la sed debería poner en duda la existencia de la fuente? ¿Por qué el anhelo de Dios es menos verdadero que el deseo de que Dios no exista? Comte-Sponville elige libremente creer en la inexistencia de Dios, y recoge argumentos contra la libre elección contraria, rechazando el anhelo y la esperanza de la fe.

Sin embargo, al mismo tiempo, Comte-Sponville condena enérgicamente el agnosticismo, y esto por su supuesta indiferencia ante cuestiones de importancia perdurable que de una vez por todas la religión y la fe han planteado y siguen planteando. En este contexto, considera que su libre elección del ateísmo está mucho

---

10   *Ibid.*, p. 121.
11   T. Halík, *Quiero que seas. Sobre el Dios del amor, op. cit.*

más cerca de una libre elección de fe que de la fría «neutralidad» de los agnósticos.[12] (Aquí también diferimos, aunque quizá sobre todo en lo terminológico: siempre he valorado junto a un *agnosticismo indiferente y frío* un agnosticismo de un silencio educado, honesto y humilde frente a las puertas del misterio, mientras que he entendido el ateísmo como el siguiente paso, como una respuesta negativa injustificadamente dogmática, incapaz de tener paciencia con el misterio).

En cuanto al término *Dios,* reconozco al igual que Rahner que es una palabra tan cargada de ideas problemáticas que podría ser útil renunciar a ella, al menos temporalmente. Pero a ese misterio inefable, al que la teología apofática llega destruyendo todas las afirmaciones positivas y, en última instancia, negativas sobre Dios, lo defendería hasta mi último aliento. Estoy convencido —a diferencia de Comte-Sponville y, para el caso, de Nietzsche— de que ignorar o rechazar explícitamente esta dimensión trascendente no haría más vibrante, más plena y auténtica nuestra relación con la vida terrenal, sino todo lo contrario. En consonancia con otro ateo contemporáneo cercano al cristianismo, Žižek, sostengo que «el humanismo no es suficiente»;[13] que quien está realmente satisfecho con *este mundo* en su forma actual corrompida por nosotros mismos empobrece y trivializa su percepción y su experiencia de este mundo y esta vida. Sin duda, prescindiría de muchas *nociones religiosas,* pero nunca renunciaría a la esperanza, incluida la esperanza de la vida más allá de la muerte. De las tres virtudes teologales, Comte-Sponville solo toma el amor como su gracia salvadora. En su evocadora exégesis de los *versos de amor* de Pablo en su primera epístola a los corintios —uno de

12   A. Comte-Sponville, *Duch ateismu, op. cit.*, p. 89 [vers. cast.: *El alma del ateísmo, op. cit.*].
13   M. Hauser y S. Žižek, «*Humanism is not enough*», *International Journal of Žižek Studies* 3/3 (2007).

los pasajes más impactantes de su libro– invoca la afirmación de san Pablo (pero también de san Agustín y santo Tomás de Aquino) de que la fe y la esperanza son temporales, mientras que solo el amor es eterno. En este punto, va tan lejos con Pablo que admite que el amor relativiza en cierto modo incluso la muerte.

Comte-Sponville sabe que, para Pablo, Agustín y Tomás de Aquino, la extinción de la fe y la esperanza y la realización del amor llegan en la eternidad; pero nuestro autor hace del ateísmo un *cielo en la tierra:* ya aquí, en esta vida, ve ese kairós en el que la fe y la esperanza resultarán inútiles y el amor ocupará su lugar. Para él, este mundo es ya ese cielo en el que, según el *Apocalipsis* de Juan, «no habrá templo». Comte-Sponville invoca a los teólogos escolásticos, según los cuales Jesús no tenía ni fe ni esperanza, no las necesitaba porque era Dios: solo era Amor. ¿No se supone que nuestra *imitatio Christi* (imitación de Cristo) consiste en ser como Cristo, ser como Dios? (estoy completando lo que el autor no expresa del todo, pero se deduce de la lógica de su interpretación). Esta es una pregunta muy sugerente, pero, como lector aplicado del libro del *Génesis,* desconfío un poco de esta manzana que nos ofrece un ateo simpático.

* * *

Comparto con Comte-Sponville y con muchos agnósticos un humilde «no sabemos» en relación con el más allá, en concreto, una distancia crítica en relación con nuestras ideas demasiado humanas sobre el cielo. Sin embargo, veo con fe y esperanza que la muerte no tendrá la última palabra, que la vida de cada uno de nosotros y la historia de toda la humanidad no caerán en la nada, sino que sufrirán alguna transformación, inimaginable para nosotros, hacia algo muy importante; importante también para nuestra vida aquí. Veo no solo el amor, sino también la esperanza y la fe, esa santa inquietud del corazón que aún no ha descansado en Dios, como una apertura a lo que trasciende, profundiza y expande nuestra vida y el mundo aquí y ahora. También la esperanza tiene la naturaleza de la trascendencia, de la autotrascendencia: si queremos limitarla y encajarla en las dimensiones de este mundo, si le negamos un espacio completamente libre para su pleno despliegue, no solo la perjudicamos a ella, sino también a nosotros mismos y a nuestro mundo. Porque, cuando confundimos esta virtud esencialmente escatológica con la ideología de esperar *el cielo en la tierra* (ya sea en forma de promesas comunistas de una sociedad sin clases o de proyectos capitalistas de una sociedad de opulencia y consumo ilimitado), cargamos nuestra vida en este mundo con exigencias y expectativas poco realistas. Al querer saciar nuestra hambre de eternidad con la comida de nuestra mesa actual, nos abocamos a un ciclo de estrés y frustración. Una vez más, basándome en la experiencia histórica de nuestra parte del mundo, advierto con insistencia sobre aquellos que prometen el cielo en la tierra. Creo que no debemos saciar la esperanza con nociones demasiado te-rrenales, demasiado humanas, de un paraíso celestial; aquí debemos volver al «no sabemos». Pero este «no sabemos» debe dejar la puerta abierta a la esperanza y al deseo.

Tampoco puedo seguir a nuestro autor en su rechazo de la fe. Para mí —y aquí es donde difiero fundamentalmente de Comte-Sponville—, el amor, la fe y la esperanza son inseparables. Hay momentos en los que la fe atraviesa la oscuridad. Teresa de Lisieux, en el momento de su dolorosa muerte, confesó que su fe se había vuelto vacía y oscura, como si hubiera muerto; pero añadió que en esos momentos se relacionaba con Dios con amor, solo con amor. Seguramente, este testimonio podría ser otro argumento a favor de la noción de Comte-Sponville de que el amor sustituye a la fe ya en esta vida, aunque en el caso de Teresa se trate de un tiempo de frontera entre la vida y la muerte. Sin embargo, Comte-Sponville rechaza el concepto de un Dios oculto y si-lencioso. Al parecer, él mismo *perdió la fe* en ese momento de silencio de Dios en su propia vida. Pero ¿es posible perder la fe como si fueran unas llaves?

Los que han vivido verdaderamente a través de la fe y en la fe pueden perder las *ilusiones religiosas* y las ideas (es decir, lo que él llama *foi*). Muchos *antiguos creyentes* sinceros pueden *encontrar la fe* de nuevo durante el siguiente viaje vital, aunque de forma muy cambiada. Al fin y al cabo, Comte-Sponville se mantiene fiel a lo que él llama «fidelidad» *(fidélité)*, y ya he planteado la hipótesis de que su fidelidad está muy cerca de lo que yo llamo fe en este libro y de lo que yo experimento y profeso como fe en mi propia historia de vida. Tengo un argumento de peso para esta afirmación sobre nuestra cercanía: el ingrediente especial de la fe, tal como yo la entiendo, es la espiritualidad; la he llamado la savia y la pasión de la fe, lo que la alimenta y la renueva siempre, esa apertura a través de la cual la gracia puede fluir en mi fe personal, la vida de Dios mismo.

Comte-Sponville rechaza la fe y la esperanza, pero quiere preservar la espiritualidad, defiende la espiritualidad incluso para los «malvados», para los ateos piadosos simpáticos (en su terminología, leales), los ateos no dogmáticos. Para los que saben que no saben que no existe Dios, al igual que no saben si existe Dios. Su ateísmo, admite honestamente, es fe, no conocimiento; en esto se parece a la fe de los creyentes no dogmáticos, a los que también me suscribo. Tampoco *sabemos,* no tenemos pruebas de que Dios *es,* ni *sabemos* lo que significa *ser* en el caso de Dios. Si hay un Dios, entonces es indiscutiblemente *de otro modo* que las cosas y las personas. Incluso nuestra fe es *solo* fe, aunque nunca asociaría la palabra *solo* con esta virtud divina.

Ambos estamos de acuerdo en que nos encontramos en una situación de apuesta de Pascal, a ambos no nos convencen las tradicionales «pruebas de la existencia de Dios». Nuestra creencia y nuestra incredulidad son elecciones libres. Pero aquí es donde nos separamos: Comte-Sponville se atreve a apostar por el ateísmo, y yo, por la fe. Ambos estamos de acuerdo en el «no sabemos»; sin embargo, mi «no sabemos» es muy diferente del suyo. Pero, para ambos, es una defensa contra el fanatismo y el fundamentalismo, así como contra el nihilismo, contra el *saber* barato e ilusorio donde no podemos *saber,* así como contra la resignación.

Yo vivo en un «no sabemos» que tiene una ventana abierta al *quizá.* De esta forma, el aire fresco de la esperanza fluye libremente entre mis preguntas y mi oscuridad. Repito: en ninguna circunstancia cerraría esa ventana. Me temo que el ateo, por su libre elección, es decir, por su rechazo a Dios, a la fe y a la esperanza, cierra su «no sabemos». Estoy convencido de que el rechazo a la esperanza empobrece el mundo de los no creyentes, lo hace más estrecho. Me temo que, en ese espacio cerrado, el espacio para la espiritualidad se apagará pronto, sin fe ni esperanza, la espiritualidad atea puede enfriarse tarde o temprano; se quedará sin aliento.

Comte-Sponville, con una extraña persistencia, rechaza la esperanza de forma explícita y repetida. Invoca el budismo, para el que la esperanza es una forma de deseo, un anhelo que es la expresión y la causa de la infelicidad. Invoca a Nietzsche, para quien la esperanza es deslealtad a la tierra, a la vida terrenal aquí y ahora. Mi esperanza, sin embargo, no es una huida a un *más allá,* a un *Hinterweltlichkeit.* No perturbo nuestro honesto «no sabemos» común con un contrapunto deshonesto de supuestas certezas, con afirmaciones sobre cuándo, dónde y cómo se cumplirá mi esperanza. Realmente *no sé* en qué espacio y en qué tiempo existe el reino del que habla Jesús, solo confío en su palabra y rezo por su llegada. No identifico simplemente este reino prometido con una vida después de la muerte; la Biblia nos dice que el reino de Dios «está en medio de vosotros»,[14] que vino con Jesús, y que el hombre entra en él cuando une su vida a la de Cristo a través de la fe, el amor y la esperanza. Confío en la palabra de Jesús, que es la resurrección

14   Lc 17,20-21.

y la vida, creo que es el amor encarnado de Dios, que es más fuerte que la muerte. Comte-Sponville también habla de cómo la vida, transformada por el amor, relativiza la muerte; este ateo no duda en hablar del Absoluto. Afirma que solo quiere despojar a este Absoluto de sus rasgos antropomórficos —en esto, todos los instruidos por la teología mística apofática le aplaudimos—. Pero vuelvo a preguntar: ¿por qué el Absoluto, despojado de sus rasgos antropomórficos, debería dejar de ser Dios?

Confieso que mi fe y mi esperanza no privan a mi amor de la fidelidad a la tierra, no le roban al mundo su belleza ni a la vida aquí y ahora su solemnidad y su responsabilidad. Cuando el Absoluto, a través de un humilde *quizá*, respira nuestra vida con esperanza, la fortalece en lugar de debilitarla. Cuando un rayo de lo sagrado brilla a través de nuestra ordinariez, le da belleza, alegría, libertad y profundidad. El Dios en el que creo, respondo a Nietzsche, ya se ha despojado de su piel moral, no huele a «moralina», sabe bailar.[15] Los amigos de Dios, que se han convertido en mis amigos a través de los límites de la muerte, ya «se parecen a los redimidos» y me enseñan esta danza de la libertad.[16] A pesar de todas mis críticas a las Iglesias, conozco a cristianos que han resistido el fuego de grandes pruebas; Comte-Sponville nombra a algunos, y añade que no puede a través del testimonio de estas personas despreciar ni siquiera su fe cristiana. Incluso Nietzsche declaró que un cristianismo respetable ya existió en el mundo en

15 Nietzsche señala que incluso después de la «muerte de Dios» podemos volver a verlo «cuando se desvista de esa piel moral». Llamó a la moral heterónoma «moralina», un neologismo y una alusión a la palabra *naftalina*. Afirmaba que solo podía creer en un Dios «que supiera bailar» (véase F. Nietzsche, *El Anticristo*, Villaviciosa de Odón, Libsa, 2017). En ese sentido, véase también T. Halík, *Quiero que seas…, op. cit.*

16 Nietzsche dijo a los cristianos: «[...] para que yo aprendiese a creer en su Redentor: ¡más redimidos tendrían que parecerme los discípulos de ese redentor!» (véase F. Nietzsche, *Tak pravil Zarathustra, op. cit.*, p. 82 [vers. cast.: *Así habló Zaratustra, op. cit.*]).

la liberación de Jesús del «espíritu de pesadez», y que es posible hoy también.[17]

* * *

Ernst Bloch dijo en una ocasión que solo un verdadero cristiano puede ser ateo y solo un verdadero ateo puede ser cristiano.[18] Creo que ahora entiendo lo que quería decir, aunque lo percibo de forma diferente: el ateísmo puede ser beneficioso para los cristianos creyentes, pero peligroso para los ateos. El ateísmo es como el fuego: puede ser un buen sirviente, pero un mal amo. El creyente cristiano es un *ateo* con respecto a muchos tipos de teísmos problemáticos; los cristianos fueron considerados ateos durante varios siglos debidos a su oposición a la religión estatal de la Roma pagana, e incluso hoy en día hay muchos tipos de teísmo a los que la fe del cristianismo se opone. Cuando la fe de un creyente pasa por el fuego purificador de la crítica atea, puede entrar en el espacio vacante en forma de una fe más profunda, más pura, más madura.

El ateísmo crítico es relativo a un determinado tipo de teísmo. Pero, si el ateísmo absolutiza su posición y quiere ser algo más que una crítica a un tipo de religión en particular, entonces se convierte en una *religión* en sí mismo, a menudo una religión dogmática e intolerante. He vivido cerca de una de esas religiones ateas, y no podría recomendarle ese paraíso a nadie.

Todavía no he encontrado un ateísmo que pudiera llenar con algo más inspirador que la fe madura el espacio dejado por un tipo decadente de religiosidad y teísmo. No cambiaría la fe cristiana por la deificación del hombre en el ateísmo humanista de Feuerbach, ni por el paraíso terrenal marxista de la socie-

17   F. Nietzsche, *El Anticristo, op. cit.*
18   Véase E. Bloch, *Ateísmo en el cristianismo,* Madrid, Trotta, 2019.

dad sin clases, ni por la espiritualidad *anónimamente cristiana* de Comte-Sponville, que sustituye la palabra *Dios* por el infinito o el Absoluto. Me parece que las utopías ateas también necesitan una profunda desmitologización.

En el estrecho espacio de la religión dogmática, donde al pensamiento libre le cuesta respirar, el ateísmo crítico abre una saludable ventana de escepticismo. Si el ateísmo que se resiste a la tentación de volverse dogmático deja una ventana abierta al *quizá,* una ventana de esperanza, puede abrirlas –con una fe humilde y un ateísmo autocrítico– al Espíritu que conduce a las profundidades del misterio, al tesoro que es enemigo de toda rigidez y todo dogmatismo.

15. Una comunidad para el viaje

En los años veinte del pasado siglo, la poeta alemana Gertrude von Le Fort escribió una colección de poemas, *Himnos a la Iglesia,* una obra impregnada de la fascinación de una conversa por un mundo espiritual recién descubierto.[1] ¿Se atrevería alguien hoy a publicar un libro con un título similar?

En uno de mis libros, comparé a la Iglesia con Dulcinea del Toboso. Encontramos a este personaje en la famosa novela de Cervantes desde una doble perspectiva. Don Quijote la ve como una dama noble, mientras que su escudero Sancho Panza la ve como una campesina desaliñada. Con un enfoque superficial, el lector se identifica inmediatamente con el realismo de Sancho: el escudero ve lo que es real; el iluso Don Quijote se pierde en sus alucinaciones. Pero Don Quijote, este loco de Dios, no fue denominado en vano como un verdadero caballero cristiano por Miguel de Unamuno.[2] Su visión del mundo es, en efecto, una locura en el mundo del realismo de Sancho. Sancho cuenta lo que ve con sus ojos y entiende con su sentido común. Sin em-

---

1   G. von Le Fort, *Himnos a la Iglesia,* Madrid, Encuentro, 1991.
2   Véase M. de Unamuno, *Del sentimiento trágico de la vida,* Madrid, Alianza, 2013.

bargo, Don Quijote ve en la chica lo que podría ser, a través de su miseria brilla también la «eterna feminidad» que ella posee.[3]

La visión de los medios de comunicación y del *público* sobre la Iglesia y su desagradable aspecto actual es la visión de Sancho, realista, demostrable: esta es la Iglesia desacreditada por tantos escándalos y pecados. Pero, para mí, la clave de toda reflexión sobre la Iglesia es la paradoja expresada por el apóstol Pablo: «Pero llevamos este tesoro en vasijas de barro».[4] Por eso, con insensata esperanza, en este libro no solo discuto muchos aspectos de la crisis actual de la Iglesia, sino que también busco esa forma oculta a la que la Iglesia ha sido llamada y que, según nuestra fe, florecerá al final de los tiempos, ese tesoro escondido en las frágiles, polvorientas y maltrechas vasijas de barro que somos los que formamos la Iglesia.

El río de la fe se ha desbordado; la Iglesia ha perdido el monopolio de la fe. Las instituciones de la Iglesia ya no tienen el poder de controlarla y disciplinarla; intentar hacerlo supondría el riesgo de una mayor pérdida de influencia y autoridad moral. Sin embargo, la Iglesia como comunidad de creyentes, como comunidad de memoria, como relato y celebración, tiene una misión duradera al servicio de la fe, tanto por su experiencia histórica como, sobre todo, por la fuerza del Espíritu que habita y actúa incluso «en vasijas de barro». Creo que en el carácter mariano de la Iglesia: la Iglesia es la *christotokos* y la *theotokos,* la madre que da a luz y lleva al mundo al Verbo de Dios encarnado.[5] Pero ¿puede la Iglesia cumplir todavía

3 T. Halík, *Vzdáleným nablízku,* Praga, 2007, pp. 95-107 [vers. cast.: *Paciencia con Dios. Cerca de los lejanos,* Barcelona, Herder, 2014].

4 2 Co 4,7.

5 La antigua disputa eclesiástica sobre si María tenía derecho solo al título de *christotokos* (madre de Cristo) o también al de *theotokos* (madre de Dios) fue zanjada en el año 431 en el Concilio de Éfeso contra Nestorio a favor de la legitimidad del título *theotokos.*

esta misión o ha llegado el momento en que la fe ha crecido y se ha independizado del regazo de la madre? La función materna puede tener muchos aspectos, diferentes formas, la relación entre la madre y el hijo cambia a lo largo de la vida. ¿Qué forma de Iglesia puede ser útil, incluso necesaria, para la vida de la fe hoy? ¿Qué forma ahoga y perpetúa una forma infantil de fe? ¿Qué forma de Iglesia puede responder a las necesidades de la fe hoy y a los signos de los tiempos actuales?

En la actualidad, veo cuatro conceptos eclesiológicos sobre los que se puede y se debe construir, que necesitan ser teológicamente pensados de forma más profunda y puestos en práctica poco a poco. En primer lugar, la Iglesia como pueblo de Dios errante por la historia; en segundo lugar, la Iglesia como escuela de sabiduría cristiana; en tercer lugar, la Iglesia como hospital de campaña; en cuarto lugar, la Iglesia como un lugar de encuentro y conversación, un ministerio de acompañamiento y reconciliación. La primera definición de la Iglesia como pueblo de Dios, errante en la historia, es un elemento central de la eclesiología del Concilio Vaticano II. Esta imagen tomada de la Biblia hebrea, en la que se refiere a Israel, el pueblo elegido cuya autocomprensión de la experiencia del éxodo, el viaje desde la tierra de la esclavitud hasta la tierra prometida, ha dado forma a esta experiencia de la libertad. La Iglesia, en este sentido, es parte del río que nace en Israel; en palabras de san Pablo, una rama injertada en el olivo del pueblo elegido.

Esta imagen describe la relación entre la Iglesia e Israel sin recurrir al peligroso modelo de sustitución entre el pueblo judío y la religión cristiana. Era necesario dejar claro que el cristianismo no negaba al judaísmo su legitimidad y su derecho a existir; este antiguo antijudaísmo cristiano tuvo trágicas consecuencias, allanando el camino al antisemitismo neopagano.[6] Cuando la Iglesia

6   El apóstol Pablo habla claramente de Israel como pueblo elegido, «pues los dones y la llamada de Dios son irrevocables» (Ro 11,29); la visión

decidió ya en sus primeros siglos aceptar la Biblia hebrea como palabra vinculante de Dios, eso significó declarar la memoria del pueblo de Israel como parte de su propia memoria histórica. La memoria de Israel, la Biblia hebrea, forma parte de la memoria de la Iglesia. Los escritores teológicos cristianos posteriores a Auschwitz enfatizaron que toda la historia de los judíos, incluida la tragedia del Holocausto, no debe ser indiferente a la Iglesia.

Los cristianos no debemos olvidar nunca las raíces comunes que nos unen a los judíos; si perdiéramos el respeto al judaísmo, negaríamos al Señor y al linaje de Jesús. También a través de la Eucaristía, signo de la nueva alianza, a través de la sangre judía de Jesús, que se derrama por todos, estamos unidos *por sangre* al pueblo de la alianza original. El judaísmo de Jesús y su fe judía pertenecen inseparablemente a su humanidad, a su «naturaleza humana» que, según la famosa definición del Concilio de Calcedonia, está inseparablemente unida a su «naturaleza divina», a su unidad con el Padre.

Tal vez podríamos decir, por analogía, que, al menos para los cristianos, el judaísmo, la fe de Jesús y la «religión de Jesús» están inconmensurablemente unidas a nuestra fe cristiana. Esta última es tanto la fe de Jesús como nuestra *fe en Jesús,* es decir, la confianza en que lo divino y lo humano están unidos en Jesús (inconmensurable e indisolublemente); de ahí que pueda unir incluso a los «circuncisos y a los incircuncisos»: «Él es nuestra paz: el que de los dos pueblos ha hecho uno, derribando en su cuerpo de carne el muro que los separaba: la enemistad».[7]

Sin embargo, esta conexión irrevocable, seguramente deseada por Dios, presupone también esa *no mezcla,* el respeto de la alteridad del otro sin intentar sustituirlo, apropiarse de él o

---

del Concilio Vaticano II de negar que la Iglesia sustituya a Israel se basa especialmente en esta afirmación.

7   Ef 2,14-16.

colonizarlo. Después de todo, lo que estoy diciendo sobre la relación entre el cristianismo y el judaísmo también es cierto, por analogía, para la relación entre el cristianismo y su hijo no deseado, el secularismo moderno. Tanto la relación entre el judaísmo y el cristianismo como la relación entre el cristianismo y la Modernidad secular se parecen en su fatalidad y, al mismo tiempo, en su ambivalencia y su tensión dinámica en las relaciones dentro de las familias. Los genes y el territorio compartido ofrecen grandes posibilidades positivas, pero no garantizan una armonía sin fisuras.

* * *

Pero volvamos a la definición de la Iglesia como el pueblo de Dios errante por la historia. Esta imagen representa a la Iglesia en movimiento y en un proceso de cambio constante. Dios toma la forma de la Iglesia en la historia y se revela a ella, y le enseña a través de los acontecimientos en la historia. Dios está sucediendo en la historia. Esta concepción dinámica de Dios en la perspectiva de la teología del proceso es el impulso para una comprensión dinámica de la Iglesia. Tanto la forma institucional de la Iglesia como el conocimiento teológico evolucionan. De ningún momento de la historia y de ninguna forma histórica de la Iglesia podemos decir como el Fausto de Goethe: «¡Detente, eres tan hermoso!».[8] A lo largo de su historia, la Iglesia está en camino, no en su destino. La meta de su historia es escatológica; el esperado encuentro con Cristo, las «bodas del Cordero», no se producirá hasta más allá del horizonte del tiempo histórico. Si nuestra teología, nuestra constante reflexión sobre la fe, perdiera su carácter de peregrino abierto, se convertiría en una ideología, en una falsa conciencia.[9]

8　J. W. Goethe, *Faust,* Praga, SNKLHU, 1955, p. 91 [vers. cast.: *Fausto,* Madrid, Alianza, 2014].

9　La noción de ideología como falsa conciencia fue uno de los conceptos en los que Marx acertó.

Se puede decir de la Iglesia como un pueblo errante de Dios lo que el papa Francisco dice del pueblo en sentido general: «En efecto, la categoría de "pueblo" es abierta. Un pueblo vivo, dinámico y con futuro es el que está abierto permanentemente a nuevas síntesis incorporando al diferente. No lo hace negándose a sí mismo, pero sí con la disposición a ser movilizado, cuestionado, ampliado, enriquecido por otros, y de ese modo puede evolucionar».[10] Además, los principales atributos de la Iglesia —la unidad, la santidad, la catolicidad y la apostolicidad— no pueden cumplirse perfectamente en la historia; en su forma perfecta, son el objeto de la esperanza escatológica. La historia de la Iglesia es un proceso de maduración, pero no una progresión unidireccional hacia lo mejor y lo más alto. Es la mezcla de la unidad con la diversidad, de la concordia con la disputa, de la santidad con el pecado, de la universalidad católica con un *catolicismo* estrecho y culturalmente circunscrito, de la fidelidad a la tradición apostólica con un laberinto de herejías y apostasías. Debemos abrir nuestro mundo, nuestros corazones, nuestras historias y nuestras relaciones a la luz del Reino de Dios, al triunfo final de la voluntad de Dios («como en el cielo, en la tierra») a través de la oración y el trabajo; sin embargo, debemos estar atentos y ser humildemente conscientes de que la historia no es el cielo, que la historia no es Dios. En el camino histórico de la búsqueda de Dios, no podemos escapar a la tensión constante entre el *ya sí* y el *todavía no*. No podemos olvidar ni negar nuestra experiencia de la historia del siglo xx, a saber, que las ideologías que prometieron el cielo en la tierra convirtieron la tierra en un infierno.

La tradición eclesiástica distingue tres tipos de Iglesia: *ecclesia militans,* la Iglesia terrenal militante; *ecclesia poenitens,* la Iglesia sufriente y penitente con un alma en el purgatorio, y la *ecclesia triumphans,* la Iglesia triunfante de los santos en el cielo. Descui-

---

10 Papa Francisco, *Fratelli Tutti,* 160.

dar la distinción escatológica, confundir la Iglesia terrenal con la Iglesia celestial victoriosa y triunfante, engendra triunfalismo. La *ecclesia militans,* la Iglesia terrenal, debe luchar, en primer lugar, contra sus propias tentaciones, debilidades y pecados, incluidas las tentaciones del triunfalismo. Si sucumbe a las tentaciones del triunfalismo, se convierte en una institución de religión militante, entonces lucha sobre todo contra los demás, contra los que son diferentes y también contra los incómodos dentro de sus propias filas.[11] El triunfalismo, esa mezcla de orgullo y ceguera, es la enfermedad de la Iglesia —Jesús la llamó la levadura de los fariseos y el papa Francisco, clericalismo.

* * *

La segunda visión de la Iglesia es la escuela: la escuela de la vida y la escuela de la sabiduría. Vivimos en una época en la que ni la religión tradicional ni el ateísmo dominan el espacio público de muchos países europeos, sino que prevalecen el agnosticismo, el apateísmo y el analfabetismo religioso. Menores en número, pero muy ruidosas, son otras dos minorías, el fundamentalismo religioso y el ateísmo dogmático. En muchos aspectos, estos arrogantes dueños de la verdad se parecen entre sí; también comparten prácticamente la misma concepción primitiva de Dios, de la fe y de la religión. Solo se diferencian en que unos se toman en serio esta caricatura de Dios y la defienden, mientras que los otros la rechazan sin poder ofrecer algo diferente y más profundo de lo que los creyentes entienden como Dios. Unos y otros han terminado con Dios sin escuchar ni entender el desafío continuo: «¡Busca al Señor!». La fe es un viaje, una forma de búsqueda; el dogmatismo y el fundamentalismo religioso y ateo son callejones sin salida, o incluso prisiones.

---

11 Véase T. Halík, *Stromu zbývá naděje* [Hay esperanza para un árbol], *op cit.*, p. 200.

La tarde del cristianismo

En este momento, hay la necesidad urgente de que las comunidades cristianas se conviertan en *escuelas* según el ideal original de las universidades medievales.[12] Las universidades se originaron como comunidades de profesores y estudiantes, comunidades de vida, de oración y aprendizaje. Aquí, la regla era *contemplata aliis tradere,* solo podemos transmitir a otros lo que primero nosotros mismos hemos digerido y disfrutado interiormente. (No por casualidad el término latino para la sabiduría —*sapientia*— deriva del verbo *sapere,* que también significa saborear y disfrutar).

Los debates, a veces en forma de torneos intelectuales públicos, han sido una parte inherente a las universidades desde el principio; la creencia de que la verdad se alcanza a través del debate libre según reglas lógicas. En las comunidades eclesiales de hoy, parroquias, comunidades religiosas y movimientos eclesiales, se debe recuperar también esta cultura del diálogo con Dios y entre los cristianos, combinando la teología con la espiritualidad, la educación religiosa con el cultivo de la vida espiritual.

¿Cuál debe ser el principal objeto de estudio y de oración hoy? Creo que en medio de los numerosos temas que hay que estudiar y reflexionar, meditar y discutir, no debemos olvidar nunca el corazón mismo del cristianismo, las tres «virtudes divinas» de la fe, la esperanza y la caridad. Esta es la forma en que Dios está presente en nuestro mundo. Tenemos que redescubrirlas: distinguir la fe de la convicción religiosa, la esperanza del optimismo y el amor de la mera emoción. La educación para una fe reflexiva y madura no solo es intelectual y moral, sino también terapéutica; esa fe protege de las enfermedades contagiosas de la intolerancia, el fundamentalismo y el fanatismo.

12   Una imagen similar de la Iglesia la ofrece Nicholas Lash en N. Lash, *Speech and Silence: Reflections on the Question of God,* Cambridge, Routledge, 2004, p. 5.

Todas las grandes tradiciones religiosas son escuelas de su propia clase; ofrecen diferentes métodos para superar el egoísmo, para educar nuestros instintos (especialmente el instinto de agresividad) y para enseñar el arte de la convivencia justa y pacífica en sociedad; pero, sobre todo, desde el tesoro de sus tradiciones, ofrecen nuevas y viejas experiencias para abrirnos al misterio que llamamos Dios. Sin duda, pueden inspirarse mutuamente de muchas maneras.

* * *

Respecto a la tercera visión de la Iglesia, hay un símil que menciona a menudo el papa Francisco: la Iglesia como hospital de campaña. El Papa se refiere al ideal de una Iglesia que no permanece detrás de los muros de su seguridad, en una *splendid isolation* del mundo exterior, sino que sale con sacrificio y valentía a los lugares donde la gente está herida física, social, psíquica y espiritualmente, y trata de curar y vendar las heridas. El hospital de campaña necesita las instalaciones de un sólido y moderno hospital que cuente con sus propias salas de investigación, proporcione diagnósticos de calidad y se dedique a la prevención, la terapia y la rehabilitación. La Iglesia como un hospital debería preocuparse del cuidado no solo de los individuos que sufren, sino también de los males colectivos de la sociedad y la civilización actuales. Durante demasiado tiempo, la Iglesia se ha enfrentado a los males de la sociedad moralizando; la tarea ahora es descubrir y llevar a cabo el potencial terapéutico de la fe. La misión de diagnóstico debe ser cumplida por la disciplina para la que he utilizado el nombre de cairología: el arte de leer e interpretar los signos de los tiempos, la hermenéutica teológica de los acontecimientos de la sociedad y la cultura. La cairología debe prestar especial atención a los tiempos de crisis y a los cambios de paradigmas culturales. Debe verlos como parte de una *pedagogía de Dios,* como un tiempo de oportunidad para profundizar en el pensamiento de la fe y renovar la práctica de la fe. La cairología desarrolla en cierto modo un método de discernimiento espiritual, que es una parte importante de la espiritualidad de san Ignacio y sus discípulos; lo aplica al reflexionar y evaluar el estado actual del mundo y nuestras tareas en él.

La tarea de prevención se acerca a lo que a veces se llama «preevangelización»: nutrir el terreno cultural y moral en el que la semilla de la fe puede plantarse para echar raíces. La pregunta de por qué la fe es en algunos lugares vital y en otros se marchita se puede responder con la parábola del sembrador de Jesús ya mencionada: depende mucho de dónde caiga la semilla. La semilla de la fe necesita un entorno favorable. Este entorno es el conjunto de la vida del creyente, pero también el contexto cultural y social de su historia de vida. Para bien o para mal, podemos considerar el terreno pedregoso del que habla la parábola como el corazón individual de las personas, así como las diferentes culturas y entornos sociales.

También forman parte de la «preevangelización» el respeto a los derechos humanos, la lucha por la justicia social y el cuidado de la estabilidad de la vida familiar; son el inherente «lado terrenal de la fe». Si la Iglesia no aceptase su corresponsabilidad con el mundo, no intentase cultivar la sociedad y se dedicase únicamente a *actividades explícitamente religiosas,* haría de estas actividades algo poco fiable y estéril. La *vita activa* y la *vita contemplativa* van juntas; si se me permite tomar la expresión del dogma cristológico del Concilio de Calcedonia, van juntas de forma inconmensurable e inseparable. Arrancar a una de la otra sería dañar ambas.

Se trata de prevenir las enfermedades espirituales y morales de la sociedad, de fortalecer su sistema inmunológico, un clima favorable para el desarrollo saludable de la persona y la sociedad, una ecología integral. En este campo, los cristianos deben trabajar en solidaridad con muchas instituciones e iniciativas seculares; no pueden reclamar el monopolio de la curación del mundo.

Los cuidados de rehabilitación pueden definirse principalmente como la acción de los creyentes en sociedades que llevan mucho tiempo heridas por los conflictos, las guerras o los regímenes dictatoriales donde el capital social de la confianza y la solidaridad se ha agotado.

Donde los traumas han persistido durante mucho tiempo, junto a la culpa no aliviada y las relaciones rotas entre las personas y los grupos humanos, los cristianos deben aplicar su experiencia con la práctica del arrepentimiento, la reconciliación y el perdón.[13]

En las sociedades poscomunistas, décadas después de la caída de la torre de Babel del comunismo, permanecen sus ruinas sin limpiar y las malas hierbas prosperan en ellas; las duras lecciones de la historia reciente se olvidan con repugnante rapidez y muchas personas corren como ratas tras el silbido de los seductores políticos demagogos. Sin duda, las Iglesias también tienen su parte de culpa en este asunto, ya que, una vez llegado un espacio de libertad, han estado demasiado ocupadas con sus intereses institucionales y han descuidado su misión terapéutica con el conjunto de la sociedad. A las Iglesias de los países poscomunistas les gusta culpar al *tsunami del liberalismo* y a unos medios de comunicación poco amables de la indiferencia o de la hostilidad hacia la religión en su forma eclesiástica; pero la mayor culpa la tienen los dirigentes eclesiásticos que se han dejado corromper por las promesas de los políticos y su fingido favor. Algunos líderes de la Iglesia han recurrido a la lealtad acrítica hacia el poder y al silencio cobarde donde era necesario nombrar el mal con la sagacidad de los profetas y el valor de los verdaderos pastores. La nostalgia de algunos dignatarios de la Iglesia por los días de

---

13   Un ejemplo positivo es el trabajo de las comunidades cristianas en Sudáfrica tras el fin del *apartheid* y en muchos otros países en los que era necesario «curar las cicatrices del pasado».

la unidad de trono y altar paralizó su capacidad de entender esta nueva era y sus retos. Cuando los líderes de la Iglesia comenzaron a formar una alianza impía con los líderes populistas del poder estatal, poco a poco comenzaron a parecerse a ellos. A veces, me acordaba de la famosa escena del final de *Rebelión en la granja,* de Orwell: unos miraban a otros y dejaban de reconocerse.

Es una pena que el llamado Pacto de las Catacumbas haya caído tan rápidamente en el olvido, cuando al final del Concilio Vaticano II, un grupo de padres conciliares se comprometió a renunciar a los ornamentos feudales en su estilo de vida, en su forma de vivir, en su forma de vestir y en su titularidad, y pidió a sus otros hermanos en el oficio episcopal que hicieran lo mismo. Cuando el papa Francisco decidió vivir en su modesto apartamento en lugar de en el Palacio Apostólico, envió una señal comprensible a las filas de la Iglesia y al mundo exterior: el estilo de vida externo y el entorno que las personas eligen y crean a su alrededor también expresan e influyen retroactivamente en su pensamiento y en sus actitudes morales. Si la Iglesia quiere ayudar a curar las cicatrices del pasado y superar las patologías actuales de la sociedad de la que forma parte, no puede hacerlo solo con discursos moralizantes, sino sobre todo con el ejemplo práctico.

* * *

El cuarto modelo de Iglesia, que creo que es necesario hoy en día, y sobre todo para el futuro, está muy relacionado con los dos últimos, la escuela y el hospital de campaña, y también se inspira en una sugerencia del papa Francisco. Es necesario que la Iglesia cree centros espirituales, lugares de adoración y contemplación, pero también de encuentro y conversaciones en las que se puedan compartir experiencias de fe.

A muchos cristianos les preocupa que en varios países haya una ruptura cada vez más evidente de la red de parroquias que se creó hace varios siglos en una situación sociocultural y pastoral totalmente diferente, y dentro de una autocomprensión teológica de la Iglesia distinta. No es realista esperar que este proceso se detenga (por ejemplo, importando sacerdotes desde el extranjero). Aunque la Iglesia católica romana se atreva a ordenar sacerdotes a hombres casados *(viri probati)*, a dar aún más espacio a los laicos y, sobre todo, a aprovechar el carisma de las mujeres en la liturgia, la predicación y el liderazgo de las comunidades eclesiales –pasos que probablemente se darán tarde o temprano–, no es realista esperar que esto repare la red pastoral territorial y la lleve a la forma que tenía en la sociedad premoderna.

La dirección de la Iglesia no solo debe considerar alternativas pastorales en un mundo que ha cambiado, sino reformar en este sentido la educación y la formación de los que elige y prepara para el servicio en la Iglesia. Estoy convencido de que no serán las parroquias territoriales, sino, sobre todo, los centros de espiritualidad y acompañamiento espiritual los principales focos del cristianismo en la tarde de su historia.

Hace unos años, el libro de Rod Dreher *La opción benedictina* fue muy aclamado.[14] Su autor, un cristiano conservador que abandonó la Iglesia católica y se convirtió a la ortodoxia rusa, recomienda a los cristianos retirarse de la sociedad secular contemporánea y formar comunidades a la manera de los antiguos monasterios benedictinos. Dreher, a diferencia de otros muchos escritores cristianos conservadores que, en cientos de páginas, expresan con indignación y lágrimas una sola idea, que el ayer se acabó y el hoy no se parece –lo cual es una verdad indudable pero un tanto banal–, no se limita a esta afirmación, sino que intenta ofrecer una salida. Pide a los cristianos que creen una polis paralela, citando a Václav Havel y a Václav Benda, que en su día utilizaron el término para describir las actividades de la Iglesia y la disidencia política durante

14 Véase R. Dreher, *La opción benedictina*, Madrid, Encuentro, 2018.

la persecución comunista. Aquí, sin embargo, se ve claramente la miseria del tradicionalismo, ignorando por completo los cambios en el contexto histórico: lo que era una necesidad en una época de régimen policial represivo tendría consecuencias devastadoras en la era de una sociedad libre y plural. Si la Iglesia escuchase este consejo, se convertiría en una secta con todos los símbolos de dicha transformación.[15]

El tradicionalismo es una negación de la esencia misma de la tradición, de la corriente viva de la transmisión creativa; es una herejía en el verdadero y original sentido de la palabra: selecciona arbitrariamente un elemento del tesoro de la tradición (por ejemplo, la forma de la Iglesia y la teología en un momento determinado), lo saca de su contexto general y se fija a ello. La idealización del pasado y la percepción apocalíptica del presente son otro rasgo común de la sordera tradicionalista respecto al discurso de Dios en la historia.

El bienintencionado libro de Dreher, aunque contiene algunas ideas y temas parciales de valor, es verdaderamente herético en su mensaje básico: lo que insta es a negar el significado mismo del catolicismo. Fue una decisión fundamental para la catolicidad de la Iglesia que, al integrar una forma monástica radical de cristianismo, no comprometiera a toda la Iglesia (la mayoría de los cristianos) con esa forma de vida. La oferta de huir al gueto, a un museo artificial del pasado, huir de la necesidad de tomar decisiones constantes en las exigentes condiciones de la libertad para escapar de la tarea ordenada por Dios de vivir en el presente, es especialmente tentadora hoy y aumenta el atractivo de las

---

15 Dreher llama explícitamente a los cristianos a «construir un estilo de vida cristiano, que sea una isla de santidad y estabilidad en medio de la Modernidad líquida» (véase R. Dreher, *Benediktova cesta*, NováVes pod Pleší, Hesperion, 2018, p. 59 [vers. cast.: *La opción benedictina, op. cit.*]). Sin embargo, ni siquiera los monasterios benedictinos eran islas cerradas en medio de un mundo hostil.

sectas. El torbellino del miedo amenaza la llama de la fe, el valor de buscar a Dios siempre de nuevo y de forma más profunda.

Sin embargo, como cualquier herejía, *La opción benedictina* de Dreher contiene una parte de verdad, y es un tema tristemente descuidado: la Iglesia de hoy necesita urgentemente centros espirituales que se basen en la misión espiritual y cultural de los monasterios benedictinos del principio de la Edad Media. La Iglesia necesita un oasis de espiritualidad y personas que dediquen su vida a su cuidado. Es un ministerio necesario para la mayoría de los cristianos, que no pueden ni deben aislarse de la sociedad y de su cultura, por muy polifacética que esta sea, y debe expresar y reflejar el horizonte de la vida más que la verticalidad empinada de la espiritualidad radical. El conjunto de la Iglesia no puede ni debe formar una isla de contracultura en la sociedad.

Ciertamente, hay momentos en la historia en los que la Iglesia debe replegarse a las catacumbas, pero el hecho de no salir a tiempo de ellas al areópago de la cultura y la sociedad actual hace que esa Iglesia sea rancia y mohosa: los cristianos atrincherados difícilmente pueden ser la sal y la levadura de la sociedad. Los cristianos no deben crear guetos, su lugar está en medio del mundo, no deben crear una sociedad paralela y librar guerras culturales.

Los discípulos de Jesús, antes de llamarse cristianos en Antioquía, eran llamados «la gente del camino». Hoy, en el umbral de la tarde del cristianismo, la Iglesia debe volver a ser una comunidad para el viaje, para desarrollar el carácter de peregrinaje de la fe, para cruzar este nuevo umbral. Pero también necesita construir centros espirituales vivos de los que sacar valor e inspiración para ese viaje que se avecina. Los cristianos necesitan recurrir a estos centros, pero no pueden retirarse permanentemente a ellos para construir sus «tres chozas» por encima de las preocupaciones ordinarias de la vida y del mundo, como los apóstoles anhelaban hacer en el monte Tabor.

16. Una comunidad de escucha y comprensión

Según una antigua leyenda checa, el constructor de una iglesia gótica de Praga prendió fuego al andamio de madera una vez terminada la obra. A causa de los efectos del fuego, el andamio cayó al suelo con un gran estruendo. El constructor entró en pánico y, creyendo que su edificio se había derrumbado, se suicidó. Me parece que muchos cristianos que están entrando en pánico en este momento están cometiendo el mismo error. Lo que se está derrumbando puede ser solo un andamio de madera; cuando se queme, el edificio de la iglesia habrá quedado algo chamuscado, por supuesto, pero lo que el andamio ha ocultado durante mucho tiempo se revelará por fin.

* * *

Para que la Iglesia sea una Iglesia, para que no se convierta en una secta aislada, debe dar un giro radical a su autoconcepto, a la comprensión de su servicio a Dios y a la gente de este mundo. Debe llegar a una nueva comprensión y desarrollar más plenamente su catolicidad, la universalidad de su misión, esforzándose en ser todo para todos.[1] Repito: ha llegado la hora de la autotrascendencia del cristianismo.

1 Véase 1 Co 9,20.

Si la Iglesia quiere ir más allá de sus fronteras y servir a todos, entonces este servicio debe ir acompañado del respeto a la alteridad y a la libertad de sus destinatarios. Debe estar libre de la intención de meter a todos entre sus filas y obtener el control sobre ellos para *colonizarlos*. Debe confiar en el poder de Dios, tomando en serio el hecho de que el Espíritu actúa más allá de los límites visibles de la Iglesia.

Hasta ahora, la Iglesia ha desarrollado principalmente la atención pastoral a sus fieles y su misión con la intención de ampliar sus filas. Otro ámbito ha sido, desde el principio del cristianismo, la diaconía, la caridad; es especialmente en este campo donde los cristianos han aprendido a servir a todas las personas que sufren y necesitan la misericordia sin fronteras ni intenciones proselitistas, con lo que se cumple la llamada de Jesús al amor universal. Aquí, los cristianos dieron y dan testimonio de acciones sin palabras: solidaridad de amor y demostración de cercanía. En el espíritu de la narración de Jesús sobre el buen samaritano, no preguntan «¿y quién es mi prójimo?», como preguntaba el fariseo que «quería justificarse»,[2] quería justificar la estrechez de los límites de su voluntad de amar y ayudar. Los cristianos saben que ellos mismos deben *crear la cercanía:* estar cerca de los demás, especialmente de los necesitados. Esta cercanía terapéutica y la solidaridad han tomado muchas formas diferentes; también una dimensión política. Como ya hemos mencionado, la Iglesia como hospital de campaña también debe cuidar la salud de la sociedad, para poder ocuparse de la prevención y el diagnóstico de las enfermedades que atacan a sociedades enteras, así como debe ocuparse de la terapia y la rehabilitación posteriores, necesarias para intentar superar los *pecados sociales* y las estructuras desviadas dentro de los sistemas sociales. La doctrina social de la Iglesia lleva décadas señalando que el pecado no es solo una cuestión de individuos; todos es-

2 Lc 10,25-29.

tamos cada vez más atrapados en una red opaca de relaciones económicas y políticas, en la que el mal adopta a menudo una forma anónima y por encima de lo personal.

Una de las muchas razones por las que los confesionarios y los sitios de confesión se han vaciado es que la conciencia de la responsabilidad personal se ha difuminado sobre el fondo de lo que sabemos sobre los numerosos factores biológicos, psicológicos y sociales que influyen con fuerza en nuestras acciones. Siempre podemos escondernos en una espesura de excusas y justificaciones. «¿Cómo puede ser un hombre culpable, así, sin más? Todos somos seres humanos, tanto el uno como el otro», dice Josef K en *El proceso* de Kafka.[3] Pero incluso el conformismo y la superficialidad de la vida son culpables, quizá más que la mayor parte de lo que la gente susurra en los confesionarios. No pocos cristianos sospechan que lo que los separa de Dios son realidades más profundas y sutiles que lo que enumeran los tradicionales «espejos confesionales», listas en las que los pecados «mortales» están marcados con un asterisco.

En mis cuarenta y tres años de ministerio sacerdotal, he escuchado decenas de miles de confesiones. Durante muchos años, además del sacramento de la reconciliación, he ofrecido charlas espirituales más largas y profundas de lo que permite la forma ordinaria del sacramento y que se relacionan con el contexto más amplio de la vida espiritual. A estas conversaciones asisten a menudo personas no bautizadas y muchas otras que podrían describirse como no religiosas pero que, sin embargo, tienen una base espiritual o la están buscando. He ampliado mi equipo de colaboradores para este ministerio para incluir a laicos con formación en teología y psicoterapia. Creo firmemente que el ministerio del acompañamiento espiritual personal será una función pastoral central y muy deseable para la Iglesia en la tarde de la historia cristiana.

3   Véase F. Kafka, *Proces,* Praga, Nakl. Franze Kafky, 1997, p. 197 [vers. cast.: *El proceso,* Valdemoro, Valdemar, 2016].

Al mismo tiempo, es el ministerio en el que más he aprendido, en el que ha habido una cierta transformación de mi teología y mi espiritualidad, de mi comprensión de la fe y de la Iglesia. Cuando mi obispo en el momento en el que estoy escribiendo este libro, el cardenal Dominik Duka, se negó a entrevistar a las víctimas de abusos sexuales por parte de sacerdotes (incluidos miembros del monasterio del que era superior en aquel momento) y las remitió a la policía, tuve largas conversaciones nocturnas con muchas de ellas, tras las cuales a menudo no podía dormir hasta la mañana. No aprendí mucho más de lo que ya se había publicado, pero miré a estas personas a los ojos y les cogí la mano mientras lloraban. Y era muy diferente a leer los informes de las declaraciones hechas a la policía o en los tribunales. He trabajado como psicoterapeuta durante años y sé de la proximidad y el entrecruzamiento de dolor mental y espiritual, pero esto era algo más que una mera psicoterapia; sentía la presencia de Cristo allí con todo mi corazón, en ambos lados: en «los pequeños, los enfermos, los encarcelados y los perseguidos» y también en el ministerio de escucha, consuelo y reconciliación que se me permitía darles.

Varios de mis compañeros universitarios, a los que respeto personalmente y de cuya piedad y buena voluntad no dudo, firmaron una corrección filial, reprendiendo al papa Francisco por instar en la exhortación apostólica *Amoris Laetitia* a una pastoral misericordiosa, individual y de discernimiento con las personas en las llamadas situaciones irregulares, como los homosexuales y las personas divorciadas y casadas por lo civil. No me sorprendió que los juicios rigurosos fueran emitidos por personas que nunca se habían sentado en un confesionario ni habían escuchado las historias de estas personas. Tal vez, si mirase el mundo a través de la lente de los libros de texto morales neotomistas, en los que los argumentos individuales encajan suave y lógicamente como una fría máquina, pero que pasan por al alto las complejas realidades de la vida, abordaría los problemas de la gente con juicios igual de simples, inhumanos y en blanco y negro. Probablemente también me ofendería un papa que nos recuerda que la Eucaristía no es una recompensa para los católicos modelo, sino *panis viatorum*, pan para el camino de maduración, fuerza y medicina para los débiles y los fracasados.[4]

He escuchado innumerables historias de mujeres, abandonadas imprudentemente por sus maridos que –años después, tras encontrar apoyo para ellas y sus hijos en un nuevo y buen matrimonio funcional– fueron desterradas de la mesa de Cristo para siempre bajo la ley eclesiástica existente. De aquella mesa a la que Jesús, para indignación de los fariseos, invitó a personas en *situación irregular* sin ponerles previamente condiciones difíciles. Dijo que ellos precisamente serían los que precederían a sus orgullosos jueces y condenadores en el reino de los cielos porque podían apreciar el don gratuito del perdón y la aceptación incondicional. Jesús sabía que solo la experiencia de la aceptación incondicional y del donativo podría provocar una transformación de la vida, una conversión. Pocas cosas eran tan extrañas a Jesús como el pensamiento legalista de sus mayores oponentes entre los fariseos. Los que invocan las palabras de Jesús sobre la indisolubilidad del matrimonio deberían darse cuenta de que Jesús pretendía con estas palabras defender a las esposas de la imprudencia de los hombres que podían rechazarlas fácilmente por motivos mezquinos con una simple *multa de separación*, y ciertamente no pretendía imponer cargas adicionales a las víctimas de ese comportamiento, las mujeres divorciadas.[5]

4 Véase papa Francisco, *Evangelii Gaudium,* 47.
5 Quien afirme que los enunciados de Jesús sobre el divorcio no pueden reinterpretarse o tener en cuenta excepciones debería saber que ya lo hace el Nuevo Testamento, cuando en el Evangelio según san Mateo se introduce una excepción relacionada con el adulterio (véase Mt 5,32), y de esta forma corrige el intransigente enunciado en los Evangelios según Marcos y Lucas, que no reconocen excepciones (véase Mc 10,2-12 y Lc 16,18).

Cuando un clérigo, en un encendido sermón en la catedral de Praga, habló de la dominación mundial de los homosexuales y de los teóricos del género, que arrancarían por la fuerza a los niños de las familias adecuadas y los venderían como esclavos, y enviarían a los católicos devotos a campos de exterminio, me di cuenta de que este *antievangelio* del miedo no es realmente mi religión, y sobre todo, no es el Evangelio, la religión de Jesús. He escuchado decenas de relatos de cristianos que reconocieron su orientación homosexual y, tras salir del armario, sufrieron un linchamiento psicológico por parte de su entorno piadoso, a menudo sus propios padres y familiares. Algunos de ellos intentaron suicidarse desesperados por el rechazo de su entorno. ¿Puedo obligar a estas personas, cuando por fin encuentren una pareja para toda la vida, a comprometerse a renunciar a su deseo de intimidad o incluso calificar *generosamente* su amor como un *mal menor* que la soledad y la promiscuidad?

Durante demasiado tiempo, incluso para mí, los libros de texto de la moral católica han ocultado los problemas individuales de las personas, y hoy me avergüenzo de ello. Qué grande es la tentación de que nosotros, los confesores, portadores de la autoridad de la Iglesia, nos convirtamos en los fariseos contra los que Jesús advirtió con tanta urgencia: los que imponen pesadas cargas a la gente mientras ellos mismos no tocan esas cargas ni con un dedo.[6] Está claro que es mucho más fácil y rápido juzgar a las personas de forma global remitiéndose a los párrafos de la ley de la Iglesia que hacer lo que pide el papa Francisco: percibir la singularidad de cada persona y ayudarla, teniendo en cuenta la singularidad de su situación vital y su grado de madurez personal, para así encontrar una salida responsable dentro de las posibilidades reales que tiene a su disposición.[7]

6 Véase Lc 11,42-46.
7 Papa Francisco, *Amoris Laetitia*, 300, 303, 312.

¿Cuándo se producirá por fin en nuestra Iglesia un cambio de rumbo desde el «catolicismo sin Cristo» y la justicia sin misericordia a esa «nueva lectura del Evangelio» a la que alienta y enseña el papa Francisco?[8]

* * *

A menudo, vuelvo a una historia corta que es una especie de minievangelio en medio del Evangelio de Mateo, la historia de la mujer que durante doce años sufrió una hemorragia, había probado muchos médicos, había gastado todo su dinero en curarse, pero nada la ayudó. Esta mujer, probablemente, estaba herida en el mismo santuario de su feminidad, llevaba dentro algún trauma severo en el ámbito íntimo, en su sexualidad. Según la ley judía, una mujer que sangra es ritualmente impura, no puede participar en el servicio y nadie puede tocarla. Su deseo compulsivo de intimidad humana la llevó a un acto que rompió con el aislamiento que le habían ordenado: tocó a Jesús.

Lo tocó sigilosamente, de forma anónima, por detrás, escondida entre la multitud. Pero Jesús no quiso que recibiera su curación de esa manera. Buscó su rostro —en cierto modo, la *llamó por su nombre,* como llamó al sorprendido Zaqueo; anuló su anonimato —y, tras años de aislamiento, ella *confesó toda la verdad—.* Y, en ese momento de verdad, se liberó de su malestar.[9]

La manifestación de su fe —la fe que Jesús dijo que la sanó— estaba ya cuando tocó a Jesús, ese gesto ingenuo de anhelo y confianza. Fue un acto por el que transgredió la ley, ya que con su contacto hizo que Jesús quedara ritualmente impuro, un pe-

---

8   En las cartas de Santiago leemos: «Hablad y actuad como quienes van a ser juzgados por una ley de libertad, pues el juicio será sin misericordia para quien no practicó la misericordia; la misericordia triunfa sobre el juicio» (St 2,12-13).

9   Véase Mc 5,25-34.

cado según las interpretaciones estrictas de la ley. Y, sin embargo, Jesús entendió lo que ella expresó con este gesto, y por su interpretación dio al acto un significado de salvación. Lo que expresó con el lenguaje del cuerpo –hasta entonces solo había hablado el lenguaje de la sangre y el dolor– lo completó inclinándose ante él y «confesando toda la verdad».[10]

Lo experimenté en mis conversaciones con víctimas de abusos sexuales y psicológicos en la Iglesia; su dolor reprimido, su decepción con la Iglesia y su remordimiento, a menudo no reconocido, hacia Dios, que se convertía en autoculpabilidad o en dificultades psicosomáticas, necesitaban ser expresados; ese espacio seguro de aceptación incondicional era necesario. Ahí es donde se revela la verdad, y es una comprensión muy diferente de la verdad comparada con la que tienen los *dueños de la verdad*. Sueño con una Iglesia que cree ese espacio seguro, un espacio de verdad que sane y libere.

***

Considero que la vanguardia de este ministerio de la Iglesia –el ministerio del acompañamiento espiritual– es lo que llamo la pastoral categórica: el ministerio de los capellanes en los hospitales, las prisiones, el Ejército y la educación, o en el campo del acompañamiento espiritual a personas en diversas situaciones difíciles de la vida y en el apoyo a los que al ejercer este exigente ministerio corren el riesgo de acabar quemados.

El ministerio de los capellanes es para todos, no solo para los creyentes. Se diferencia tanto del tradicional ministerio pastoral del clero, el de los párrocos que visitan a sus feligreses en los hospitales y administran los sacramentos, como de la misión de *convertir a los no creyentes* y reclutar a nuevos miembros para la Iglesia. También es

---

10 T. Halík, *Vzdáleným nablízku, op. cit.*, pp. 203-206 [vers. cast.: *Paciencia con Dios...*].

diferente del trabajo de los psicólogos y los trabajadores sociales. Es un ministerio espiritual, un acompañamiento espiritual. El ministerio espiritual se basa en la suposición de que el reino espiritual es una constante que pertenece de forma esencial al hombre y participa en la creación de su humanidad. Lo espiritual es lo que se refiere tanto al *sentido de la vida* como al sentido de una situación vital concreta. El hombre necesita no solo conocer teóricamente, sino vivir y experimentar realmente que su vida, con todas sus alegrías y dolores, tiene sentido, la necesidad del sentido y la conciencia de sentido están entre las necesidades existenciales básicas del hombre. Sin embargo, la conciencia del sentido de la vida se rompe a menudo en las situaciones difíciles y necesita ser revivido.

Las peores cosas a las que nos enfrentamos en los momentos difíciles de la vida y las crisis, cuando experimentamos el miedo y el abandono, en momentos de dolor, de profunda tristeza, de peligro y de sufrimiento de todo tipo, es lo que Kierkegaard llamaba «la enfermedad de la muerte»: la desesperación, la pérdida de la esperanza, la pérdida del sentido de la vida. Necesitamos la conciencia del sentido de la vida tanto como el aire, la comida y la bebida; no podemos vivir permanentemente en la oscuridad interior y la desorientación. Desde tiempos inmemoriales, la gente ha demandado a la religión y a la filosofía el servicio de hacer frente a la contingencia, al *descarrilamiento;* la ayuda para procesar e integrar acontecimientos nuevos y perturbadores. Hay que darles un nombre y un lugar en la propia imagen del mundo y en la comprensión de la vida.

El ministerio del acompañamiento espiritual se mueve entre la esfera religiosa y la esfera secular: puede recurrir a los tesoros espirituales de la religión, pero vive en un espacio no eclesiástico, secular, y debe expresarse de forma inteligible para ese entorno. En este sentido, este ministerio específico tiene una posición y una tarea similares a la de la teología pública, que ya mencioné en el segundo capítulo de este libro. Debe ir más allá del juego lingüístico de la Iglesia.

Las Iglesias envían a sus sacerdotes y teólogos laicos a este ministerio –después de una preparación especial, que incluye cierta competencia en psicoterapia– también hacia personas que no se adhieren a las Iglesias ni a los *creyentes*. Deben escucharlos y hablar con ellos para fomentar su confianza y su esperanza, su propia búsqueda de sentido; no deben *convertir* a estas personas a su fe y llevarlas a las filas de la Iglesia. Los acompañantes deben tener una capacidad de empatía muy desarrollada y respeto a los valores de sus clientes.

Hay momentos en los que hasta el *incrédulo* pide oración y en los que es apropiado, incluso cuando se atiende a personas que no están totalmente *asentadas* en el espacio espiritual de la religión tradicional, utilizar el poder terapéutico del lenguaje religioso, los símbolos y los rituales, incluidos los sacramentos, pero otras veces el acompañante tiene que prescindir de todo en este ámbito. Los capellanes de las habitaciones de los hospitales, las celdas de las prisiones, los campamentos militares o los clubes universitarios no pueden utilizar muchas de las típicas expresiones tradicionales de la fe, no solo por razones de corrección política, sino principalmente porque este lenguaje no sería entendido por la mayoría de sus clientes. Al asociarse con personas de *creencias diferentes,* tienen que tratar los conceptos y los símbolos tradicionales de la fe de forma muy ascética. Los capellanes que se encuentran en estas situaciones con quienes no se adhieren a su denominación rara vez hablan explícitamente de Dios y de Jesucristo. Se encuentran en el espacio de otro juego lingüístico. Esto no significa, sin embargo, que Dios no esté presente.

Este ministerio de proximidad es diferente a la misión tradicional y a la terapia, tiene un carácter dialógico y recíproco. A «los que no andan con nosotros»,[11] los cristianos no tenemos que considerarlos solo como objetos de conversión misionera o como potenciales adversarios o enemigos. Jesús nos ordenó amar a todas

11   Lc 9,49.

las personas, ser prójimos. Una de las caras del amor es el respeto a la alteridad del otro: el amor es el espacio de libertad que abrimos a la otra persona para que pueda ser verdadera y plenamente ella misma en él, sin tener que estilizarse de ninguna manera y sin tener que ganarse constantemente nuestro favor. El amor es un espacio de confianza, de seguridad, de aceptación; un espacio en el que el otro solo puede desarrollar lo más valioso que hay en él, llegando a ser él mismo. Solo la experiencia de ser aceptados y amados tal como somos nos enseña a aceptar y a amar a los demás.

El camino real del acompañamiento espiritual, su alfa y omega, es el cultivo de un enfoque contemplativo del mundo y de la propia vida. Un acompañante espiritual no puede ayudar a ninguna persona a menos que le enseñe la práctica de la sintonía interior, el arte de desprenderse de la vida en la superficie e *ir a las profundidades,* de adquirir una distancia y una perspectiva libres, de percibir y experimentar la propia vida en una perspectiva más amplia. Su misión es decir a sus clientes lo que Jesús dijo en ese primer discurso a sus futuros discípulos y esperar tranquilamente. Pero también debe enseñarles cómo hacerlo, iniciarlos en el arte de la contemplación. Porque solo así pueden encontrar el contacto con el sentido, recuperar el equilibro y la orientación de la vida en situaciones de crisis.

El asistente puede desarrollar un servicio beneficioso para sus clientes y para la sociedad solo si él mismo es un contemplador, es decir, un meditador habitual. Su tarea es enseñar el arte del discernimiento espiritual, sin el cual el hombre de hoy está completamente perdido en el ruidoso y saturado mercado global. Un acompañante espiritual no tiene por qué ser un *clérigo* en el sentido de un «ministro ordenado por la Iglesia», pero debe ser una persona espiritual, una persona que no viva solo en la superficie de la vida, sino que extraiga de las profundidades.

* * *

Con estas reflexiones, nos acercamos a responder a la pregunta implícita en el título de este libro. ¿Cuál es la tarea de la tarde, la tarde de la vida individual, la tarde de la historia humana, la tarde del cristianismo, la tarde de la historia de la fe? ¿Qué debería morir en esa larga crisis histórica de certezas, en esa crisis del mediodía, cuyos atisbos se perciben en muchas crisis nuestro tiempo? ¿Hacia dónde deberíamos madurar y cuál debería ser el contenido de esa tarde?

Si queremos expresar la experiencia de los místicos –pues, sobre todo ellos pueden ser nuestros consejeros en este ámbito–, podemos utilizar el lenguaje de la psicología profunda: es la transición del egocentrismo, del egocentrismo del *pequeño yo* hacia una nueva identidad, ese *nuevo yo* más profundo y al mismo tiempo mucho más amplio. Esta transformación –el cambio de peso del ego al *self* (el yo interior)– se expresa a menudo en metáforas espaciales, como un viaje a la profundidad, un viaje hacia el interior. Las palabras *profundidad* e *interioridad* denotan aquí lo contrario de la superficialidad y la poca profundidad. *Ir a lo profundo* no significa alejarse del mundo de nuestra vida cotidiana y de nuestras relaciones con los demás. En la medida en que desplazamos el centro de gravedad de nuestra vida hacia ese centro interior, nos encontramos con Dios de una manera nueva y más plena, pero también con otras personas y con toda la orquesta de la creación. Dios como la profundidad de la realidad es «Dios en todas las cosas».

Los caminos místicos y la metáfora de la tarde de la vida en la obra de Jung hablan de esta transformación del hombre. He tratado de mostrar que hoy esta transformación se produce no solo en las historias individuales (como ocurre a lo largo de la historia), sino también en el relato de nuestra historia, incluida la historia del cristianismo. La crisis de la Iglesia es el kairós; un tiempo bendito de transición del egocentrismo eclesial a la participación consciente en la historia continua de los misterios de Navidad y Pascua, la *incarnatio continua*, la *crucifixio continua* y la *resurrectio continua*.

Además, la Iglesia debe abandonar su fijación en su *pequeño yo,* su fijación solo en su forma institucional en un momento determinado y en sus intereses institucionales. Los términos *clericalismo, fundamentalismo, integrismo, tradicionalismo* y *triunfalismo* denotan diversas manifestaciones del egocentrismo de la Iglesia, su fijación en lo superficial y externo. Sucumbir a la nostalgia del pasado idealizado de la mañana de la historia cristiana es quedarse anclado en una forma de cristianismo demasiado estrecha; es un signo de inmadurez. Si la Iglesia no es capaz de ofrecer una forma de cristianismo distinta a la de la mañana, no es de extrañar que muchos crean que la única alternativa que queda es abandonar el cristianismo y la fe.

En algunos sectores todavía se asume que la única alternativa a una religión que ha perdido su vitalidad y su capacidad de persuasión es el ateísmo. Sin embargo, Hegel probablemente tenía razón al considerar el ateísmo como un mero momento de transición en la historia del Espíritu. El vacío después de una religión que está muriendo no debería dejarse en manos del ateísmo dogmático ni de la religión como ideología política identitaria ni del vago esoterismo. Es el lugar y el momento de una fe madura y humilde.

* * *

¿Cuál es el futuro del cristianismo? Si el misterio de la Encarnación continúa en la historia del cristianismo, debemos estar preparados para que Cristo siga entrando de forma creativa en el cuerpo de nuestra historia, en las diferentes culturas y para que entre en ellas con la misma discreción y anonimato con la que entró en el establo de Belén. Si el drama de la crucifixión continúa en la historia, debemos aprender a aceptar que muchas formas de cristianismo mueren dolorosamente, y que este morir incluye horas oscuras de abandono, incluso un «descenso a los infiernos». Si, al estar en medio de los cambios de la historia, nuestra fe sigue siendo la cristiana, entonces el signo de su identidad es la kénosis, la entrega de uno mismo, la autotrascendencia.

Si el misterio de la Resurrección continúa en la historia, entonces debemos estar preparados para buscar a Cristo no entre los muertos, en la tumba vacía del pasado, sino para descubrir la Galilea de hoy («la Galilea de los gentiles»), donde lo encontraremos sorprendentemente transfigurado. Volverá a atravesar las puertas cerradas de nuestro miedo, se mostrará por sus heridas. Estoy convencido de que esta Galilea de hoy es el mundo de los nones más allá de los límites visibles de la Iglesia.

Si la Iglesia nació del evento de Pentecostés y este evento continúa en su historia, entonces tiene que tratar de hablar de una manera que pueda ser entendida por personas de diferentes culturas, pueblos y lenguas; tiene que aprender a entender las culturas extranjeras y las diferentes lenguas de fe; tiene que enseñar a la gente a entenderse. Debe hablar con claridad, pero no de forma simplista; sobre todo, debe hablar con credibilidad, *de corazón a corazón*.[12] Debe ser un lugar de encuentro y conversación, una fuente de reconciliación y paz.[13]

Muchos de nuestros conceptos, ideas y expectativas, muchas formas de nuestra fe, muchas formas de Iglesia y teología, deben morir —han sido demasiado pequeñas—. Nuestra fe debe cruzar los muros construidos por nuestro miedo, nuestra falta de valor, para salir como Abraham por caminos desconocidos hacia un futuro desconocido. En nuestros nuevos viajes, es probable que nos encontremos con quienes tienen sus propias ideas, con una

---

12   «El corazón habla al corazón» *(Cor ad cor loquitur)* es una máxima del cardenal Newman.

13   Este es uno de los mensajes más importantes de la encíclica *Fratelli tutti* del papa Francisco.

dirección y un destino sorprendentemente desconocidos para nosotros, también estos encuentros son un regalo; debemos aprender a reconocer a nuestros semejantes en ellos y convertirnos en sus prójimos.

El respeto a la diversidad y la aceptación de los demás en su diferencia, esta dimensión del amor, que es el criterio de su autenticidad, es necesario no solo en las relaciones entre individuos, sino también en las relaciones entre pueblos, culturas y religiones. La importante frase de la declaración conjunta del papa Francisco y el imán Ahmed el-Tayeb,[14] según la cual la pluralidad y la diversidad de las religiones es la sabia voluntad de Dios, es el fruto de miles de años de experiencia, pagada por innumerables víctimas de las guerras de religión. Esta frase ha despertado el resentimiento en ciertos círculos de personas religiosas: ¿No es una traición a la demanda de nuestra religión de su propia veracidad?

En absoluto: es el lenguaje de una fe madura y adulta, libre del narcisismo colectivo y del egocentrismo de aquellas comunidades religiosas que no son capaces de reconocer su condición de peregrinos. Para los musulmanes, significa retornar a un sabio e importante pasaje del Corán, que afirma explícitamente que Dios desea la diversidad de religiones y que esta diversidad es una oportunidad para competir por el bien;[15] para los cristia-

14 Literalmente: «El pluralismo y la diversidad de religión, color, sexo, raza y lengua son expresión de una sabia voluntad divina, con la que Dios creó a los seres humanos», *Documento por la fraternidad humana, por la paz mundial y la convivencia,* 4 de enero de 2019, disponible en https://www.vatican.va/content/francesco/es/travels/2019/outside/documents/papa-francesco_20190204_documento-fratellanza-umana.html [30-6-2022].

15 Se trata de la sura de *La mesa servida* (sura 5:48), donde se dice a cristianos y judíos: «Si Allah hubiera querido, habría hecho de vosotros una única comunidad; sin embargo, lo ha hecho así para poneros a prueba en lo que os ha dado. Y competid en las buenas acciones. Todos habéis de volver a Allah, que os hará saber la verdad de aquello sobre lo que no estabais de acuerdo».

nos, es una vuelta a la idea de Nicolás de Cusa de que la única verdad se nos da en la diversidad *(una religio in rituum varietate)*.[16] No tengamos miedo: para el cristianismo, la forma más elevada de la verdad es el amor a Dios y al hombre; allí donde se realiza, Dios, Cristo y la fe cristiana están presentes. Si la Iglesia diese hoy testimonio de esta confianza en un Dios que es más grande que todas nuestras ideas, definiciones e instituciones, inauguraría así algo nuevo y significativo: la entrada en la tarde de la fe.

El ecumenismo es una de las formas inolvidables del amor cristiano. Es una de las caras más creíbles y convincentes del cristianismo. Si la Iglesia católica quiere ser verdaderamente católica, debe contemplar ese giro que se inició en el Concilio Vaticano II: el giro del catolicismo a la catolicidad. Todas las Iglesias y todos los cristianos que recitan el *Credo de los Apóstoles* o el *Credo de Nicea-Constantinopla* reivindican así el deber de desarrollar la catolicidad del cristianismo: esa apertura de la Iglesia que refleja los brazos abiertos de Jesús en la cruz. Nadie está fuera del amor de Cristo.

* * *

En este libro hemos explorado las diversas formas que ha adoptado la fe cristiana a lo largo de la historia. En particular, hemos examinado dos versiones del cristianismo: la religión cristiana como *religio,* la fuerza integradora de la sociedad, concretamente, el *imperio cristiano* premoderno, la *Christianitas;* y el cristianismo como *confessio,* la visión del mundo que propone la Iglesia en su forma institucional. También hemos mencionado los intentos de un cristianismo no religioso.

La respuesta a la pregunta de qué forma podría adoptar el cristianismo del futuro la sugerí al final del capítulo cinco: la palabra

---

16 Una religión en la diversidad de ritos; véase *De pace fidei* I,6, disponible en https://urts99.uni-trier.de/cusanus/content/werke.php (6-10-2021).

religión, *religio,* no solo debe derivarse del verbo *religare* (reunir), es decir, entender la religión como una fuerza integradora en la sociedad, sino también del verbo *relegere* (releer). La Iglesia del mañana puede ser una comunidad de una nueva hermenéutica, de una nueva y más profunda lectura e interpretación, tanto de la Escritura y la Tradición (según el Concilio de Trento, las dos fuentes de la revelación divina) como de los signos de los tiempos. Esto requiere el arte de la contemplación. Con la contemplación, una persona aprende de nuevo, para poder leer y escuchar más profundamente, con más atención. Escuchar lo que sucede en su interior y a su alrededor: la voz de Dios puede llegar a través de ambos. Me parece muy útil para los creyentes de diferentes religiones (pero también para las personas *sin afiliación religiosa)* leer juntos los libros sagrados y hablar sobre cómo los entienden.[17] Mirar los propios textos fundacionales con los ojos de otros puede contribuir a una comprensión más profunda y a un mejor entendimiento mutuo. El sincretismo barato o la búsqueda de un *esperanto religioso* artificial aceptable para todos son un callejón sin salida; hay que aprender a comprender y respetar las diferencias de los demás, no a oscurecerlas, minimizarlas o ignorarlas.

Hace unos años, fui uno de los creadores de una serie de televisión que filmamos en varios continentes: preguntamos a *creyentes de a pie* de cinco grandes religiones del mundo qué rituales rodean los acontecimientos y los fenómenos claves de sus vidas: el nacimiento de un hijo, la iniciación a la edad adulta, el matrimonio, la enfermedad y el sufrimiento, el entierro, y qué significan para ellos el templo, la peregrinación, la oración, la comida, cómo entienden el papel de la mujer, su relación con la belleza o la violencia. Me di cuenta de la importancia de *no*

---

17   Uno de estos intentos fue un diálogo sobre los Evangelios con el dalái lama (véase *El buen corazón: una perspectiva budista de las enseñanzas de Jesús,* Boadilla del Monte, PPC, 2005).

hablar por los demás, de no juzgarlos desde fuera, sino de hablar con ellos, darles voz y escucharlos. En nuestro colorido mundo, donde las etnias y las culturas se entremezclan, conocer a otros en persona ya no es un privilegio de los viajeros a tierras lejanas.

Una tarea igualmente importante es tratar de entender los signos de los tiempos, aprender el arte ignaciano del discernimiento espiritual. ¿Qué hay en los acontecimientos de nuestro tiempo que nos excita, nos fascina, nos irrita y nos asusta, y por qué? Necesitamos el arte de *acallar nuestros corazones,* de gestionar las reacciones inmediatas a corto plazo de entusiasmo o de ira, para que podamos dejar que los acontecimientos de la historia, de los que somos parte, entren en el santuario de nuestra conciencia y allí *releerlos,* discerniendo inteligentemente las claves de los mensajes de Dios.[18]

Cuando la red de parroquias locales se derrumbe en gran parte del mundo, también lo hará como el andamiaje de la iglesia de la leyenda que he citado al principio de este capítulo, y será necesario sacar fuerza espiritual de los centros de oración y meditación comunitaria, de celebración y también de reflexión e intercambio de experiencias de fe. Estos centros abiertos deben construirse ya. Allí podemos aprender a diferenciar entre las estructuras de apoyo de referencia que han desaparecido a lo largo de la historia y las partes de ellas sobre las que se puede reconstruir.

Quizá no solo la Iglesia católica, sino también otras Iglesias cristianas y las otras religiones deben pasar por un «proceso sinodal» como el que el papa Francisco ha pedido dentro de la Iglesia católica: un proceso para escuchar y buscar juntos el camino a seguir. Creo que este proceso de «consulta general sobre la rectificación de los asuntos humanos», *consultatio catholica de rerum humanarum emendatione* —si se me permite utilizar la expresión

---

18 Recordemos que la palabra *inteligencia* tiene relación con *inter-legere:* leer entre líneas.

del gran pensador checo del siglo XVII Juan Amos Comenio–, sería un paso importante hacia esa fraternidad universal de la que escribe el papa Francisco en su encíclica *Fratelli tutti*.

Considero que esta encíclica es el documento más importante de nuestro tiempo, comparable a la importancia de la Declaración Universal de los Derechos Humanos. Si buscamos inspiración espiritual para transformar el proceso de comunicación humana, en él encontramos inspiraciones e intuiciones que deben seguir siendo reflexionadas y desarrolladas.

En la Biblia, normalmente la primera frase que el Señor dice a los que se dirige es «No temáis». El miedo distorsiona nuestra visión del mundo. Muchos *profesionales de la religión* han sido, y a menudo son, mercaderes del miedo; piensan que, si asustan bien a la gente primero, podrán venderles mejor sus productos religiosos. En el umbral de un nuevo capítulo de la historia cristiana, dejemos de lado la religión del miedo. No compremos a los vendedores de certezas baratas. No temamos en el umbral del futuro el honesto y humilde «no sabemos», del que ni siquiera la fe nos libra; la fe es el valor de adentrarse con confianza y esperanza en la nube del misterio.

* * *

Al reflexionar sobre este libro, he estado pensando en la nueva Reforma, que es cada vez más evidente como una respuesta necesaria al estado actual de la Iglesia, y la medida en que la familia de los creyentes se entreteje en el conjunto de la sociedad humana está relacionada con la transformación de toda la familia humana. Me pregunto cómo es posible evitar que la nueva Reforma se convierta en un doloroso cisma y, sobre todo, que se quede a medias y defraude. Podemos inspirarnos en la Reforma católica del siglo XVI, llevada a cabo por místicos como Teresa de Ávila, Juan de la Cruz e Ignacio de Loyola, y por obispos reformistas como Carlos Borromeo.

San Ignacio mostró las cuatro etapas de la metanoia en sus *Ejercicios espirituales*.[19] Primero, *deformata reformare,* para corregir lo que ha sido pervertido. Segundo, *reformata conformare,* emprender el camino del seguimiento de Cristo, inspirándose en el ejemplo de la actividad de Jesús. Tercero, *conformata confirmare,* sacar fuerzas de la cruz de Jesús para caminar en la noche oscura del sufrimiento. Y, cuarto, *confirmata transformare,* dejar que brille la luz de la resurrección de Jesús por la presencia del Resucitado, encontrar a Dios en todas las cosas. No permitamos que nuestros esfuerzos por reformar la Iglesia y la sociedad se estanquen en esa primera etapa, en el simple cambio de estructuras deformadas y distorsionadas. La verdadera reforma debe ser una forma de seguir a Cristo: esto presupone una búsqueda siempre nueva del Resucitado.

Esta tarea no será cumplida por las formas tradicionales de la misión pastoral a los fieles, ni por la forma tradicional de misión, la «conversión de los infieles». Una verdadera nueva evangelización, digna de ese nombre, tiene hoy una difícil tarea: buscar al Cristo universal, cuya grandeza queda a menudo oculta por las limitaciones de nuestra visión, por nuestras perspectivas y categorías de pensamiento demasiado estrechas.

La búsqueda del Cristo universal es la tarea y el signo de los tiempos. La visión de Teilhard de Chardin del Cristo universal, presente en la evolución cósmica, debe complementarse con la búsqueda del Resucitado, presente (a menudo, de forma anónima) en las vicisitudes de la historia, en el desarrollo de la sociedad. Busquémoslo *de viva voz* como María Magdalena, busquémoslo

19 Ignacio llamó así a las tareas de las cuatro semanas de sus Ejercicios Espirituales: *deformata reformare,* reformar (corregir) aquello que está deformado; *reformata conformare,* adaptar lo reformado (ajustarse a la vida y las obras de Cristo); *conformata confirmare,* (reforzar aquello que ha sido ajustado meditando en los sufrimientos de Cristo), y por último, *confirmata transformare,* transformar eso que ha sido reforzado, meditar sobre la crucifixión de Jesús y el amor de Dios, «presente en todas las cosas».

en las heridas del mundo como el apóstol Tomás, busquémoslo allí donde atraviesa las puertas cerradas del miedo, busquémoslo allí donde trae el don del perdón y de un nuevo comienzo.

La reforma de lo que está deformado debemos llevarla hasta la transformación en un todo estable; mucho en lo que nos hemos fortificado se está tambaleando. Sin embargo, esto deja espacio para encontrar a un *Cristo más grande,* un Cristo que trascienda las ideas que hemos tenido de él hasta ahora, así como deja espacio para desarrollar un cristianismo que trascienda sus actuales límites institucionales y mentales. En un cristianismo dinámico, que se trasciende a sí mismo, encontramos a través de Cristo a un Dios siempre mayor *(semper maior)* presente en todas las cosas, en todos los acontecimientos de nuestra vida y en las transformaciones de nuestro mundo.

He llamado a este libro *La tarde del cristianismo.* ¿Acaso la noción de tarde no sugiere la proximidad de la noche, la extinción y la muerte? Respondo: en la comprensión bíblica del tiempo, un nuevo día comienza con la noche. No pasemos por alto el momento en el que la primera estrella aparece en el cielo nocturno.

Escrito entre los años 2015 y 2021 en Estados Unidos, República Checa y Croacia; finalizado junto a la orilla del mar Adriático el 7 de septiembre de 2021.

Agradecimientos

Me gustaría darles las gracias especialmente a la Universidad de Notre Dame y a la Fundación Templeton de Estados Unidos por haberme dado la oportunidad de un intenso intercambio de ideas con diversos teólogos, sociólogos y filósofos estadounidenses durante mis estancias académicas en The Institute for Advanced Study en 2015 y 2017. Quiero darle las gracias también a la Universidad de Oxford por invitarme a participar activamente en una estimulante conferencia sobre la religión en la vida pública en el año 2017. También estoy agradecido con la universidad jesuita Boston College, donde fui profesor visitante a principios de 2020; y con los profesores de la Universidad de Harvard por las inspiradoras conversaciones en 2018 y 2020. Asimismo, debo dar las gracias a los teólogos, los filósofos y los líderes de la Iglesia que en los últimos años me han permitido ampliar mi perspectiva durante mis estudios y conferencias en Europa, Australia, Estados Unidos, Asia y África. Por los comentarios críticos, doy las gracias a los amigos que han tenido la amabilidad de leer el manuscrito y a la editora Barbora Čiháková por su ayuda en la edición final.

Bibliografía

Documentos papales

PAPA FRANCISCO, *Evangelii gaudium* [La alegría del Evangelio].
Exhortación apostólica sobre el anuncio del Evangelio en el
mundo actual, 2013.
—, *Laudato si'* [Alabado seas]. Encíclica sobre el cuidado de la
casa común, 2015.
—, *Amoris laetitia* [La alegría del amor]. Exhortación apostólica
postsinodal sobre el amor en la familia, 2016.
—, *Gaudete et exsultate* [Alegraos y regocijaos]. Exhortación
apostólica sobre el llamado a la santidad en el mundo actual,
2018.
—, *Fratelli tutti* [Hermanos todos]. Encíclica sobre la fraternidad y la amistad social, 2020.

Literatura especializada

ALLEN, J. L., *La Iglesia del futuro,* Madrid, San Pablo, 2016.
ADORNO, Th. W. y HORKHEIMER, M., *Dialéctica de la Ilustración,*
Madrid, Trotta, 2009.

ALLPORT, G., *The Individual and His Religion. A Psychological Interpretation,* Oxford, Macmillan, 1967.

ARENDT, H., *Eichmann en Jerusalén. Un estudio sobre la banalidad del mal,* Barcelona, Lumen, 1999.

BARBIERI, W. A. (ed.), *At the Limits of the Secular. Reflections on Faith and Public Life,* Grand Rapids, Wm. B. Eerdmans, 2014.

BAUDRILLARD, J., *La sociedad de consumo. Sus mitos, sus estructuras,* Madrid, Siglo XXI, 2009.

BEAUDOIN, T., *Virtual Faith. The Irreverent Spiritual Quest of Generation X,* San Francisco, Jossey-Bass, 1998.

BECK, U., *La sociedad del riesgo. Hacia una nueva Modernidad,* Barcelona, Paidós, 2002.

—, *El Dios personal,* Barcelona, Paidós, 2009.

BERGER, P. L., *El dosel sagrado. Para una teoría sociológica de la religión,* Barcelona, Kairós, 1999.

—, *Zur Dialektik von Religion und Gesellschaft. Elemente einer soziologischen Theorie,* Frankfurt, S. Fischer, 1973.

—, *Der Zwang zur Häresie. Religion in der pluralistischen Gesellschaft,* Frankfurt, S. Fischer, 1980.

—, *Los numerosos altares de la Modernidad. En busca de un paradigma para la religión en una época pluralista,* Salamanca, Sígueme, 2016.

—(ed), *The Desecularization of the world, Resurgent Religious and World Politics,* Grand Rapids, Wm. B. Eerdmans, 1999.

— y LUCKMANN, Th., *La construcción social de la realidad,* Madrid, Amorrortu, 2008.

BISER, E., *Theologie als Therapie. Zur Wiedergewinnung einer verlorenen Dimension,* Frankfurt, S. Fischer, 1985.

BLOCH, E., *Ateísmo en el cristianismo. La religión del Éxodo y del Reino,* Madrid, Trotta, 2019.

BRUCE, S., *God is Dead. Secularization in the West,* Hoboken, Wiley-Blackwell, 2002.

CAPUTO, J. D. (ed.), *Sobre la religión,* Madrid, Tecnos, 2005.

CASANOVA, José, *Religiones públicas en el mundo moderno,* Madrid, PPC, 2000.

—, «Chancen und Gefahren öffentlicher Religion. Ost- und Westeuropa im Vergleich», en Kallscheuer, O. (ed.), *Das Europa der Religionen. Ein Kontinent zwischen Säkularisierung und Fundamentalismus,* Frankfurt, Suhrkamp, 1996, pp. 181-210.

—, *Europas Angst vor der Religion,* Wiesbaden, Berlin University Press, 2009.

—, «Die Erschließung des Postsäkularen. Drei Bedeutungen von "säkular" und deren mögliche Transzendenz», en Lutz-Bachmann, M. (ed.), *Postsäkularismus. Zur Diskussion eines umstrittenen Begriffs,* Frankfurt, Campus, 2015, pp. 9-39.

COMTE-SPONVILLE, A., *El alma del ateísmo,* Barcelona, Paidós, 2006.

COX, H., *La ciudad secular,* Barcelona, Península, 1968.

ČERVENKOVÁ, D., *Katolický pohled na náboženskou pluralitu* [Una visión católica de la pluralidad religiosa], Praga, Karolinum, 2016.

—, *Etika mezikulturního a mezináboženského dialogu* [Ética del diálogo intercultural], Praga, Karolinum, 2018.

DAVIE, G., *Religion in Britain Since 1945. Believing Without Belonging,* Oxford, Blackwell, 1994.

—, *Religion in Modern Europe. A Memory Mutates,* Oxford, Oxford University Press, 2000.

DELBRÊL, M., *Auftrag des Christen in einer Welt ohne Gott,* Einsiedeln, Johannes, 2000.

DERRIDA, J., *El siglo y el perdón* (entrevista con Michel Wieviorka), Buenos Aires, De la Flor, 2006.

DOBBELAERE, K., *Secularization. An Analysis at Three Levels,* Bruselas, Peter Lang, 2002.

DREHER, R., *La opción benedictina,* Madrid, Encuentro, 2018.

DWORKIN, R., *Religión sin Dios,* Madrid, FCE, 2016.

EBELLING, G., *La esencia de la fe cristiana,* Madrid, Encuentro, 1974.

EBERTZ, N., *Erosion der Gnadenanstalt? Zum Wandel der Sozialgestalt von Kirche,* Frankfurt, Knecht, 1998.

—; EBERHARDT, M.; LANG, A., *Kirchenaustritt als Prozess: gehen oder bleiben? Eine empirisch gewonnene Typologie*, Berlín, Lit, 2012.

FOUCAULT, M., *Vigilar y castigar. Nacimiento de la prisión*, Madrid, Clave Intelectual, 2022.

FRANKL, V. E. y LAPIDE, P., *Búsqueda de Dios y sentido de la vida. Diálogo entre un teólogo y un psicólogo*, Barcelona, Herder, 2005.

FRIEDMAN, R. E., *The Disappearance of God. A Divine Mystery*, Nueva York, Little, Brown & Co., 1995.

FUCHS, O., *Der zerrissene Gott. Das trinitarische Gottesbild in den Brüchen der Welt*, Ostfildern, Matthias Grünewald, 2014.

—, *Die andere Reformation. Ökumenisch für eine solidarische Welt*, Wurzburgo, Echter, 2016.

FUKUYAMA, F., *El fin de la historia y el último hombre*, Barcelona, Planeta, 1992.

GAUCHET, M., *El desencantamiento del mundo. Una historia política de la religión*, Madrid, Trotta, 2005.

—, *La condición histórica*, Madrid, Trotta, 2007.

GIRARD, R., *Los orígenes de la cultura. Conversaciones con Pierpaolo Antonello y João Cezar de Castro Rocha*, Madrid, Trotta, 2006.

GRAF, F. W., *Die Wiederkehr der Götter. Religion in der modernen Kultur*, Múnich, Beck, 2004.

GRESHAKE, G., *Der Wandel der Erlösungsvorstellungen in der Theologiegeschichte*, en *Gottes Heil, Glück des Menschen. Theologische Perspektiven*, Friburgo/Basilea/Viena, Herder, 1983, pp. 50-79.

HABERMAS, J., *Teoría de la acción comunicativa, vol. 1, Racionalidad de la acción*, Madrid, Taurus, 1999.

— y RATZINGER, J., *Entre razón y religión. Dialéctica de la secularización*, Madrid, FCE, 2009.

HALBFAS, H., *Glaubensverlust. Warum sich das Christentum neu erfinden muss*, Ostfildern, Patmos, 2013.

HALÍK, T., *Dotkni se ran. Spiritualita nelhostejnosti* [Toca las heridas. La espiritualidad de la indiferencia], Praga, Lidové Noviny, 2008.

—, *Paciencia con Dios. Cerca de los lejanos*, Barcelona, Herder, 2014.

—, *Paradojas de la fe en tiempos posoptimistas,* Barcelona, Herder, 2016.

—, *Quiero que seas. Sobre el Dios del amor,* Barcelona, Herder, 2018.

HELLEMANS, S. y JONKERS, P. (eds.), *Envisioning Futures for the Catholic Church,* Washington, Council for Research in Values and Philosophy, 2018.

HOFF, G. M., *Die prekäre Identität des Christlichen. Die Herausforderung postModernen Differenzdenkens für eine theologische Hermeneutik,* Paderborn, F. Schöningh, 2001.

—, *Ein anderer Atheismus. Spiritualität ohne Gott?,* Kevelaer, Topos Plus, 2015.

HOŠEK, P., *Na cestě k dialogu. Křesťanská víra v pluralitě náboženství* [Camino al diálogo. La fe cristiana dentro de la pluralidad religiosa], Praga, Návrat Domů, 2005.

HUNTINGTON, S., *El choque de civilizaciones y la reconfiguración del orden mundial,* Barcelona, Paidós, 1997.

IANNACCONE, L., «Religious Market and Economics of Religion», *Social Compass 39/1* (1992) pp. 123-131.

INGLEHART, R., *El cambio cultural en las sociedades industriales avanzadas,* Madrid, CIS, 1991.

JAFFÉ, A. (ed.), *El mito del sentido en la obra de C. G. Jung,* Villaviciosa de Odón, Mirach, 1995.

JALICS, F., *El camino de la contemplación,* Bogotá, Instituto Misionero Hijas de San Pablo/Paulinas, 2010.

JASPERS, K., *El problema de la culpa. Sobre la responsabilidad política de Alemania,* Barcelona, Paidós, 1998.

JOAS, H., *Braucht der Mensch Religion? Über Erfahrungen der Selbsttranszendenz,* Friburgo, Herder, 2004.

—, *Glaube als Option. Zukunftsmöglichkeiten des Christentums,* Friburgo, Herder, 2012.

—, *Die Macht des Heiligen. Eine Alternative zur Geschichte von der Entzauberung,* Berlín, Suhrkamp, 2017.

JENKINS, Ph., *God's Continent. Christianity, Islam, and Europe's Religious Crisis,* Oxford, Oxford University Press, 2009.

KAUFMANN, F.-X., *Kirchenkrise. Wie überlebt das Christentum?*, Friburgo, Herder, 2011.

—, *Religion und Modernität. Sozialwissenschaftliche Perspektiven*, Tubinga, Mohr, 1989.

KEARNEY, R., *Strangers, Gods and Monsters. Interpreting Otherness*, Londres/Nueva York, Routledge, 2003.

—, *Anatheism. Returning to God after God*, Nueva York, Columbia University Press, 2010.

—, *The God Who May Be. A Hermeneutics of Religion*, Bloomington, Indiana University Press, 2010.

— y ZIMMERMANN, J. (eds.), *Reimagining the Sacred*, Nueva York, Columbia University Press, 2016.

KEHL, M. *¿Adónde va la Iglesia? Un diagnóstico de nuestro tiempo*, Santander, Sal Terrae, 1997.

KERR, F., *Theology after Wittgenstein*, Oxford, Basil Blackwell, 1986.

KIRWAN, M., *Discovering Girard*, Boston, Cowley, 2005.

KNOP, J. (ed.), *Gott - oder nicht. Theologie angesichts des Nicht-Glaubens ihrer Zeit. Ein Paradigmenwechsel, Theologie der Gegenwart 60*, 2017, pp. 141-154.

—, *Die Gottesfrage zwischen Umbruch und Abbruch. Theologie und Pastoral unter säkularen Bedingungen*, Friburgo/Basilea/Viena, Herder, 2019.

KRAUSE, B., *Religion und die Vielfalt der Moderne. Erkundungen im Zeichen neuer Sichtbarkeit von Kontingenz*, Paderborn/Múnich/Viena/Zúrich, Schöninngh, 2012.

KÜNG, H., *Sacerdotes, ¿para qué?*, Barcelona, Herder, 2013.

LASH, N. H., *Speech and Silence. Reflections on the Question of God*, Aldershot/Burlington, Ashgate, 2004.

—, *The Beginning and the End of Religion*, Cambridge, Cambridge University Press, 1996.

—, *Easter in Ordinary. Reflections on Human Experience and the Knowledge of God*, Notre Dame, University of Notre Dame Press, 1988.

LOTZ, J. B., *In jedem Menschen steckt ein Atheist,* Frankfurt, Knecht, 1981.

LUCKMANN, Th., *La religión invisible,* Buenos Aires, Ágora, 1973.

LUHMANN, N., *Die Funktion der Religion,* Frankfurt, Suhrkamp, 1972.

—, *La religión de la sociedad,* Madrid, Trotta, 2007.

McLUHAN, M., *Comprender los medios de comunicación. Las extensiones del ser humano,* Barcelona, Paidós, 2009.

MARION, J.-L., *El ídolo y la distancia,* Salamanca, Sígueme, 1999.

—, *Dios sin el ser,* Castellón, Ellago, 2010.

METZ, J. B., *Fe en la historia y la sociedad,* Madrid, Cristiandad, 1979.

—, *Por una mística de ojos abiertos,* Barcelona, Herder, 2013.

MICKLETHWAIT, J. y WOOLDRIDGE, A., *God is Back. How the Global Revival of Faith Is Changing the World,* Nueva York, Penguin, 2010.

NAGEL, Th., *Una visión de ningún lugar,* Madrid, FCE, 1997.

NANCY, J.-L., *La declosión (Deconstrucción del cristianismo, 1),* Buenos Aires, La Cebra, 2008.

NEUBAUER, Z., *O počátku, cestě a znamení časů. Úvahy o vědě a vědění* [Sobre el origen, la trayectoria y los signos de los tiempos. Reflexiones sobre la ciencia y el conocimiento], Praga, Malvern, 2007.

NIETZSCHE, F., *La gaya ciencia,* Palma de Mallorca, José J. de Olañeta, 2003.

—, *Así habló Zaratustra,* Madrid, Alianza, 2012.

—, *El Anticristo,* Móstoles, Libsa, 2017.

ONDRÁŠEK, Ľ. M., *Úvahy verejného teológa o viere, spoločnosti a politike* [Reflexiones de un teólogo público sobre la fe, la sociedad y la política], Trnava, Dobrá Kniha, 2021.

PATOČKA, J., *Ensayos heréticos sobre filosofía de la historia,* Madrid, Encuentro, 2016.

—, *Evropa a doba poevropská* [Europa después de Europa], Praga, Lidové Noviny, 1992.

PETRÁČEK, T., *Bible a moderní kritika. Česká a světová progresivní exegeze ve víru (anti-)modernistické krize* [La Biblia y la crítica moderna: la exégesis progresista checa y mundial en el vórtice de la crisis (anti)modernista], Praga, Vyšehrad, 2011.

—, *Církev, tradice, reforma. Odkaz Druhého vatikánského koncilu* [Iglesia, tradición, reforma: el legado del Concilio Vaticano II], Praga, Vyšehrad, 2011.

POLLACK, D., «Was ist Religion? Probleme der Definition», *Zeitschrift für Religionswissenschaft* 3/2 (1995), pp. 163-190.

—, *Säkularisierung - ein moderner Mythos? Studien zum religiösen Wandel in Deutschland,* Tubinga, Mohr Siebeck, 2003.

—, «Religion und Moderne. Versuch einer Bestimmung ihres Verhältnisses», en Walter, P. (ed.): *Gottesrede in postsäkularer Kultur,* Friburgo, Herder, 2007, pp. 19-52.

—, *Rückkehr des Religiösen? Studien zum religiösen Wandel in Deutschland und Europa II,* Tubinga, Mohr Siebeck, 2009.

POMPE, H.-H. y HÖRSCH, D. (eds.), *Indifferent? Ich bin normal. Indifferenz als Irritation für kirchliches Denken und Handeln,* Leipzig, Evangelische Verlagsanstalt, 2017.

RAHNER, K., *Escritos de teología I,* Madrid, Cristiandad, 2012.

—, *Alltägliche Dinge,* Einsiedeln, Benziger, 1969.

— y FRIES, H. (eds.), *Theologie in Freiheit und Verantwortung,* Múnich, Kösel, 1981.

RATZINGER, J. y MESSORI, V., *Informe sobre la fe,* Madrid, Biblioteca de Autores Cristianos, 2005.

RIDEAU, É., *El pensamiento de Teilhard de Chardin,* Barcelona, Península, 1968.

RIZZUTO, A. M., *El nacimiento del Dios vivo,* Madrid, Trotta, 2006.

ROHR, R., *El Cristo universal,* Miami, Juanuno1, 2019.

RORTY, R. y VATTIMO, G., *El futuro de la religión. Solidaridad, caridad, ironía,* Barcelona, Paidós, 2006.

ROY, O., *La santa ignorancia. El tiempo de la religión sin cultura,* Barcelona, Península, 2010.

RUHSTORFER, K., *Glaube im Aufbruch. Katholische Perspektiven,* Paderborn, F. Schöningh, 2013.

Ruster,Th., *El Dios falsificado. Una nueva teología desde la ruptura entre cristianismo y religión,* Salamanca, Sígueme, 2011.

Shanks, A., *God and Modernity. A New and Better Way to Do Theology,* Londres/Nueva York, Routledge, 2000.

Scholl, N., *Religiös ohne Gott. Warum wir heute anders glauben,* Darmstadt, Lambert Schneider, 2010.

Sloterdijk, P., *Nach Gott,* Berlín, Suhrkamp, 2017.

Shortt, R., *God is no Thing. Coherent Christianity,* Londres, C. Hurst & Co., 2016.

Schillebeeckx, E., *Los hombres relato de Dios,* Salamanca, Sígueme, 1994.

Schellenbaum, P., *Stichwort: Gottesbild,* Stuttgart/Berlín, Kreuz, 1981.

Smith, W. C., *Patterns of Faith around the World,* Oxford, Oneworld Publications, 1998.

Sölle, D., *Stellvertretung. Ein Kapitel Theologie nach dem «Tode Gottes»,* Stuttgart/Berlín, Kreuz, 1965.

—, *Atheistisch an Gott glauben. Beiträge zur Theologie,* Olten, Walter, 1968.

Taylor, Ch., *The Explanation of behaviour,* Londres/Nueva York, Routledge/Kegan Paul, 1964.

—, *La ética de la autenticidad,* Barcelona, Paidós, 1994.

—, *Fuentes del yo. La construcción de la identidad moderna,* Barcelona, Paidós, 1996.

—, *Catholic Modernity? Charles Taylor's Marianist Award Lecture,* Oxford, Oxford University Press, 1999.

—, *Las variedades de la religión hoy,* Barcelona, Paidós, 2003.

—, «Ein Ort für die Transzendenz?», *Information Philosophie* 2 (2003), pp. 7-16.

—, *La era secular,* Barcelona, Gedisa, 2014.

Teilhard de Chardin, P., «El gusto de vivir», en *La activación de la energía,* Madrid, Taurus, 1967.

—, *El fenómeno humano,* Barcelona, Orbis, 1985.

TIEFENSEE, E., «Anerkennung der Alterität. Ökumene mit den Religionslosen», *Herderkorrespondenz Spezial: Versöhnt verschieden? Perspektiven der Ökumene* 1 (2010), pp. 39-43.

—, «Der homo areligiosus und die Entkonfessionalisierung in der ehemaligen DDR», en Hahn, M. (ed.), *Bildung als Mission? Kirchliche Bildungsarbeit im Kontext einer konfessionslosen Gesellschaft,* Jena, Garamond, 2014, pp. 15-30.

—, «Theologie im Kontext religiöser Indifferenz», en Knop, J. (ed.), *Die Gottesfrage zwischen Umbruch und Abbruch. Theologie und Pastoral unter säkularen Bedingungen,* Friburgo/Basilea/Viena, Herder, 2019, pp. 130-144.

TILLICH, P., *El coraje de ser,* Madrid, Avarigani, 2018.

TRAER, R., *Faith, Belief and Religion,* Aurora, The Davies Group Publishers, 2001.

VATTIMO, G., *Después de la cristiandad,* Barcelona, Paidós, 2021.

VOLF, M., *Exclusion and Embrace. A Theological Exploration of Identity, Otherness, and Reconciliation,* Nashville, Abingdon, 1996.

WOLF, H., *Krypta. Unterdrückte Traditionen der Kirchengeschichte,* Bonn, Budeszentrale für politische Bildung, 2015.

ZULEHENER, P. M., *Církev: přístřeší duše. Situace a perspektivy, překlad* [La Iglesia: refugio del alma. Situación y perspectiva], Praga, Portál, 1997.

ŽIŽEK, S., *El frágil absoluto o ¿por qué merece la pena luchar por el legado del cristianismo?,* Valencia, Pre-Textos, 2002.

—, *El títere y el enano. El núcleo perverso del cristianismo,* Buenos Aires, Paidós, 2005.

Índice de nombres

Índice de nombres